BLOCKCHAIN

# 블록체인과 미래사회

김민상 · 이승석

future society

정독
DEEP READING

# 머리말

4차 산업혁명이 가져올 세상은 이제껏 온라인과 오프라인으로 따로 발전해 온 세계를 하나로 연결되는 새로운 세상으로 네크워크의 정점을 중심으로 정보가 중앙 집중화되면서 정보의 불균형과 독점이 발생하고 정보 인권의 소외가 나타나고 이로 인한 사회 불평등이 나타났다면 4차 산업혁명은 이를 해소할 수 있는 기회를 제공하고 있는 기술이 인공지능과 블록체인이다.

블록체인은 '퍼블릭 블록체인'과 '프라이빗 블록체인'으로 나눌 수 있으며, 최근 이슈가 되고 있는 암호화폐는 퍼블릭 블록체인 기술을 기반으로 하고 있다. 퍼블릭 블록체인은 누구나 접근할 수 있는 오픈 네트워크로 누구나 공유 가능하고 모든 참여자에 의해 운영이 가능하다.

블록체인 기술은 기존의 패러다임과 질서를 뒤바꾸는 제2의 산업혁명으로 여겨지고 있으며, 세계경제포럼은 전 세계 은행 가운데 80%가 블록체인 기술을 도입할 것이라는 전망을 내놓고 있어 블록체인 기술이 2025년에는 전 세계 국내 총생산의 10%를 차지하리라 전망되므로 미래사회 대응에 반드시 숙지해야 할 기술이다.

본 교재는 모두 8장으로 구성되어 있으며, 블록체인의 개념과 역사, 동작 방식과 구성요소, 블록체인이 미래사회에 미칠 영향, 블록체인 기반 암호화폐 등 블록체인 기술에 관련된 전반적인 내용을 담고 있다.

끝으로 본 교재 출간을 위해 노력해 주신 관계자분들에게 감사의 인사를 전하며, 본 교재를 통해 4차 산업혁명의 핵심 기술 중 하나인 블록체인 기술에 대한 전반적인 이해와 지식 함양에 도움이 되기를 바란다.

2023년 1월

저자 김민상 올림

# 차 례

# 1

# 블록체인의 개념과 특징

# 01

# 블록체인의 개념과 특징

## 1-1 블록체인의 개념과 특징

### (1) 블록체인의 개념[1]

네트워크에 참여하는 모든 사용자가 관리 대상이 되는 모든 데이터를 분산하여 저장하는 데이터 분산처리기술을 말한다. 거래 정보가 담긴 원장을 거래 주체나 특정 기관에서 보유하는 것이 아니라 네트워크 참여자 모두가 나누어 가지는 기술이라는 점에서 '분산원장기술(DLC: Distributed Ledger teChnology)' 또는 '공공거래장부'라고도 한다. 블록체인은 거래 내용이 담긴 블록(Block)을 사슬처럼 연결(chain)한 것이라 하여 붙여진 명칭이다.

▸ 블록체인 거래과정

1) A가 B에게 거래(송금)를 요청
2) 거래정보가 담긴 블록이 생성
3) 블록이 네트워크상의 모든 대상에게 전송
4) 대상은 거래정보의 유효성을 상호 검증
5) 과반수의 대상의 데이터와 일치하는 거래 내역은 '정상'으로 확인
6) 검증 완료된 블록은 이전 블록에 연결되어 사본이 생성되고, 각 컴퓨터에 분산 저장
7) A가 B에게 거래(송금)가 완료

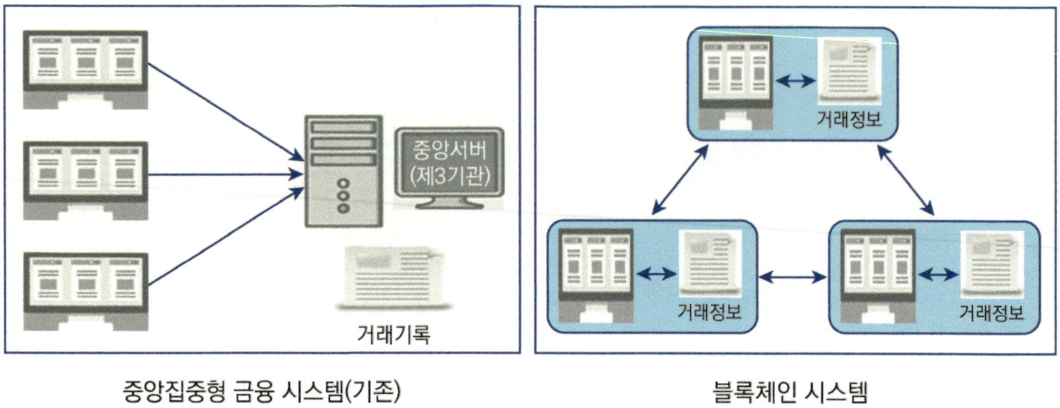


자료: 블록체인, 두산백과 두피디아(https://www.doopedia.co.kr/doopedia/master/master.do?_method=view&MAS_IDX=180220001565418)

[그림 1-1] 기존 금융시스템과 블록체인의 네트워크 비교

### (2) 블록체인의 정의

- 비탈릭 부테린(V. Buterlin): 러시아 모스크바 출신, 프로그래머이자 작가로, 이더리움이라 불리는 블록체인 시스템을 만든 공동 창업가

"블록체인을 사용하는 이유는 효율성에 방점이 있는 게 아니라 검열에 저항하고 사기와 투기를 방지하며 상호운영성과 투명성을 확보하기 위함이다. 중앙정부나 은행 및 여타 사업자 등의 검열과 간섭을 막을 수 있다. 우리가 추구하는 바이자 목표도 이런 3자 개입을 거부하는 것."(서울 분산경제포럼, 2018)

자료: 분산경제 포럼서 발표중인 비탈릭 부테린/이더리움 창시자(사진=플래텀DB)

■ 한국과학기술기획평가원(KISTEP) 기술동향브리프(유거송 · 김경훈)

| | |
|---|---|
|   | "블록체인은 기존의 중앙집중식 거래 시스템을 탈중앙화(decentralize) 할 수 있는 핵심기술로, 최근 새로운 비즈니스 플랫폼으로 확산되면서 다변화하고 있는 추세"라고 서술하였으며, "블록체인은 정보의 위변조가 불가능하며 인터넷상의 직접적 가치 이전을 가능하게 함으로써 비즈니스 방식을 근본적으로 바꾸는 파급력이 큰 기술"이라고 정의하였다.[2] |

■ 보험연구원(KIRI)

| | |
|---|---|
| kiri 보험연구원 | "거래정보를 담은 장부를 중앙 서버 한 곳에 저장하는 것이 아니라 블록체인 네트워크에 연결된 여러 컴퓨터에 저장 및 보관하는 기술로 다양한 분야에 활용이 가능한 기술로, 분산원장 기술이라고도 불리는데 거래정보를 기록한 원장 데이터를 중앙서버가 아닌 참가자들이 공동으로 기록 및 관리하는 것"이라고 서술하였다.[3] |

### (3) 블록체인의 특징과 종류

블록체인의 기술적 특징으로는 탈중앙성, 투명성, 불변성, 가용성 4가지가 있으며(과학기술정보통신부 · 한국과학기술기획평가원, 2018), 이는 <표 1-1>과 같다.

► 블록체인은 네트워크 참여에 사전 승인이 필요한지 여부에 따라 퍼블릭 블록체인과 프라이빗 블록체인으로 구분이 가능하다(과학기술정보통신부, 2018). 또한, 블록체인은 활용되는 목적에 따라 3가지 종류로 나뉘며, 각 블록체인마다 특징이 있다(보험연구원, 2018).

► 퍼블릭 블록체인은 누구나 참여할 수 있고 모든 참여자의 상호 검증을 거쳐 신뢰도가 높다. 트랜잭션 내역이 모두에게 공개되어 네트워크를 참여한 모든 노드(Node)가 이를 검증하고 거래를 승인하기 때문이다. 하지만 모든 참여자의 거래 기록을 남기고 이를 공유하느라 처리 속도가 느리다는 단점이 있다.

〈표 1-1〉 블록체인 특징

| 특징 | 내용 |
|---|---|
| 탈중앙성<br>(De-centralization) | • 블록체인의 가장 중요한 기술적 특성은 탈중앙성<br>• 블록체인은 거래기록이 담긴 원장을 정부나 은행과 같은 제3자에 맡기지 않고, 참여자들이 직접 검증과 승인, 합의 등의 활동을 하며 만들고 관리 |
| 투명성<br>(Transparency) | • 새로운 블록은 생성되는 동시에 모든 참여자에게 전송되어 공유<br>• 블록의 거래 기록은 참여자들 누구나 볼 수 있고, 참여자 모두가 감시자가 되는 것<br>• 참여자의 실명은 알 수 없기 때문에 익명성 특징도 가짐 |
| 불변성<br>(Immutability) | • 블록이 순차적으로 연결되어 연결된 블록은 수정 및 삭제가 어려움<br>• 새로운 블록을 생성시 바로 앞 블록의 해시가 이용되기 때문에 중간에 있는 어느 한 블록을 수정하거나 삭제하려면 모든 참여자들이 보관하고 있는 블록 내용을 한꺼번에 바꾸어야 함 |
| 가용성<br>(Availability) | • 블록체인 데이터는 모든 참여자의 노드에 분산 저장<br>• 그중 어느 하나가 문제를 일으키더라도 전체 시스템이 유지되며, 24시간 중단되지 않음 |

- ► 프라이빗 블록체인(Private Blockchain)은 폐쇄형 블록체인으로 퍼블릭 블록체인의 상대적 개념이다. 프라이빗 블록체인은 법적 책임을 지는 노드만이 트랜잭션을 생성할 수 있으며, 승인된 노드만이 트랙잭션을 검증하고 거래를 승인한다. 이처럼 승인받은 노드만 참여하고, 다른 노드의 검증을 구할 필요가 없기 때문에 처리 속도가 훨씬 빠르다.
- ► 컨소시엄 블록체인은 프라이빗 블록체인의 확장으로써 컨소시엄 참여자들의 합의에 따라 거래내역 검증이 가능하며, 허가받은 사용자만 데이터에 접근이 가능한 블록체인이다(정보통신산업진흥원, 2017). 블록체인 종류는 <표 1−2>와 같다.

〈표 1-2〉 블록체인 종류

| 구 분 | 퍼블릭 블록체인 | 프라이빗 블록체인 | 컨소시엄 블록체인 |
|---|---|---|---|
| 관리주체 | 모든 거래 참여자 | 한 개의 중앙 기관 | 컨소시엄에 소속된 참여자 |
| 거버넌스 | 한번 정해진 법칙 변경을 바꾸기 매우 어려움 | 중앙 기관의 의사결정에 따라 용이하게 법칙을 바꿀 수 있음 | 컨소시엄 참여자들의 합의에 따라 법칙을 바꿀 수 있음 |
| 거래속도 | 느림 | 빠름 | 비교적 빠름 |
| 데이터 접근 | 누구나 접근 가능 | 허가 받은 사용자만 접근 가능 | 허가 받은 사용자만 접근 가능 |
| 식별성 | 익명성 | 식별 가능 | 식별 가능 |
| 네트워크 확장 | 어려움 | 매우 쉬움 | 쉬움 |
| 거래증명 | • PoW, PoS 등 알고리즘에 따라 거래 증명자가 결정<br>• 거래 증명자가 누구인지 사전에 알 수 없음 | • 중앙 기관에 의하여 거래 증명이 이루어짐 | • 거래 증명자가 인증을 거쳐 알려진 상태<br>• 사전에 합의된 규칙에 따라 거래 검증 및 블록 생성이 이루어짐 |
| 활용사례 | 비트코인, 이더리움 등 | 링크(Linq) | R3 CEV, 하이퍼레저 |

## Q&A

# 블록체인 뭐가 궁금해?

**Q1.** 블록체인이란 무엇인가요?

A 블록체인은 데이터를 안전하게 저장하고 전송하는 분산 원장 기술입니다.

**Q2.** 블록체인에서 '블록'이란 무엇인가요?

A 블록은 블록체인의 기본 단위로, 일련의 트랜잭션 데이터와 이전 블록의 해시값을 포함합니다.

**Q3.** 블록체인의 가장 큰 특징은 무엇인가요?

A 블록체인의 가장 큰 특징은 무결성과 보안입니다. 데이터를 불변하게 저장하고 암호화하여 해킹과 변경을 방지합니다.

**Q4.** 블록체인이 적용되는 분야는 어떤 것이 있나요?

A 가상화폐, 로그인 인증 시스템, 데이터 보안, 스마트 시티 등 다양한 분야에서 블록체인 기술이 적용됩니다.

**Q5.** 블록체인이 중앙 집중식 시스템과 어떻게 다른가요?

A 블록체인은 분산원장 기술을 사용하여 중앙 집중식 시스템과 달리 노드 간 데이터를 공유하고, 불변성과 보안성을 보장합니다.

**Q6.** 블록체인이 가져올 미래적인 변화는 무엇인가요?

A 블록체인 기술의 발전은 디지털 자산의 보호, 탈중앙화된 인프라 구축 등 다양한 새로

운 비즈니스 모델과 기술의 출현을 예측하게 됩니다.

**Q7.** 블록체인에서 데이터는 어떻게 저장되나요?

A 블록체인에서 데이터는 블록의 형태로 저장되며, 각 블록은 이전 블록의 해시값을 참조하여 체인 형태로 연결됩니다.

# 1-2 블록체인의 역사와 발전

## (1) 블록체인의 역사[4]

> I've been working on a new electronic cash system that's fully peer-to-peer. with no trusted third party.
> 나는 새로운 전자화폐시스템을 개발하고 있는데, 완전한 P2P방식이고, 신뢰할 수 있는 제3자가 필요없다.
> \- 사토시 나카모토(Satoshi Nakamoto), 2008. 10. 31.

블록체인은 사이퍼펑크(cypherpunk) 운동에 뿌리를 두고 있다. 사이퍼펑크란, 중앙집권화된 국가와 거대 기업들에 대항하여 개인의 프라이버시를 보호하기 위해 암호기술을 이용하여 익명성을 보장하는 탈중앙 시스템을 만드려는 사회운동가들이다. 1990년 데이비드 차움은 디지캐시(digicash)라는 회사를 설립하고 최초의 상업적 암호화폐인 이캐시(ecash)를 창시하고 익명 거래 시스템을 제안했다. 1993년 에릭 휴즈(Eric Hughes)는 <사이퍼펑크 선언>을 발표하고, 프라이버시를 보호하기 위해 암호화된 익명 거래 시스템을 개발할 것을 제안했다. 1997년 아담 백(Adam Back)은 익명성을 보장하고 이중지불을 방지할 수 있는 해시캐시(Hashcash)라는 가상화폐를 만들었다. 1998년 웨이 다이(Wei Dai)는 익명성과 분산 방식의 암호화폐인 비머니(B-Money)를 고안했다. 1998년 닉 재보(Nick Szabo)는 스마트 계약 기반의 암호화폐인 비트골드(bit gold)를 고안하기도 했다. 그러나 당시의 기술적 한계로 인해 실제 개발이 어려웠으며, 널리 사용되지도 못하였다.

블록체인을 처음 만든 것은 사토시 나카모토(Satoshi Nakamoto)라는 가명을 쓰는 사람이었다. 그는 2008년 10월 31일 <비트코인: 개인 대 개인의 전자화폐 시스템>이라는 논문을 작성하여 암호학계 관련자들이 공동으로 사용하는 메일링 리스트로 전송하였다. 이듬해인 2009년 1월 3일 사토시 나카모토는 블록체인 기술을 적용한 최초의 암호화폐인 비트코인(Bitcoin)을 개발하고 C++ 언어로 작성한 소스 코드를 배포했다. 이후 비트코인의 소스 코드를 일부 변형한 네임코인, 컬러드코인, 메타코인 등 몇 가지 새로운 코인들이 출현했으나 기존 블록체인 기술의 부분적 변형에 불과했다.

### (2) 블록체인의 발전[5]

블록체인 기술은 현대 사회에서 다양한 분야에서 혁신적인 변화를 가져오고 있는 중요한 기술이다. 이 기술은 분산원장과 암호화 기법을 결합하여 데이터의 무결성과 보안을 보장하며, 중앙 관리자 없이도 신뢰성 있는 거래를 가능하게 한다. 전문가들은 블록체인 기술의 이해, 발행 및 활용에 대해 깊은 통찰을 제공하고 있다.

첫째로, 블록체인 기술의 본질을 이해하는 것이 핵심이다. 블록체인은 '블록'으로 불리는 작은 데이터 단위들의 연결로 구성되며, 각 블록은 이전 블록과 암호화 기법을 사용하여 체인으로 연결되어 있다. 이러한 체인 구조는 데이터의 무결성과 변조 방지를 한다. 이러한 원리를 이해하고 스마트 컨트랙트, 분산 합의 알고리즘 등과 같은 블록체인 관련 용어들을 숙지하는 것이 필요하다.

둘째로, 암호화폐 발행과 관련하여 주의가 필요하다. 블록체인은 암호화폐 발행을 위한 플랫폼으로 널리 알려져 있으며, 암호화폐는 디지털 자산으로, 블록체인을 기반으로 발행되고 관리된다. 하지만 암호화폐 발행은 투기와 금융 범죄의 가능성을 내포하고 있어 정교한 보안 체계와 규제가 필요하고, 이러한 이슈를 잘 이해하고 합법적이고 투명한 암호화폐 발행 방식을 모색하는 것이 중요하다.

셋째로, 블록체인의 다양한 활용 사례를 살펴보는 것이 필요하다. 블록체인은 금융 분야뿐만 아니라 공공 서비스, 공급망 관리, 의료, 부동산 등 다양한 분야에서 활용되고 있다. 예를 들어, 블록체인을 활용한 신원 인증 시스템은 사기와 도용을 방지하며, 블록체인을 통한 거래 추적은 공급망의 투명성을 높일 수 있다. 이러한 활용 사례를 분석하고 설명함으로써 블록체인의 잠재력을 극대화할 수 있다.

마지막으로, 블록체인 기술의 한계를 이해하는 것이 중요하다. 블록체인은 분산 시스템으로써 확장성과 속도에 제한을 가지고 있으며, 데이터 저장의 분산으로 인해 개인정보 보호와 관련된 문제가 제기되기도 한다. 이러한 한계를 이해하고 보완하는 기술적인 연구와 규제 정책의 필요성을 강조된다.

결론적으로, 블록체인 기술은 현대 사회의 다양한 영역에서 혁신을 주도하고 있다. 이를 올바르게 이해하고, 암호화폐 발행과 같은 핵심 개념을 숙지해야 하며, 다양한 활용 사례를 탐구하고 기술적인 한계를 인식하는 것은 블록체인 기술의 발전과 활용을 위해 꼭 필요한 요소이다.

Q&A

## 블록체인 역사와 발전 뭐가 궁금해?

**Q1.** 블록체인의 역사는 어떻게 시작됐나요?

A 블록체인은 2008년 비트코인의 창시자인 사토시 나카모토가 공개한 백서에서 처음 소개되었습니다. 비트코인은 블록체인 기술을 활용하여 분산 원장 기술을 구현하고, 거래의 불변성과 보안성을 보장하면서 디지털 화폐를 운영하는 데에 성공했습니다.

**Q2.** 블록체인이 처음 등장했을 당시 어떤 반응이 있었나요?

A 블록체인이 처음 등장했을 당시에는 비트코인이라는 단어와 함께 악명 높은 디지털 화폐로 인식되어 큰 반발을 불러일으켰습니다. 하지만 이후 블록체인이 가지는 불변성과 보안성 등의 장점이 인식되면서, 블록체인 기술은 다양한 분야에서 적용되고 발전하게 됩니다.

**Q3.** 블록체인의 발전에 어떤 요인이 크게 기여했나요?

A 블록체인의 발전에는 여러 요인이 기여했습니다. 가장 큰 요인으로는 분산 원장 기술이 제공하는 불변성과 보안성, 그리고 탈중앙화된 비즈니스 모델의 가능성 등이 있습니다. 또한, 블록체인 기술이 발전함에 따라 스마트 컨트랙트 등 다양한 새로운 기술이 출현하면서, 블록체인의 가능성이 더욱 높아졌습니다.

**Q4.** 블록체인이 발전하면서 어떤 분야에서 적용되고 있나요?

A 블록체인은 가상화폐를 비롯한 금융 분야에서 적용되어왔습니다. 그 외에도 로그인 인증 시스템, 데이터 보안, 스마트 시티 등 다양한 분야에서 블록체인 기술이 적용되고 있습니다. 특히, 최근에는 블록체인 기술이 적용된 새로운 분야와 서비스가 출현하

면서, 블록체인 기술의 확산이 가속화되고 있습니다. 예를 들어, 의료 분야에서는 블록체인 기술을 활용하여 환자의 건강 정보를 안전하게 저장하고 공유하는 서비스가 출현하고 있으며, 로그인 인증 분야에서는 블록체인을 기반으로 한 분산 로그인 인증 시스템이 개발되고 있습니다.

**Q5.** 블록체인 기술의 발전에는 어떤 한계점이 있나요?

**A** 블록체인 기술의 발전에는 여전히 몇 가지 한계점이 존재합니다. 대표적으로는 처리 속도가 느리다는 점과, 데이터 용량이 커지면 저장 공간이 많이 필요하다는 점이 있습니다. 또한, 블록체인 기술을 활용하여 개발된 서비스의 사용성과 접근성이 아직은 미흡하다는 지적도 있습니다.

**Q6.** 블록체인 기술의 미래는 어떻게 전망되고 있나요?

**A** 블록체인 기술의 미래는 매우 밝은 것으로 전망됩니다. 블록체인 기술은 분산 원장 기술을 기반으로 하여, 불변성과 보안성, 탈중앙화 등의 특징을 가지고 있으며, 새로운 비즈니스 모델과 서비스를 제공할 수 있습니다. 특히, 인공지능과 블록체인 기술의 결합이나, 블록체인 기술을 활용한 새로운 데이터 경제 등의 분야에서 블록체인 기술의 발전이 기대됩니다. 또한, 블록체인 기술을 활용하여 보안성이 높은 새로운 디지털 화폐가 출현하면서, 금융 분야에서의 활용도가 높아지고 있습니다. 블록체인 기술은 또한, 제조업 분야에서는 제품의 생산 과정을 추적하거나, 물류 분야에서는 물품의 배송 과정을 추적하는 등의 용도로도 활용될 수 있습니다.

**Q7.** 블록체인 기술이 더욱 발전하려면 어떤 방향으로 나아가야 할까요?

**A** 블록체인 기술이 더욱 발전하려면, 처리 속도 개선과 저장 용량 최적화, 그리고 사용성과 접근성 향상 등의 방향으로 나아가야 합니다. 또한, 블록체인 기술을 활용하여 새로운 비즈니스 모델과 서비스를 제공할 수 있는 새로운 분야를 개척하고, 블록체인 기술과 인공지능, 사물인터넷 등 다른 기술들과의 융합을 통해 새로운 창출 기회를 창출해야 합니다. 마지막으로, 정부와 기업 등이 함께 협력하여 법적, 규제적 측면에서 블록체인 기술의 안정성과 신뢰성을 보장해야 한다는 것도 중요한 과제입니다.

## 1-3 분산원장 기술의 개념과 특징

### (1) 분산원장 기술의 개념[6]

#### 1) 정 의

분산원장 기술은 DLT(Distributed Ledger Technology)의 번역으로, 블록체인을 핵심 기술로 사용한다. 블록체인은 또 다른 말로 '공공 거래장부'라고 불린다. 거래장부는 은행이 고객의 돈을 관리할 때 해당 거래내역의 정당성을 확인하기 위해 사용된다. 이러한 거래장부가 분산원장기술로 대체될 경우 은행과 같은 관리 주체의 필요성이 없어지며, P2P 네트워크에 접속해 있는 사용자들 간엔 동일한 거래장부 사본을 주고받기 때문에 거래장부에 대한 위조방지가 가능해진다. 현재 가상화폐로써 거래되는 비트코인 또한 블록체인 기반의 거래장부를 거래기록 용도로 활용한 애플리케이션이다.

#### 2) 원 리

은행이나 중앙 서버가 없다면 내가 수표를 발행할 잔액이 있는지 어떻게 확인할 수 있을까? 그것은 과거의 모든 수표 거래내역을 담고 있는 블록체인을 통해 가능하다. A가

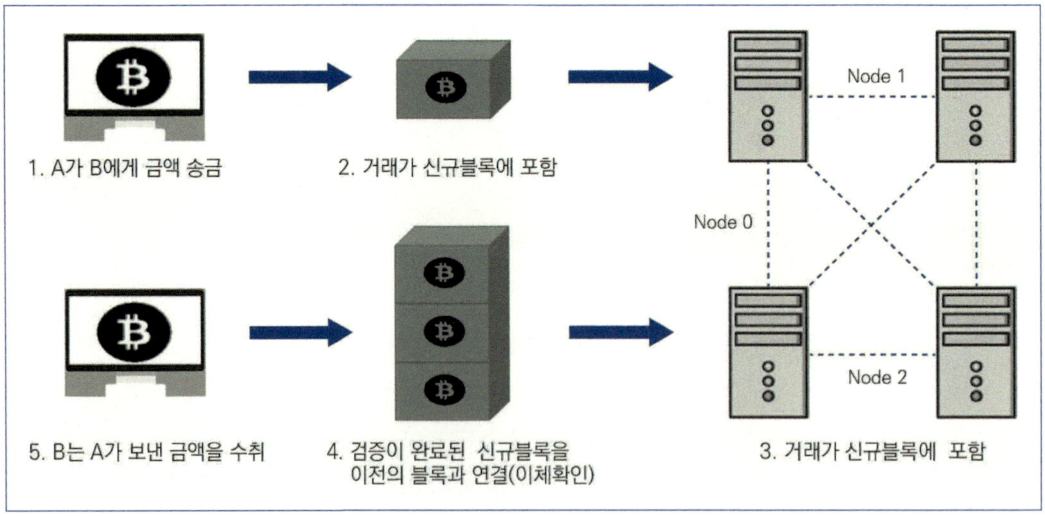


자료: 분산원장기술의 적용사례와 보안표준화 전망(www.igloo.co.kr/security-information)

[그림 1-2] 블록체인 기반 거래절차

B로 수표를 전달할 때 먼저, 블록체인에 있는 이전의 거래기록들을 살피고 잔액이 남아 있는지를 따져본다. 즉, 수표를 발행할 자격이 있는지를 판단하는 것이다. 내가 거래에 참여하고 싶다면 이전에 누군가에게 수표를 받았다든지, 채굴(Mining)을 통해 자동으로 발행된 비트코인을 소유해야만, 보유한 잔액을 이용한 거래 진행이 가능하다. 단, 채굴로 발행된 비트코인은 지급받은 본인만 사용할 수 있다.

### (2) 분산원장 기술의 특징[7]

분산원장 기술은 여러 개의 컴퓨터 노드에 원장 데이터베이스를 분산하여 저장하고 관리하는 기술이다. 이를 통해 보다 안전하고 신뢰할 수 있는 데이터 관리 및 거래 처리가 가능해진다. 먼저, 분산원장 기술의 주요 장점은 다음과 같다.

- 신뢰성: 분산원장은 여러 개의 노드에 데이터를 분산 저장하고 동기화하기 때문에 장애가 발생해도 데이터의 손실이나 변경이 어려워진다. 이를 통해 보다 안정적이고 신뢰성 높은 시스템을 구축할 수 있다.
- 투명성: 분산원장은 모든 참여자들에게 데이터를 공개적으로 제공하여 투명하게 운영될 수 있다. 따라서 모든 거래 기록이 투명하게 기록되고, 각 참여자들이 거래의 수정 여부와 내용을 확인할 수 있다.
- 보안성: 분산원장은 암호화 및 암호화된 디지털 서명과 같은 보안 기술을 사용하여 데이터의 보안을 강화할 수 있다. 또한, 데이터의 분산 저장은 중앙화된 공격에 대한 저항성을 가지므로 보다 안전한 시스템을 구축할 수 있다.
- 효율성: 분산원장은 네트워크를 통해 여러 노드 간에 데이터를 전송하고 동기화하여 처리 속도를 향상시킬 수 있다. 이를 통해 거래 처리 시간을 단축시키고, 대량의 거래에 대한 효율적인 처리를 가능하게 할 수 있다. 분산원장 기술의 대표적인 예시로는 블록체인 기술이 있다. 블록체인은 거래 데이터를 블록 형태로 연결하여 체인 형태로 구성하며, 이 블록들은 분산된 여러 노드에 저장되고 동기화된다. 블록체인은 암호화 기술과 합의 알고리즘을 사용하여 데이터의 무결성과 보안을 보장하며, 중앙 기관 없이 신뢰 가능한 거래를 위한 환경을 제공한다.

그 외에도 다양한 분산원장 기술이 개발되어 있으며, 기업이나 조직의 요구에 맞게 선택하여 적용할 수 있다. 예를 들면, Hyperledger Fabric, Ethereum, Corda 등이 있다. 이들은 각각의 특징과 장단점을 가지고 있으며, 사용 목적에 따라 선택하여 시스템을 구축할 수 있다. 종합적으로 분산원장 기술은 신뢰성, 투명성, 보안성, 효율성 등 다양한 장점을 제공하며, 블록체인과 같은 기술을 통해 구현될 수 있다. 기업이나 조직이 분산원장을 도입하는 경우, 필요에 맞는 기술과 장비를 선택하고 구현하는 것이 중요하다.

## Q&A

### 분산원장 기술 뭐가 궁금해?

**Q1.** 블록체인에서의 '분산원장 기술'이란 무엇인가요?

A 분산원장 기술은 중앙 집중식 시스템과 달리 데이터를 여러 곳에 분산하여 저장하고 관리하는 기술입니다.

**Q2.** 블록체인에서 '합의 알고리즘'이란 무엇인가요?

A 합의 알고리즘은 분산된 노드 간에 트랜잭션의 유효성을 검증하고 블록을 추가하기 위해 사용되는 알고리즘입니다.

**Q3.** 블록체인에서 데이터의 불변성은 어떻게 보장되나요?

A 블록체인에서 데이터의 불변성은 해시값과 합의 알고리즘을 사용하여 보장됩니다. 블록의 해시값이 변경되면 이전 블록의 해시값도 변경되어 체인 전체의 불변성이 깨지게 됩니다.

**Q4.** 블록체인에서는 어떤 보안 기술이 사용되나요?

A 블록체인에서는 암호화 기술과 합의 알고리즘을 사용하여 보안을 유지합니다. 트랜잭션 데이터는 암호화되어 저장되며, 합의 알고리즘은 분산된 노드 간에 트랜잭션의 유효성을 검증하여 블록을 추가하는 과정에서 위변조를 방지합니다.

**Q5.** 블록체인에서는 어떤 합의 알고리즘이 사용되나요?

A 블록체인에서는 다양한 합의 알고리즘이 사용됩니다. 대표적으로는 PoW(Proof of Work), PoS(Proof of Stake), DPoS(Delegated Proof of Stake) 등이 있으며, 각각의 알고리즘

은 특정한 목적에 따라 선택되어 사용됩니다.

**Q6.** 블록체인에서의 투명성은 어떻게 유지되나요?

A 블록체인에서는 모든 트랜잭션이 공개적으로 기록되므로, 블록체인에 저장된 모든 데이터와 트랜잭션은 검증 가능하며, 블록체인의 투명성이 보장됩니다.

**Q7.** 블록체인에서는 중앙화된 제어 시스템이 없나요?

A 블록체인은 분산원장 기술을 사용하기 때문에 중앙 집중식 시스템과 달리 중앙화된 제어 시스템이 없습니다. 대신, 노드들이 분산되어 데이터를 공유하고 유지보수합니다.

**Q8.** 블록체인에서는 어떤 새로운 비즈니스 모델이 출현하나요?

A 블록체인에서는 탈중앙화된 비즈니스 모델이 출현하게 됩니다. 블록체인은 중앙 집중식 시스템의 한계를 극복하고, 사용자들 간에 직접적인 거래와 협력이 가능한 새로운 경제 모델을 제시합니다. 또한, 블록체인 기술을 활용하여 디지털 자산의 보호와 거래, 신원 인증, 데이터 보안 등 다양한 분야에서 혁신적인 서비스가 출현할 것으로 예상됩니다.

## 1-4 해시함수, 암호화 및 비대칭 암호화

### (1) 해시함수[6]

Hashcash는 해시함수 연산의 결과값인 해시값을 찾는 것을 의미한다. 예를 들어, 단방향함수인 해시함수(SHA−256 해시 알고리즘)를 통해 기존 데이터값에 대한 해시값을 구하면 256비트의 값을 얻는다. 해시함수의 특징은 데이터값을 입력하여 해시값을 구할 순 있지만, 역으로 데이터값을 찾는 것이 이론적으로 어렵다. 왜냐하면 2,256개의 데이터를 하나씩 입력하여 데이터를 찾는 계산작업이 현대 컴퓨터로는 불가능하기 때문이다. 따라서, 블록 생성을 위한 hashcash 문제의 해결이 가능하도록 몇 개 이상의 0으로 시작하는 해시값을 찾는 특정한 조건을 적용시킨다.

```
                             Nonce 숫자
SHA-256 ("hello world" + "0") = 3cad76d283686392c9c1813baf25239a3f09b9e075d830984a9a93d62b93adb8
SHA-256 ("hello world" + "1") = 063dbf1d36387944a5f0ace625b4d3ee36b2daefd8bdaee5ede723637efb1cf4
SHA-256 ("hello world" + "2") = ed12932f3ef94c0792fbc55263968006e867e522cf9faa88274340a2671d4441
SHA-256 ("hello world" + "3") = 4ffabbab4e763202462df1f59811944121588f0567f55bce581a0e99ebcf6606
SHA-256 ("hello world" + "4") = 000e5e410dd915d190cce21d72a40bdbcc9db96d80de87d28896b56766f31b4e
SHA-256 ("hello world" + "5") = f6471bb5cd1837f3ef4891903c40c5300c9f0fd8a902d5c3774628c44dab78ed
SHA-256 ("hello world" + "6") = 6a9b5a89258b50744dfdf62e49ac6d869e8916e04ce57d9d1fc953daed9bfcd8
```

자료: 비트코인과 블록체인기술, 이종권

[그림 1-3] 임의의 Nonce 숫자에 따른 해시값

위 그림은 hello world 문자열에 임의의 숫자인 Nonce를 입력하여 SHA−256의 해시값을 구한 것이다. 이 해시값을 기반으로 문제를 해결하기 위해서는 Nonce 숫자가 '1'과 '4'인 해시값의 결과처럼 시작 값이 0인 값을 확인하며 조건에 맞는 경우를 찾으면 된다. 0의 개수가 하나씩 증가할 때마다 확률적으로 16배씩 Nonce 숫자를 대입해야 하고, 0의 개수가 5개인 해시값을 구하기 위해서는 약 백만 개의 Nonce 숫자를 입력해야 하기 때문에 특정한 조건의 값이 커질수록 데이터값을 찾는 것이 어려워진다. 그러나 충분한 시간과 뛰어난 컴퓨터의 성능을 가정할 때, 위조 가능성이 충분히 존재할 수 있기 때문에 더 확실한 위조방지 기술이 필요했고, 두 번째 방법인 블록생성시 이전 블록의 해시값을 참조하는 방식으로 보완된다. 만약에, N개의 블록이 존재하는 블록체인의 'Block 0'의 값을 해커가 위조해서 해시값이 수정됐다면, 'Block 0'의 해시값을 참조하는 N개 블록 전체 해시값의 검증과 변경이 필요하고, N개의 블록 이후에 N+1, N+2, …, N+N처럼 새롭게 생성되는 블록의 검사도 필요하다. 따라서, 막대한 계산시간의 증가를 통해 위조를 방지한다.

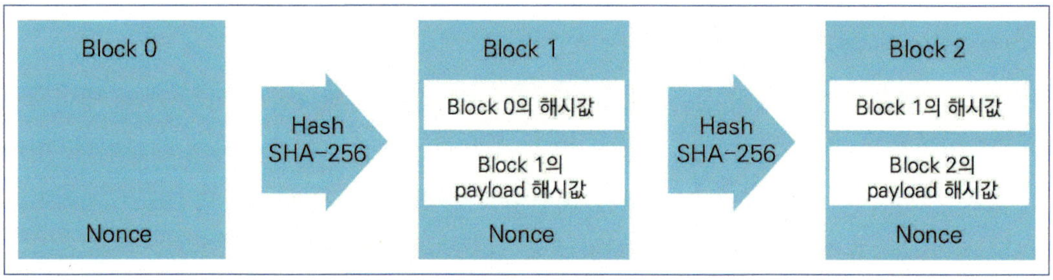


자료: 비트코인 기반 기술 블록체인의 원리, 김석원

[그림 1-4] 이전 해시값을 참조하는 블록체인 구조

마지막, 세 번째는 비슷한 시점에 생성된 두 개의 블록이 있거나 위조된 블록이 있을 경우, 새롭게 생성된 블록 중 어느 블록체인을 신뢰해야 하는지 선택할 때 가장 길이가 긴 블록체인을 원본으로 받아들이는 원칙을 적용해서 위조를 막는다. 예를 들어, 두 개의 블록이 동시에 생성되었다면 두 갈래로 새로운 블록들이 각각 연결될 것이고, 참여자가 더 많은 갈래의 블록체인에 더 빠르게 체인을 형성할 것이다. 왜냐하면, 참여자가 많을수록 hashcash에 대한 계산속도가 빠르고, 많은 인원에 의해 검증되기 때문이다. 이렇게 세 가지 위조방지 방식을 통해 블록체인은 데이터를 보호하고 있으며, 추가적으로 사용자 인증에 대한 비대칭키 방식을 이용하거나 인증보안기술을 적용하여 공격자의 접근을 막는다.

Q & A

## 블록체인 해시 함수 뭐가 궁금해?

**Q1.** 블록체인에서 해시 함수는 무엇인가요?

A 블록체인에서 해시 함수는 데이터를 고정 길이의 문자열로 변환하는 함수입니다. 블록체인에서는 모든 데이터를 해시 함수를 통해 고정된 길이의 해시값으로 변환하여 저장합니다. 이를 통해 블록체인 내의 데이터를 검증하고, 데이터의 무결성을 보장합니다.

**Q2.** 블록체인에서 해시 함수의 역할은 무엇인가요?

A 블록체인에서 해시 함수는 블록의 불변성과 보안성을 보장하는 데 중요한 역할을 합니다. 해시 함수를 통해 변환된 해시값은 불변성이 있으며, 이전 블록의 해시값을 참조하여 체인 형태로 연결되어 전체 데이터의 불변성이 보장됩니다. 또한, 해시 함수는 블록 내부의 데이터를 무작위로 변환하여 보안성을 높이는 데에도 사용됩니다.

**Q3.** 블록체인에서 어떤 해시 함수가 사용되나요?

A 블록체인에서는 SHA-256과 같은 안전한 해시 함수가 주로 사용됩니다. SHA-256은 블록체인의 안전성과 보안성을 보장하는 데 중요한 역할을 합니다. SHA-256은 입력 데이터를 256비트로 압축하는 함수로, 데이터를 변환하여 무결성과 안전성을 보장합니다.

**Q4.** 블록체인에서 해시 함수의 처리 속도는 어떻게 되나요?

A 블록체인에서 사용되는 해시 함수는 대체로 높은 처리 속도를 보장합니다. 블록체인에서는 수많은 트랜잭션이 발생하며, 이러한 트랜잭션 데이터를 빠르게 처리하기 위

해서는 높은 처리 속도가 필수적입니다. 따라서, 블록체인에서 사용되는 해시 함수는 높은 처리 속도를 보장하여 효율적인 블록체인 네트워크를 구성할 수 있도록 합니다.

**Q5.** 블록체인에서 해시 충돌은 어떤 문제가 될 수 있나요?

A 블록체인에서 해시 충돌은 데이터의 무결성을 위협할 수 있는 문제입니다. 해시 충돌이 발생하면, 다른 데이터가 같은 해시 값으로 변환될 수 있으므로, 데이터의 무결성이 보장되지 않을 수 있습니다. 따라서, 블록체인에서는 안전한 해시 함수를 사용하여 이러한 해시 충돌 문제를 방지합니다. 안전한 해시 함수는 해시 충돌이 발생할 가능성이 매우 낮으며, 블록체인에서 데이터의 무결성을 보장하는 데 중요한 역할을 합니다.

**Q6.** 해시 함수의 보안성을 보장하기 위해 어떤 조치가 필요한가요?

A 해시 함수의 보안성을 보장하기 위해서는 다음과 같은 조치가 필요합니다. 먼저, 안전한 해시 함수를 사용하여 블록체인 내부의 데이터를 변환해야 합니다. 또한, 블록체인에서는 해시값을 조작하는 것을 방지하기 위해 블록체인 내부에서 해시값을 생성하는 것이 일반적입니다. 마지막으로, 블록체인에서는 데이터를 저장하는 데 사용되는 블록의 크기를 제한하여, 블록체인의 보안성을 높이는 데에도 기여합니다.

**Q7.** 블록체인에서 해시 함수의 발전 방향은 어떻게 되나요?

A 블록체인에서 해시 함수의 발전 방향은 더욱 안전하고 빠른 처리 속도를 제공하는 방향으로 나아가고 있습니다. 특히, 블록체인에서는 다양한 해시 함수가 사용될 수 있으며, 해시 함수의 안전성을 보장하기 위해 블록체인 내부의 암호학적 요소를 추가하는 방향으로 나아가고 있습니다. 또한, 블록체인과 같은 분산 시스템에서는 효율적인 해시 함수가 필수적이며, 이러한 요구에 부합하는 더욱 발전된 해시 함수가 등장할 것으로 예상됩니다.

## (2) 암호화 및 비대칭 암호화[8]

### 1) 암호화란?

암호화는 통신을 보호하는 행위다. 이는 원치 않는 자가 데이터를 보거나 변경하지 못하게 하는 프로토콜을 구현하는 여러 기법을 통해 달성된다. 암호화 기술 분야는 다음의 4가지 측면으로 설명할 수 있다.

1. 기밀성(Confidentiality): 데이터가 의도하지 않은 자에게 노출되지 않는다.
2. 무결성(Integrity): 네트워크를 통해 송수신되는 데이터가 임의로 조작되거나 삭제되지 않는다.
3. 인증(Authentication): 당사자가 서로의 신원을 확실하게 검증할 수 있다.
4. 부인방지(Non-repudiation): 데이터를 보낸 사람이 보낸 사실을 부인하거나, 받은 사람이 받은 사실을 부인할 수 없다.

### 2) 대칭 암호(Symmetric ciphers)

컴퓨터가 등장하기 이전의 암호화는 암호 문자(cipher)를 사용했다. 암호 문자는 읽을 수 있는 텍스트에서 알 수 없는 텍스트로, 그리고 다시 그 반대로 매핑하는 것을 의미한다. 간단한 예를 들면 텍스트의 모든 문자에 4를 더하는 것이다(그러면 A는 E가 된다). 디코딩은 각 문자에서 4를 빼면 된다. 이러한 과정을 암호화(encryption)와 복호화(decryption)라고 부른다. 물론 알파벳에서 4자리를 이동하는 것은 너무 쉽기 때문에 안전하지 않다. 해석용 키를 필요로 하는 복잡한 매핑을 생성하는 게 더 안전하다. 하지만 이런 키가 모든 송·수신자에게 배포돼야 한다. 대칭 암호의 유명한 예는 2차 세계 대전에서 쓰인 에니그마(Enigma machine)다.

### 3) 단방향 함수(One-way functions)

컴퓨터의 등장과 수학의 발전으로 암호화 가능성은 한층 복잡해졌다. 여러 새로운 기법이 생겨났지만 가장 기본적인 것은 단방향 함수다(이는 고정 길이 출력을 생성하는 단방향 해시를 포함한다). 단방향 함수는 암호화 기본 요소로 간주된다. 이름에서 알 수 있는 것처럼 이는 한 방향으로만 작동한다. 단방향 함수의 일반적 용도는 비밀번호가 데이터베이스(예: 자바 및 자바스크립트)에 유지될 때 이를 해시하는 것이다. 비밀번호는 일반 텍스트(fluffy123)로 만들어지고, 단방향 알고리즘은 이를 무의미한 문자열(XFcbe2d3bh0sa)로 변환한다. 공격자가 데이터베이스 액세스 권한을 얻더라도 비밀번호는 안전하다. 현재 컴퓨터 시스템을 사용해 이 과정을 효율적으로 되돌릴 방법은 없는 것으로 알려졌다.

공격자가 알고리즘 로직(예: BCrypt 소스)을 모두 알아내더라도 함수를 환원시킬 수 없다는 것은 흥미로운 사실이다. 그렇긴 하지만 단방향 해싱은 완벽하지 않으며, 이를 깨기 위한 다양한 기법이 도입됐다(예: 레인보우 테이블 등).

최신 해싱 라이브러리는 해시의 난이도를 높이는 기능(컴퓨팅 성능이 증가하면 해시 강도도 증가한다)과 알고리즘에 '솔트'를 도입하는 기능(동일한 입력이라고 해도 해시값은 고유하다)을 포함한다. 솔트가 비밀로 유지되는 한, 솔트로 해시된 비밀번호는 기본적으로 해독할 수 없다.

### 4) 유사-난수 함수(Pseudo-random functions)

단방향 함수와 함께 무작위 숫자를 생성하는 알고리즘 역시 암호화 기본 요소, 즉 통신 보안에 필요한 기본 구성 요소로 간주된다. 모든 비밀 통신 시스템은 보안 당사자는 알고, 외부자는 알지 못하는 값을 사용한다. 그리고 이는 무작위 숫자 생성을 활용한다. 대부분의 무작위 시드 유형(예: 시스템 클럭에서 가져오기 등)은 어느 정도까지만 무작위일 뿐이다. 해커가 숫자 생성 방식을 안다면 무작위 숫자 공격을 할 수 있다. 해커의 독창성은 화이트 해커의 독창성과 나란히 진행되는 듯하다. 실제로 암호화 기술의 역사는 밀고 당기기 경쟁이다. 난수 공격을 방지하기 위해 난수를 생성하는 더 안전한 방법이 개발됐다. 대부분의 암호화 라이브러리에는 난수 생성기를 위한 기능이 포함돼 있다.

### 5) 비대칭 키(Asymmetric keys)

현대 암호화에서 가장 독창적이고 영향력이 큰 (기술) 개발은 아마도 비대칭 키 쌍일 것이다. 이는 공개-개인키 쌍(public-private key pairs)이라고도 한다. 기본 개념은 암호화용 키와 복호화용 키 2개가 생성된다는 것이다. 암호화 키는 배포하기에 안전하고, 복호화 키는 비밀로 유지된다. 이는 1970년대 말 두 명의 프로그래머와 한 명의 수학자에 의해 개발됐다. 이들은 자신들의 이름 첫 글자를 따서 이 획기적인 암호 시스템을 RSA로 명명했다. RSA 및 다른 비대칭 키 시스템은 비대칭 방식으로 작동하는 2개의 키를 생성함으로써 단방향 함수의 개념을 크게 발전시켰다. 첫 번째 키는 암호화된 메시지를 생성하는 데 쓰이고(공개키), 두 번째 키는 이를 해독하는 데 쓰인다(개인키). 이 기법의 배경이 되는 수학은 간단하지 않다. 실제로 한동안 관련 연구진은 이것이 이론적으로 가능한지 심각하게 의심하기도 했다. 오늘날 공개-개인키 암호화는 SST/TLS, 디지털 서명, 비트코인 등의 암호화폐에서 사용되는 '전송 계층' 보안을 포함하여 현대 인터넷 보안 인프라의 많은 부분을 차지한다. 비대칭 키가 깨뜨리기 불가능한 시스템을 생성하는 건 아니다. 하지만 개인키가 비밀로 유지되는 한, 암호화를 깨는 것은 사실상 불가능하다. 지금까지 공개된 수많은 취약점 공격(예: 난수 공격, 타이밍 공격 등) 외에도 가장 안전한 공개-비밀 키 쌍의 보안은 관련된 숫자를 분해하는 과정을 역으로 실행하는 데 얼마나 많은 시간이 걸리느냐에 기초한다. 이는 그다지 안전하지 않은 것처럼 보일 수 있지만 공개키 암호화 수학에 관한 브렛 슬래트킨의 기사를 인용하자면 다음과 같다. "지구상에서 가장 빠른 컴퓨터에 있는 환상적인 솔루션조차도 현대의 비대칭 암호화를 깨려면 우주 끝까지 가야 할 것이다." 최신 애플리케이션에서 비대칭 키는 대칭 키를 교환할 보안 채널을 설정하기 위한 일종의 핸드셰이크로 사용된다(브라우저가 TLS와 협상할 때 발생). 대칭 키는 실제로 훨씬 더 빠르기 때문에 서버와 클라이언트는 비대칭 키를 통해 서로를 검증한 다음 추가 통신에 쓰일 대칭 키를 전송한다. 그렇게 되면 이 통신은 도청이나 조작으로부터 안전하다.

### 6) 공개키 인프라(Public key infrastructure)

비대칭 암호화에서 또 다른 중요한 유의사항은 신뢰할 수 있는 중앙집중식 기관이 필요하다는 것이다. 이는 누군가를 검증하는 게 누군가가 개인키를 보유하고 있음을 증명하는 데 국한되지 않기 때문이다. 이를테면 웹 서버의 SSL/TSL 인증서가 기술적으로 유효할 뿐만 아니라 진짜임을 확인하려면 중앙 기관(예: 구글 등)을 참조해야 한다. 이는 키 유효성 검사 계층 내의 침해가 아래의 모든 키를 손상시키므로 해커에게 더 많은 기회를 제공한다. 이러한 침해가 발생하더라도 대부분의 인터넷은 이 시스템을 사용한다. 이 시스템 전체를 공개키 인프라(PKI)라고 한다. (인증서를 발급하는) 신뢰할 수 있는 당사자는 인증 기관(Certification Authority; CA)이다. PKI의 대안은 사용자가 중앙집중식 권한에 의존하는 대신 P2P 분산 기반으로 서로를 신뢰하는 'PGP(Pretty Good Privacy)'다. PGP는 이메일을 암호화하고 다운로드가 조작되지 않았는지 확인하는 데 주로 사용된다.

일반적으로 가장 정교한 형태의 비대칭 키 및 암호화 기술은 비트코인 등의 블록체인 시스템에서 사용된다. 중앙집중식 권한의 필요성을 제거하고, 암호화로 서명된 트랙잭션의 유효성 검사를 네트워크로 이동함으로써 블록체인은 인터넷 인프라 위에 분산돼 있지만 안전한 계층에 구축된 새로운 시스템의 가능성을 열었다. 현재는 이 가능성의 맛만 보고 있을 뿐이다. 블록체인과 이를 기반으로 구축된 시스템은 필수적인 암호화 구조다. 키 쌍은 트랜잭션에 서명하는 데 사용되며, 암호화 해시는 체인 내의 링크를 검증하는 데 활용된다.

## Q&A

### 암호화 및 비대칭 암호화 뭐가 궁금해?

**Q1.** 블록체인에서 암호화 기술은 무엇인가요?

A 블록체인에서 암호화 기술은 데이터의 보안성을 보장하기 위해 사용되는 기술입니다. 블록체인에서는 대칭키 암호화 기술과 비대칭 암호화 기술이 사용되며, 이를 통해 블록 내부의 트랜잭션 데이터를 암호화하고, 네트워크상의 통신 과정에서도 데이터의 안전성을 보장합니다.

**Q2.** 블록체인에서 대칭키 암호화 기술은 어떤 원리로 작동하나요?

A 블록체인에서 대칭키 암호화 기술은 동일한 키를 사용하여 데이터를 암호화하고 복호화하는 원리로 작동합니다. 블록체인에서는 대칭키 암호화 기술을 사용하여 블록 내의 트랜잭션 데이터를 암호화하여 블록체인의 안전성을 높이고, 데이터를 보호합니다.

**Q3.** 블록체인에서 비대칭 암호화 기술은 무엇인가요?

A 블록체인에서 비대칭 암호화 기술은 공개키와 개인키를 사용하여 데이터를 암호화하고 복호화하는 기술입니다. 블록체인에서는 대부분 RSA 알고리즘이 사용되며, 이를 통해 데이터를 보호하고, 안전한 통신을 보장합니다.

**Q4.** 블록체인에서 공개키와 개인키는 어떤 역할을 하나요?

A 블록체인에서 공개키와 개인키는 데이터의 안전성을 보장하는 데 중요한 역할을 합니다. 공개키는 블록체인 네트워크상의 노드들이 서로 통신할 때 사용되는 키로, 데이터를 전송하는 측이 수신측의 공개키를 사용하여 데이터를 암호화합니다. 수신측은 자

신의 개인키를 사용하여 데이터를 복호화합니다.

**Q5.** 비대칭 암호화 기술은 어떤 장점이 있나요?

A 비대칭 암호화 기술은 대칭키 암호화 기술에 비해 더욱 안전한 통신을 보장할 수 있습니다. 이는 공개키와 개인키를 사용하여 데이터의 안전성을 높이기 때문입니다. 공개키는 누구나 접근할 수 있지만, 개인키는 해당 키를 가진 사용자만이 접근할 수 있기 때문에, 데이터를 안전하게 전송할 수 있습니다. 또한, 비대칭 암호화 기술은 블록체인에서의 투명성과 무결성을 보장하는 데에도 중요한 역할을 합니다. 이를 통해 블록체인은 안전성과 신뢰성을 제공하면서, 블록체인에 저장된 데이터의 불변성과 무결성을 보장할 수 있습니다.

**Q6.** 블록체인에서 암호화 기술은 어떻게 사용되나요?

A 블록체인에서 암호화 기술은 데이터의 안전성을 보장하는 데 사용됩니다. 블록체인에서는 대칭키 암호화 기술과 비대칭 암호화 기술이 사용되며, 이를 통해 블록 내부의 트랜잭션 데이터를 암호화하여 블록체인의 안전성을 높이고, 데이터를 보호합니다. 또한, 블록체인에서는 데이터의 무결성과 투명성을 보장하기 위해 암호화 기술이 사용됩니다.

**Q7.** 블록체인에서 암호화 기술의 발전 방향은 어떻게 되나요?

A 블록체인에서 암호화 기술의 발전 방향은 더욱 강력한 보안성과 더 높은 처리 속도를 제공하는 방향으로 나아가고 있습니다. 특히, 블록체인과 인공지능, 사물인터넷 등의 기술을 결합하여, 더욱 안전하고 효율적인 데이터 보안 및 암호화 기술이 제공될 것으로 예상됩니다. 또한, 블록체인에서는 데이터의 투명성과 무결성을 보장하기 위해 블록체인 내부의 암호학적 요소를 추가하는 방향으로 발전할 것으로 예상됩니다.

## 1-5 블록체인의 구성요소

### (1) 블록(Block)[9]

블록은 블록체인의 원소 개념으로, 다수의 거래 정보의 묶음을 의미한다. 블록에는 블록의 이름이 있다. 이 이름은 Height(높이)라는 용어로 표현되고 있다. 블록체인을 길게 이어진 수평선으로 보는 것이 아니라 한 칸 한 칸 쌓아나가 탑의 형태로 구성된다고 생각하여 Height(높이)라는 말을 쓴다고 한다. 하지만 이 높이는 정확한 블록의 이름이 아니다. 블록의 정확한 이름은 TXID라 불리는 블록의 해시값이다. 이 블록의 해시값은 블록의 헤더 정보를 모두 합산한 후 SHA256으로 변환된 값이다.

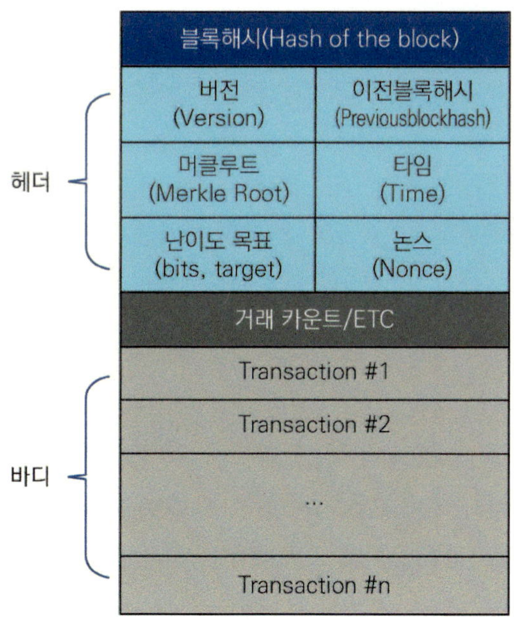


자료: 블록체인 기술 및 블록에 관한 정의, https://steemit.com/kr/@yahweh87/3

[그림 1-5] 블록의 구성요소

블록을 구성하는 요소들은 여러 가지 요소들이 있지만, 위 그림과 같이 크게 2가지로 구분해보면 블록헤더와 블록바디로 나누어 볼 수 있다.

### 1) 블록해시(Hash of the block)

블록해시는 쉽게 '블록'의 이름 정보라고 말할 수 있다. 블록 해시는 블록의 헤더 정보인 버전, 이전블록해시, 머클루트, 타임, bits, 논스 정보를 모두 더하여 합을 구한 후 SHA256으로 변환한 결괏값이다.

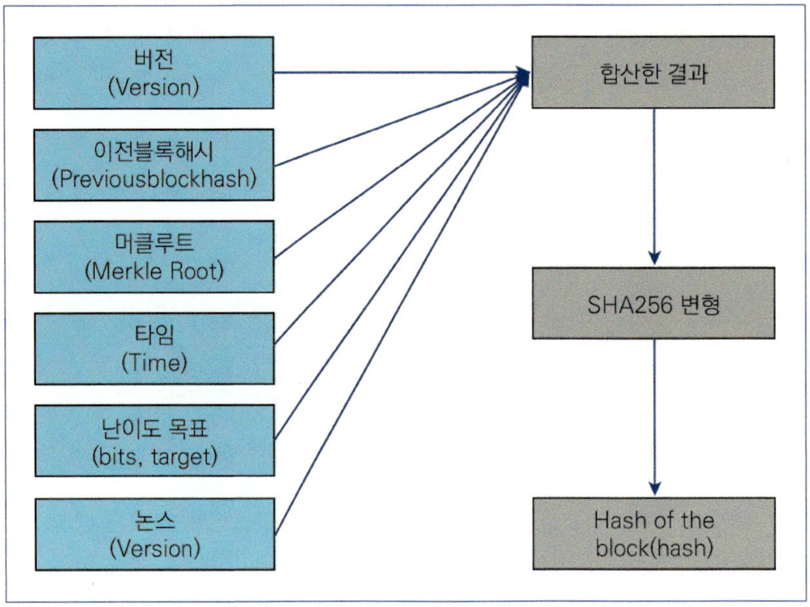


자료: 블록체인 기술 및 블록에 관한 정의, https://steemit.com/kr/@yahweh87/3

[그림 1-6] 헤더의 합산 정보 흐름도

위의 그림처럼 블록헤더 정보의 합산 정보를 구한 후 SHA256으로 변환하면 블록의 블록해시값을 구할 수 있다. 이때, 합산과 단순 SHA256 변환으로는 정확한 블록해시값을 구할 수 없다. 개념적으로 헤더 정보를 모두 합산하여 SHA256 변환하면 블록해시값을 추출할 수 있다.

### 2) 이전블록해시(Previousblockhash)

앞서 블록체인은 거래 정보의 묶음인 블록이 체인 형태로 연결되어 있다고 설명하였다. 이름에서도 직관적으로 알 수 있듯이 '이전블록해시 정보'는 이전 블록의 주솟값을 가리키는 요소이다.

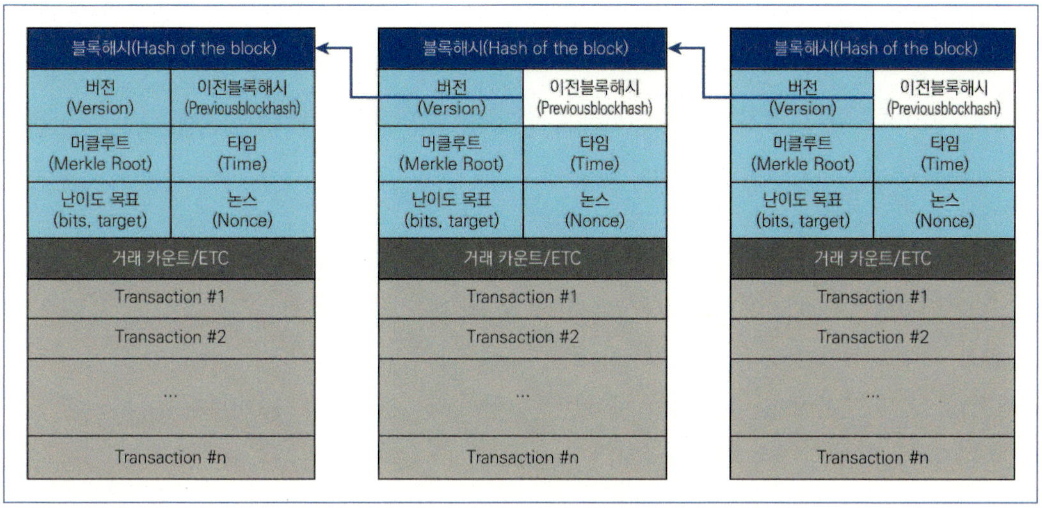


자료: 블록체인 기술 및 블록에 관한 정의, https://steemit.com/kr/@yahweh87/3

[그림 1-7] 블록해시의 연결 구조

위의 그림처럼 각 블록의 헤더 정보에는 이전 블록의 해시 정보를 가지고 있으며, 각 블록이 이전 블록의 헤시 정보를 가지고 있기 때문에 각 블록이 서로 서로 연결되어 있는 구조가 될 수 있다.

### 3) 머클루트(Merkle Root)

'머클루트'는 블록의 바디 부분에 저장된 트랜잭션(거래 정보)들의 해시 트리라고 생각하면 이해가 쉽다. 각 트랜잭션과 가까운 노드끼리 쌍을 지어 해시값을 구하여 최종적으로 구해진 해시값이 머클루트 해시값이 된다. 머클루트의 역할은 아래와 같다.[9]

- ► '머클루트'(머클해시)값을 통해 단일 블록 내에 존재하는 트랜잭션의 무결성을 검증할 수 있다.
- ► '머클루트'(머클해시)값을 이용하여 블록의 해시값을 생성하였기 때문에 블록의 해시의 무결성도 함께 검증할 수 있다.

쉽게 말해 해당 블록이 유효한지에 대한 무결성을 검증하기 위한 요소가 머클루트 혹은 머클해시라는 구성요소이다.

#### 4) 타임(Time)

해당 블록의 대략적인 생성 시간을 의미하며, 타임스탬프는 유닉스 기준일 자로 표시되며 1970년 1월 1일 자정부터 경과한 시간을 초 단위로 계산한 값이다.

#### 5) 난이도 목표

블록 생성을 흔히 '채굴한다'고 말하며, 채굴 난이도는 방 안에서 물건을 찾는 것에 비유할 수 있다. 방에서 연필같이 작은 물건을 찾는 것이 책상처럼 큰 물건을 찾는 것보다 훨씬 어렵고, 시간이 오래 걸리는 것과 같은 원리이다. 따라서 블록체인은 블록마다 생성된 블록의 높이에 따라 자동으로 난이도 목표를 달리 설정해 채굴되는 속도를 일정하게 유지(비트코인의 경우 10분에 1개)한다.

#### 6) Nonce

논스(nonce)는 비트코인의 창시자인 사토시 나카모토(Satoshi Nakamoto)가 쓴 비트코인 백서에 나오는 용어로, 블록체인에서 목푯값 이하의 블록해시를 찾기 위해 임시로 사용하는 숫자이다. 넌스, 난스 또는 임시값이라고도 한다.

### (2) 트랜잭션[10]

트랜잭션(Transaction)이란, 블록체인이라는 데이터베이스의 상태를 변환시키는 하나의 논리적 기능을 수행하기 위한 작업의 단위라고 할 수 있다. 블록체인 네트워크는 하나의 커다란 데이터베이스로, 블록체인 내 트랜잭션 역시 다른 데이터베이스에서 트랜잭션의 안전성을 보장하기 위한 성질인 A.C.I.D를 가지고 있다.

#### 1) 비트코인 트랜잭션 구조

- 버전 번호: 채굴자와 노드가 트랜잭션 처리에 사용할 규칙을 지정하는 데 사용
- 입력 카운터: 트랜잭션에 포함된 입력의 개수
- 입력 리스트: 블록의 첫 트랜잭션은 코인베이스 트랜잭션(Coinbase Transaction)으로 입력 리스트에는 하나 이상의 트랜잭션 입력이 포함
- 출력 카운터: 출력의 개수를 나타내는 양의 정수
- 출력 리스트: 트랜잭션에 포함된 출력

▸ 락 시간: 트랜잭션이 유효해지는 가장 빠른 시간을 정의하는 필드

2) 이더리움 트랜잭션 구조

▸ 논스(Nonce) : 트랜잭션 발신 EOA(지갑)에 의해 발행되어 트랜잭션 메시지 재사용을 방지하는 데 사용되는 일련번호
▸ 가스 가격(Gas Price) : 발신자가 지급하는 가스(수수료)의 가격으로 이더리움의 가장 작은 단위인 웨이(wei)단위로 기록
▸ 가스 한도: 발신하는 트랜잭션을 위해 사용할 가스의 최대치로, 한도를 넘는 가스비가 사용된다면 트랜잭션 실패
▸ 수신자: 이 트랜잭션을 받는, 트랜잭션의 목적지 이더리움 주소
▸ 값: 목적지에 보낼 이더(이더리움 코인)의 양
▸ 데이터: 가변 길이 바이너리 데이터 페이로드로, 스마트 컨트랙트 호출 시 사용
▸ v, r, s: EOA의 ECDSA 디지털 서명의 세 가지 구성 요소

Q & A

## 블록체인 구성요소 뭐가 궁금해?

**Q1.** 블록체인에서 블록은 무엇인가요?

A 블록체인에서 블록은 트랜잭션 데이터를 포함하는 데이터 덩어리입니다. 블록은 블록체인에서 데이터를 저장하고, 검증하는 데 사용됩니다. 블록체인에서는 블록이 이전 블록과 체인 형태로 연결되어 전체 데이터의 무결성과 안전성을 보장합니다.

**Q2.** 블록체인에서 블록에는 어떤 정보가 포함되나요?

A 블록체인에서 블록에는 다음과 같은 정보가 포함됩니다. 블록의 고유 식별자, 이전 블록의 해시값, 현재 블록에 포함된 트랜잭션 데이터, 타임스탬프 등이 포함됩니다. 블록체인에서는 이러한 정보를 사용하여 블록의 불변성과 무결성을 보장합니다.

**Q3.** 블록체인에서 블록이 생성되는 과정은 어떻게 되나요?

A 블록체인에서 블록이 생성되는 과정은 다음과 같습니다. 먼저, 블록 내부의 트랜잭션 데이터가 생성됩니다. 이후, 해당 트랜잭션 데이터를 블록의 형식에 맞게 구성한 후, 해시 함수를 통해 블록의 해시값을 생성합니다. 이전 블록의 해시값을 참조하여 체인 형태로 연결되어 전체 데이터의 무결성과 안전성을 보장합니다.

**Q4.** 블록체인에서 블록의 크기는 어떻게 결정되나요?

A 블록체인에서 블록의 크기는 다양한 요인에 따라 결정됩니다. 블록체인에서는 블록의 크기가 너무 크거나 작으면 블록체인의 안전성과 성능에 영향을 미칠 수 있습니다. 따라서, 블록체인에서는 보통 블록의 크기를 제한하고, 적절한 크기의 블록을 생성하여 블록체인의 안전성과 성능을 유지합니다.

**Q5.** 블록체인에서 블록의 생성 속도는 어떻게 되나요?

A 블록체인에서 블록의 생성 속도는 블록체인의 종류 및 네트워크 상황에 따라 다릅니다. 특히, 블록체인에서는 블록의 생성 속도를 일정하게 유지하면서, 블록의 안전성과 무결성을 보장하는 것이 중요합니다. 이를 위해 블록체인에서는 다양한 알고리즘과 프로토콜을 사용하여 블록의 생성 속도를 제어하고, 네트워크상의 노드들이 블록을 생성하는 데에 참여할 수 있도록 합니다. 이를 통해 블록체인은 안전성과 성능을 유지하면서, 블록의 생성 속도를 높일 수 있습니다.

**Q6.** 블록체인에서 블록의 검증과 승인은 어떻게 이루어지나요?

A 블록체인에서 블록의 검증과 승인은 분산 네트워크상의 다수의 노드들이 참여하여 이루어집니다. 블록체인에서는 블록이 생성되면, 다수의 노드들이 해당 블록의 해시 값을 검증하고, 이전 블록의 해시값과 체인 형태로 연결되어 있는지 확인합니다. 이 과정에서 검증이 완료된 블록은 승인되어 블록체인에 추가됩니다.

**Q7.** 블록체인에서 블록의 추가는 어떤 과정으로 이루어지나요?

A 블록체인에서 블록의 추가는 분산 네트워크상의 다수의 노드들이 참여하여 이루어집니다. 블록이 검증되고 승인된 후, 해당 블록은 블록체인상의 모든 노드에 전파됩니다. 이후, 다수의 노드들이 해당 블록을 검증하고 승인하면, 해당 블록이 블록체인에 추가됩니다. 이러한 과정을 거쳐 블록체인은 블록의 추가와 동시에 안전성과 무결성을 보장합니다.

■ 해 시

**Q1.** 블록체인에서 해시는 어떻게 사용되나요?

A 블록체인에서 해시는 다양한 용도로 사용됩니다. 먼저, 블록체인에서는 트랜잭션 데이터를 해시값으로 변환하여 블록에 저장합니다. 이를 통해 블록체인은 블록의 불변성과 무결성을 보장합니다. 또한, 블록체인에서는 해시를 사용하여 데이터의 무결성을 검증하고, 데이터의 변조를 방지합니다.

**Q2.** 블록체인에서 사용되는 해시 함수는 어떤 것이 있나요?

A 블록체인에서는 다양한 해시 함수가 사용됩니다. 가장 많이 사용되는 해시 함수는 SHA(Secure Hash Algorithm) 계열과 MD(Message Digest) 계열입니다. SHA-256은 블록체인에서 가장 널리 사용되는 해시 함수 중 하나입니다.

**Q3.** 블록체인에서 해시의 특징은 무엇인가요?

A 블록체인에서 해시의 특징은 다음과 같습니다. 첫째, 해시는 고유한 입력값에 대해 항상 고유한 출력값을 반환합니다. 둘째, 해시는 입력값의 크기와 상관없이 항상 고정된 크기의 출력값을 반환합니다. 셋째, 입력값의 작은 변화가 출력값에 큰 영향을 미칩니다. 이러한 특징을 통해 블록체인에서는 데이터의 무결성과 안전성을 보장할 수 있습니다.

**Q4.** 블록체인에서 해시의 보안성은 어떻게 보장되나요?

A 블록체인에서 해시의 보안성은 암호학적인 안전성을 보장하는 것이 중요합니다. 블록체인에서는 안전한 해시 함수를 사용하고, 다양한 보안 기술과 프로토콜을 사용하여 해시의 보안성을 유지합니다. 또한, 블록체인에서는 분산 네트워크상의 다수의 노드들이 해시를 검증하고, 데이터의 변조를 방지하는 등의 보안 메커니즘을 사용하여 해시의 보안성을 높입니다. 이를 통해 블록체인은 안전하고 신뢰성 있는 데이터 저장 및 교환을 보장합니다.

**Q5.** 블록체인에서 해시가 사용되는 예시는 어떤 것이 있나요?

A 블록체인에서는 해시가 다양한 예시에서 사용됩니다. 예를 들어, 블록체인에서는 트랜잭션 데이터를 해시값으로 변환하여 블록에 저장합니다. 이를 통해 블록의 불변성과 무결성을 보장합니다. 또한, 블록체인에서는 데이터의 무결성을 검증하고, 데이터의 변조를 방지하기 위해 해시를 사용합니다. 또한, 블록체인에서는 디지털 서명 등의 기술을 활용하여 데이터의 안전성과 보안성을 유지합니다.

■ 트랜잭션

**Q1.** 블록체인에서 트랜잭션이란 무엇인가요?

**A** 블록체인에서 트랜잭션은 블록체인에서 이루어지는 모든 거래와 활동을 나타내는 데이터 단위입니다. 트랜잭션은 블록체인에서 고유한 식별자를 가지며, 이전 트랜잭션의 출력값을 입력값으로 사용하여 생성됩니다.

**Q2.** 블록체인에서 트랜잭션은 어떤 정보를 포함하고 있나요?

**A** 블록체인에서 트랜잭션에는 다양한 정보가 포함됩니다. 예를 들어, 트랜잭션에는 송신자와 수신자의 지갑 주소, 거래 금액, 수수료, 타임스탬프 등의 정보가 포함됩니다.

**Q3.** 블록체인에서 트랜잭션은 어떻게 처리되나요?

**A** 블록체인에서 트랜잭션은 먼저 송신자가 거래를 요청하면, 해당 거래가 검증되고 블록에 추가됩니다. 이 과정에서 블록체인은 다양한 검증 과정을 거쳐 거래의 유효성을 검증하고, 거래의 무결성을 보장합니다. 이후, 해당 거래가 블록체인에 추가되면, 블록체인에서는 해당 거래가 승인되어 송금이 이루어집니다.

**Q4.** 블록체인에서 트랜잭션의 처리 시간은 어떻게 결정되나요?

**A** 블록체인에서 트랜잭션의 처리 시간은 블록체인의 종류 및 네트워크 상황에 따라 결정됩니다. 블록체인에서는 트랜잭션의 처리 시간을 일정하게 유지하면서, 트랜잭션의 안전성과 무결성을 보장하는 것이 중요합니다. 이를 위해 블록체인에서는 다양한 알고리즘과 프로토콜을 사용하여 트랜잭션의 처리 속도를 제어하고, 네트워크상의 노드들이 트랜잭션 처리에 참여할 수 있도록 합니다.

**Q5.** 블록체인에서 트랜잭션의 안전성과 무결성은 어떻게 보장되나요?

**A** 블록체인에서 트랜잭션의 안전성과 무결성은 분산 네트워크상의 다수의 노드들이 참여하여 검증됩니다. 블록체인에서는 다수의 노드들이 트랜잭션의 유효성을 검증하고, 해당 트랜잭션이 블록체인에 추가될 때까지 승인되어야 합니다. 이를 통해 블록체인은 안전성과 무결성을 보장하면서, 블록체인상에서의 데이터 교환과 거래를 신뢰성 있게 처리합니다.

**Q6.** 블록체인에서 트랜잭션의 비용은 어떻게 결정되나요?

A 블록체인에서 트랜잭션의 비용은 블록체인의 종류 및 네트워크 상황에 따라 결정됩니다. 일반적으로, 트랜잭션의 비용은 네트워크상에서의 경쟁에 따라 결정되며, 해당 거래의 우선순위에 따라 다르게 책정됩니다. 블록체인에서는 다양한 수수료 모델을 사용하여 트랜잭션의 비용을 결정하며, 이를 통해 블록체인상에서의 거래를 보다 효율적으로 처리합니다.

**Q7.** 블록체인에서 트랜잭션의 처리 속도는 어떻게 개선될 수 있나요?

A 블록체인에서 트랜잭션의 처리 속도는 다양한 기술적인 개선을 통해 개선될 수 있습니다. 예를 들어, 블록체인에서는 분산 네트워크상의 다수의 노드들이 참여하여 트랜잭션 처리를 수행하는 것이 중요합니다. 이를 위해 블록체인에서는 다양한 알고리즘과 프로토콜을 사용하여 트랜잭션 처리 속도를 개선하고, 블록체인상에서의 데이터 교환과 거래를 더욱 신속하게 처리할 수 있도록 합니다. 또한, 블록체인에서는 스마트 컨트랙트 기술 등을 사용하여 트랜잭션 처리를 자동화하고, 보다 효율적으로 처리할 수 있습니다.

■ 지 갑

**Q1.** 블록체인에서 지갑이란 무엇인가요?

A 블록체인에서 지갑은 블록체인에서 수신 및 송신할 수 있는 디지털 자산을 저장하고, 관리하는 소프트웨어나 하드웨어 기기를 의미합니다. 블록체인에서는 지갑을 통해 디지털 자산을 안전하게 보관하고, 송금 및 거래를 처리할 수 있습니다.

**Q2.** 블록체인에서 지갑은 어떤 종류가 있나요?

A 블록체인에서 지갑은 크게 소프트웨어 지갑과 하드웨어 지갑으로 나눌 수 있습니다. 소프트웨어 지갑은 온라인 지갑과 오프라인 지갑으로 나뉘며, 하드웨어 지갑은 USB 키와 같은 하드웨어 기기를 의미합니다. 각각의 지갑은 자신만의 장단점이 있으며, 사용자의 요구에 맞게 선택할 수 있습니다.

**Q3.** 블록체인에서 지갑을 사용하는 방법은 어떻게 되나요?

A 블록체인에서 지갑을 사용하는 방법은 다양합니다. 사용자는 먼저 지갑 소프트웨어를 설치하거나 하드웨어 지갑을 구매한 후, 해당 지갑에 디지털 자산을 저장하고, 지갑을 통해 디지털 자산을 송금하거나 거래를 처리할 수 있습니다. 또한, 블록체인에서는 다양한 보안 기술과 프로토콜을 사용하여 지갑의 안전성을 보장하고, 사용자의 디지털 자산을 안전하게 보호합니다.

**Q4.** 블록체인에서 지갑의 보안은 어떻게 유지되나요?

A 블록체인에서 지갑의 보안은 다양한 방법으로 유지됩니다. 지갑은 암호화된 비밀번호로 보호되며, 블록체인에서는 다양한 암호화 기술과 프로토콜을 사용하여 지갑의 안전성을 보장합니다. 또한, 블록체인에서는 지갑의 보안을 강화하기 위해 다양한 보안 기술과 프로토콜을 사용하며, 사용자의 디지털 자산을 안전하게 보호합니다.

**Q5.** 블록체인에서 지갑을 분실하거나 해킹당하면 어떻게 되나요?

A 블록체인에서 지갑을 분실하거나 해킹당하면 해당 지갑에 저장된 디지털 자산은 영구적으로 손실될 수 있습니다. 따라서 블록체인 사용자는 지갑의 비밀번호를 안전하게 보관하고, 백업을 정기적으로 수행하여 지갑 손실 시의 위험을 최소화해야 합니다. 또한, 블록체인에서는 다양한 보안 기술과 프로토콜을 사용하여 지갑의 안전성을 보장하며, 사용자가 디지털 자산을 안전하게 보호할 수 있도록 노력하고 있습니다.

# 2

# 블록체인의 동작 방식

# 02

# 블록체인의 동작 방식

## 2-1 블록체인의 동작 방식

블록체인이 작동하기 위해서는 다수의 거래내역을 묶어 블록을 구성하고, 이 블록을 기존 블록체인의 끝에 연결하며, 다수의 컴퓨터에 피투피(P2P) 방식으로 분산 저장해야 한다.

### (1) 블록구성[11]

블록체인을 만들기 위해 처음 해야 하는 일은 다수의 거래 기록을 묶어 하나의 블록을 구성하는 일이다. 거래의 최소 단위는 트랜잭션(transaction, 약칭 'Tx')이다. 트랜잭션이란 더 이상 쪼갤 수 없는 업무 처리의 최소 단위를 말한다. 예를 들어, A라는 사람이 B라는 사람에게 1,000원을 지급하고 B가 그 돈을 받은 경우, 이 거래 기록은 더 이상 작게

[그림 2-1] 블록체인의 동작 흐름도

쪼갤 수가 없는 하나의 트랜잭션을 구성한다. 만약 A는 돈을 지불했으나 B는 돈을 받지 못했다면 그 거래는 성립되지 않는다. 이처럼 A가 돈을 지불하는 행위와 B가 돈을 받는 행위는 별개로 분리될 수 없으며 하나의 거래 내역으로 처리되어야 하는 단일 거래이다. 이런 거래의 최소 단위를 트랜잭션이라고 한다.

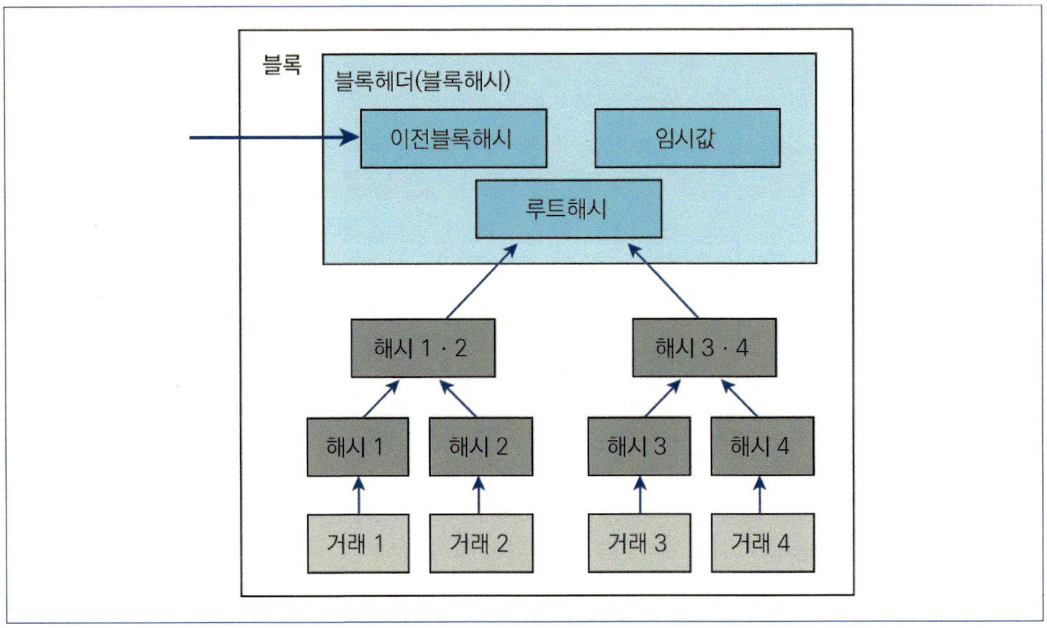


자료: 해시넷위키-블록체인, http://wiki.hash.kr/index.php/블록체인

[그림 2-2] 거래내역이 암호화되어 저장된 해시트리

인터넷 등 온라인에서 거래가 발생한 경우, 각각의 트랜잭션별로 하나의 거래내역을 구성한다. 이 거래내역은 해시(hash) 함수를 사용하여 암호화된다. 해시 함수란 다양한 길이를 가진 데이터를 고정된 길이를 가진 데이터로 매핑하는 알고리즘이다. 각각의 거래내역을 텍스트로 표시할 경우 그 길이가 각각 다를 수 있지만, 이것을 해시 함수로 변환하면 항상 일정한 길이의 해시값이 나온다. 예를 들어, SHA-256 해시 함수를 사용할 경우, 거래내역이 아무리 짧거나 혹은 길어도 해시값은 항상 2진수로 256자리(즉, 16진수로 64자리)의 고정된 길이를 가진 값으로 표시된다. 이러한 해시 연산 과정을 거쳐 하나의 트랜잭션이 하나의 해시값에 대응하는 1:1 구조를 이루게 된다. 예를 들어 아래의 거래내역을 SHA-256 해시 함수를 사용하여 변환한 해시값은 다음과 같다.

- [거래내역1] "A가 B에게 1,000원을 주었다." --> [해시1]
  1c51df95c6ecb0ece8d7610583d07a74cc29acdd85021a2c97fc2529f581d83b
- [거래내역2] "A가 C에게 2,000원을 받았다." --> [해시2]
  3f6be801101b4000aa456f6a17bc627c86cddcf12b7ef2882cc030137435e400

자료: 해시넷위키-블록체인, http://wiki.hash.kr/index.php/블록체인

블록체인에서는 다수의 거래내역을 묶어 하나의 블록을 구성한다. 거래내역이 많든 적든 상관없이 항상 일정한 시간에 한 번씩 새로운 블록을 구성한다. 블록체인 기술을 적용한 대표적인 암호화폐인 비트코인의 경우 약 10분에 한 번씩 새로운 블록을 구성한다. 라이트코인의 경우 약 2분 30초에 한 번씩 새로운 블록을 구성한다. 하나의 블록에는 하나의 루트해시가 존재한다. 루트해시란 모든 하위 해시들을 다시 해시 함수로 변환한 최종 해시값이다. 루트해시를 생성하기 위해 우선 각 거래내역에 1:1로 대응하는 해시값을 생성하고, 두 개의 해시를 합쳐 하나의 상위 해시를 생성하고, 그 상위 해시 2개를 합쳐 다시 더 상위의 해시를 생성한다. 만약 해시의 개수가 홀수이면 맨 마지막 하나의 해시는 자기 자신과 해시 연산을 수행한다. 이 과정을 계속 반복하면, 최종적으로 트리의 최상위 지점에 하나의 루트해시가 생성된다. 이러한 해시값의 구조를 해시트리 또는 머클트리라고 한다. 하나의 블록에는 반드시 하나의 루트해시가 존재한다. 만약 거래내역 중 하나라도 위변조할 경우 해당 해시값과 그 상위의 모든 해시값이 변경되어 결과적으로 루트해시가 달라지게 된다. 따라서 블록의 루트해시만 비교해 보면 그 하위에 있는 해시를 일일이 비교 검사하지 않더라도 데이터가 위변조되었는지 즉시 확인할 수 있다. 새로 구성된 블록은 타임스탬프 서버에 의해 생성된 시간이 기록되며, 전체 네트워크에 전파된다. 타임스탬프(timestamp)는 전자문서가 특정한 시점에 존재하고 있었다는 '존재 증명'과 그 이후 데이터가 변경되지 않았다는 '내용 증명'을 해주는 일종의 전자 도장이다.

### (2) 체인연결[11]

하나의 새로운 블록을 구성한 경우, 마치 체인처럼 이전부터 이어져 내려오던 블록체인의 맨 끝에 이 새로운 블록을 연결시켜야 한다. 새로운 블록을 기존 블록체인의 끝에 연결시키려면, 해당 블록의 이름에 해당하는 해시값을 찾아내야 한다. 새로운 해시값을

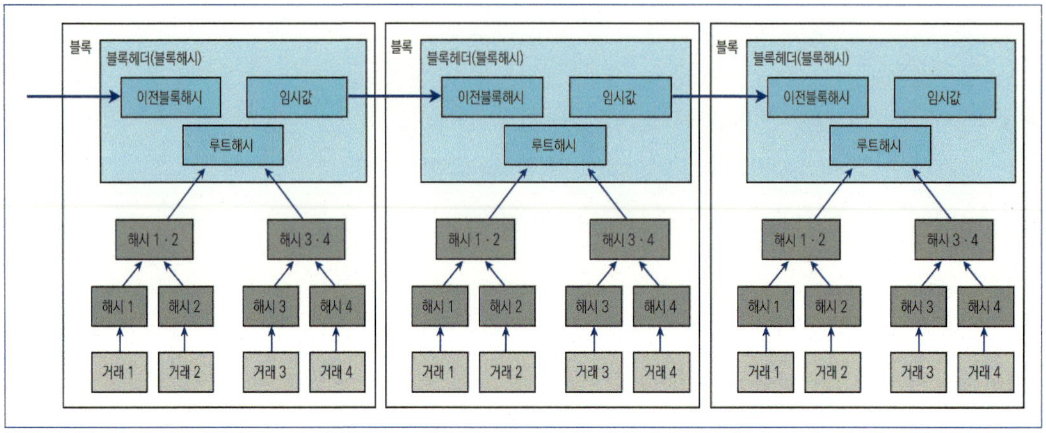


자료: 해시넷위키-블록체인, http://wiki.hash.kr/index.php/블록체인

[그림 2-3] 거래내역이 암호화되어 저장된 해시트리의 체인연결

성공적으로 찾아내는 경우 새로운 블록이 생성되어 기존 블록체인에 연결된다. 새로 구성한 블록의 이름에 해당하는 해시를 찾아내는 일은 수없이 많은 시도를 반복해야 하는 매우 힘든 과정이다. 왜냐하면 새로운 블록의 해시는 반드시 프로그램에 의해 미리 정해진 목표값보다 작아야 한다는 조건을 충족해야 하기 때문이다. 예를 들어, 목표 해시값이 00ff32라고 가정하고, 새로 만든 블록의 해시값이 12fa3b라고 하면, 이 값이 목표값보다 더 크기 때문에 블록 생성에 실패하게 된다. 하지만 새로 찾아낸 해시값이 00c3b1이라고 가정하면, 이 값은 목표값보다 더 작기 때문에 새로운 블록의 생성에 성공하게 된다. 다음은 2018년 5월 1일에 실제로 생성된 비트코인 520,654번째 블록의 해시값으로, 숫자 앞부분에 영(0)이 18개가 표시되어 있다.

- 블록번호: 제520,654번째 블록
- 블록해시: 000000000000000000027d5cc71fb300b9d7c3b703da500a23a6a413297e7f8f4

자료: 해시넷위키-블록체인, http://wiki.hash.kr/index.php/블록체인

일반적으로 블록의 해시값은 해당 블록의 생성일시, 버전, 비츠(bits), 루트해시, 이전블록의 해시, 그리고 논스(nonce)라고 불리는 임시값 등을 조합한 후 해시로 변환하여 생성한다. 해당 블록의 생성일시, 버전, 난이도, 루트해시와 이전 블록의 해시값은 이미 확

정되어 정해진 값을 가지고 있지만, 논스라는 임시값이 달라짐에 따라 해시 연산 결과로 생성되는 블록 해시값도 다양하게 나올 수 있다. 예를 들어 논스가 1인 경우의 해시값과 2인 경우의 해시값은 전혀 다르다. 이 논스 값을 수없이 바꿔가면서 하나씩 대입하다가 새로 생성된 해시값이 일정한 목표값보다 더 작을 경우에 새로운 블록이 성공적으로 생성된다. 이처럼 특정한 블록에 대해 목표값 이하의 크기를 가진 해시값을 찾음으로써 새로운 블록을 생성하는 행위를 작업증명(PoW)이라고 한다. 작업증명의 대가로 일정한 개수의 암호화폐를 지급받는 것을 채굴(採掘) 또는 마이닝(mining)이라고 한다.

- 코인종류 : 비트코인
- 생성일시 : 2018-05-01 09:57:58 UTC
- 블록번호 : 제520,654번째 블록
- 블록해시 : 0000000000000000000027d5cc71fb300b9d7c3b703da500a23a6a413297e7f8f4
- 버전 : 0x20000000
- 난이도 : 7.07T/4.02T
- 비츠(bits) : 0x1745fb53
- 임시값(nonce) : 0xe1c63570
- 포함된 트랜잭션의 개수 : 2,683개
- 루트해시 : 57e9d0dfa5fb3f73303fc205b04adcbb9b2b29ade8031ddcc8c9c88652f35cd2
- 이전 블록의 해시 : 000000000000000000020c54be8b197db66d61b0e9782ee15c71a0cc822bf48e8
- 다음 블록의 해시 : 0000000000000000000c74f3b4da084b2a8a635dd988e00cc1877565eff6eaa8

자료: 해시넷위키-블록체인, http://wiki.hash.kr/index.php/블록체인

### (3) P2P 분산저장[11]

블록체인은 거래를 처리하고 기록·관리하는 권위 있는 중앙 조직이나 기구·기관이 없이, 네트워크에 연결된 개별 참여자들의 협업에 의해 유지된다. 블록체인은 피투피(P2P) 방식으로 운영된다. 피투피(P2P)란 Peer to Peer의 약자로서, 인터넷에 연결된 다수의 개별 사용자들이 중개기관을 거치지 않고 직접 데이터를 주고받는 것을 말한다. 영어로 Peer란 '동료'라는 뜻으로서, 피투피란 인터넷에 연결된 한 동료가 다른 동료에게 데이터를 직접 전송하는 시스템을 말한다. 피투피 방식은 기존의 서버-클라이언트 방식의 데이터 전송과는 본질적으로 다른 구조를 가지고 있다. 서버-클라이언트 구조에서 개별

적인 참여자는 우선 서버에 데이터를 올려야 하고, 다른 참여자가 해당 서버로부터 데이터를 받아오는 방식으로 작동한다. 이런 점에서 서버-클라이언트 구조에서 서버는 중앙·중심·센터에 해당하고, 클라이언트는 서버에 연결된 종속적 위치에 놓이게 된다. 반면 피투피 방식을 따르는 블록체인에는 중앙이나 중심 또는 센터가 없다. 블록체인 네트워크에 참여하는 모든 참여자들은 서로 평등하다.

블록체인에 저장된 데이터는 네트워크에 연결된 모든 노드(node)에 복사되어 분산 저장된다. 노드란 네트워크를 구성하는 각각의 개체를 말한다. 예를 들어, 10대의 컴퓨터가 서로 연결되어 네트워크를 구성하고 있는 경우 각각의 개별 컴퓨터가 하나의 노드가 된다. 즉, 이 시스템은 10개의 개별 노드로 구성된 네트워크 시스템이다. 서버-클라이언트 구조에서는 원본 데이터가 서버에 저장되어 있고 클라이언트는 서버에 접속하여 데이터를 열람·복사·다운로드 받지만, 블록체인 네트워크 구조에서는 중앙 서버가 존재하지 않으며 네트워크에 참여하는 모든 노드들이 서로 데이터를 복사하여 동일한 자료를 분산 저장하고 있다. 블록체인에 저장된 데이터는 원본과 사본의 구별이 없다. 블록체인 네트워크에 참여하는 개별 노드들은 다른 노드에 있는 데이터를 복사하여 저장함으로써 서로 동일한 데이터를 가지게 된다. 이 때 해당 데이터 전체를 100% 동일하게 복사하여 저장한 노드를 풀 노드(full node)라고 하고, 전체 데이터의 일부분만 복사하여 저장한 노드를 라이트 노드(light node)라고 한다.

블록체인 네트워크에서 새로운 거래가 발생할 경우 그 내역은 네트워크에 연결된 모든 노드들에게 전파되어 알려진다. 각 노드들은 일정한 시간 동안 이루어진 모든 거래를 하나로 묶어 새로운 블록을 구성하고, 목표값 이하의 해시값을 찾기 위해 경쟁한다. 네트워크에 참여한 수많은 노드들 중에서 가장 먼저 목표값 이하의 블록 해시값을 찾아낸 노드가 경쟁에서 승리하게 된다. 블록 해시를 가장 먼저 찾아낸 노드는 자신이 경쟁에서 승

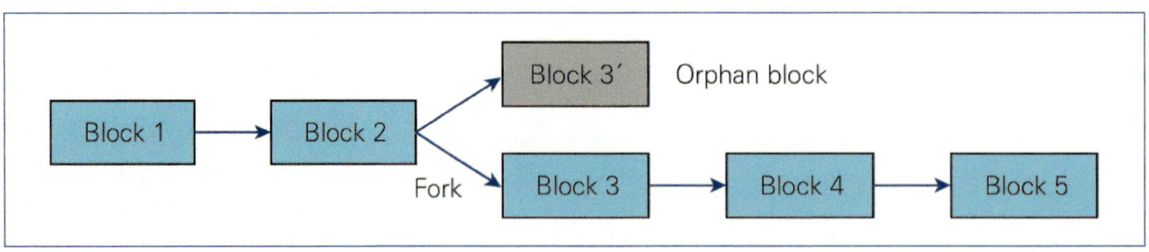


자료: 해시넷위키-블록체인, http://wiki.hash.kr/index.php/블록체인

[그림 2-4]

리했음을 전체 네트워크에 알린다. 네트워크에 참여한 다른 노드들은 새로 생성된 블록의 유효성을 검사하고 아무런 이상이 없을 경우 해당 블록의 생성을 승인한다. 이런 방식으로 전체 네트워크에 참가한 노드들 중에서 과반수가 새로 생성된 블록을 승인할 경우, 해당 블록은 정식 블록으로 채택되어 블록체인에 추가된다. 만약 서로 다른 거래내역을 가진 블록이 동시에 생성될 경우 네트워크는 약 1시간 정도 기다리면서 지켜보다가 가장 긴 길이를 가진 체인을 선택한다. 이 때 선택되지 않은 다른 블록은 버려져서 고아 블록(orphan block)이 되고 더 긴 길이를 가진 블록체인의 끝에 새로 생성된 블록이 연결된다. 이러한 과정을 통해 블록체인은 거래를 처리하고 승인하는 권위 있는 중앙기관이 없이도 네트워크 참여자들의 협업을 통해 안전하고 신뢰할 수 있는 시스템을 운영할 수 있다.

블록체인에 저장할 수 있는 데이터는 두 종류가 있다. 하나는 텍스트, 이미지, 문서, 음악, 동영상 등 원본 데이터이고, 다른 하나는 이 원본 데이터를 해시함수를 이용하여 변환한 해시 데이터이다. 블록체인에 원본 데이터와 해시 데이터를 모두 올리는 것이 불가능하지는 않지만, 파일 용량이 커지면 전체적인 속도가 저하되고 관리의 효율성이 떨어질 수 있다. 따라서 대개의 경우 블록체인에는 해당 원본 데이터를 변환한 해시값만 기록하고, 원본 데이터는 별도의 서버에 저장하게 된다. 만약 해커가 원본 데이터가 저장된 서버를 공격하여 데이터를 위변조하더라도 해당 해시값을 가지고 있는 전 세계 모든 노드의 해시값을 동시에 위변조하지 않는 한, 조작 사실이 드러나고 정상적인 데이터로 인정받지 못하게 된다.

### (4) 채굴(Mining)[12]

마이닝은 블록체인에 새로운 블록을 추가하여 트랜잭션 기록을 수정하기 어렵게 만듭니다. 오늘 광업은 두 가지 형태를 취합니다.

- 광부가 블록 보상 및 거래 비용을 전액 자기 자신에게 넘겨줌으로써 광부가 새로운 블록을 생성하려고 시도하는 솔로 광업은 더 높은 분산(더 긴 지불 간격)으로 큰 지불을 받을 수 있게 한다.
- 광부가 다른 광부와 자원을 공동으로 모아 블록을 더 자주 찾도록 하는 풀링된 광산(pooled mining)은 광부가 기여한 해싱파워의 양과 대략적인 상관관계로 풀 광부들 사이에서 공유되며, 광부는 분산이 적은 작은 지불을 받을 수 있다

### 1) 솔로채굴(Solo Mining)

솔로 광부는 일반적으로 bitcoind를 사용하여 네트워크에서 새 트랜잭션을 가져온다. 그들의 마이닝 소프트웨어는 getblocktemplate RPC를 사용하여 새 트랜잭션의 bitcoind를 주기적으로 폴링한다. 이 트랜잭션은 코인베이스 트랜잭션을 보내야 하는 공개키와 새 트랜잭션 목록을 제공한다.

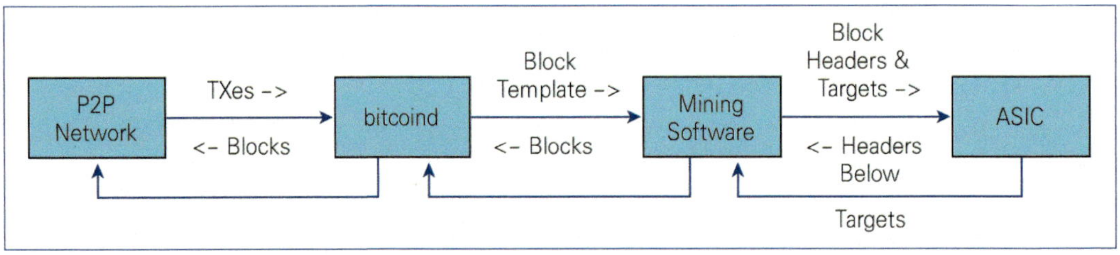


자료: 비트코인개발자 가이드, 위키독스(https://wikidocs.net/book/1699)

[그림 2-5] 솔로 비트코인 채굴 동작흐름도

마이닝 소프트웨어는 템플릿을 사용하여 블록을 구성하고 블록 헤더를 만들고, 대상 임계값(난이도 설정)과 함께 80바이트 블록 헤더를 마이닝 하드웨어(ASIC)로 보낸다. 마이닝 하드웨어는 블록 헤더 nonce에 대해 가능한 모든 값을 반복하고 해시를 생성한다. 해시가 임계값보다 낮지 않으면 마이닝 하드웨어가 마이닝 소프트웨어의 새로운 Merkle 루트가 있는 업데이트된 블록 헤더를 가져온다. 이 새로운 블록 헤더는 coinbase 트랜잭션의 coinbase 필드에 추가 nonce 데이터를 추가하여 생성된다. 반면에 해시가 대상 임계값 아래에 있는 경우 마이닝 하드웨어는 성공 니스가 있는 블록 헤더를 마이닝 소프트웨어에 반환한다. 마이닝 소프트웨어는 헤더와 블록을 결합하여 블록체인에 추가하기 위해 완성된 블록을 bitcoind로 전송하여 네트워크에 브로드 캐스트한다.

### 2) 풀 채굴(Pool Mining)

풀 마이너(pool miners)는 아래에 설명된 것과 유사한 워크플로를 따르며, 마이닝 풀 운영자는 수행된 작업의 점유율에 따라 광부에게 비용을 지불할 수 있다. 마이닝 풀은 bitcoind를 사용하여 네트워크에서 새 트랜잭션을 가져온다. 나중에 설명할 방법 중 하나를 사용하여 각 광부의 광산 소프트웨어는 풀에 연결하고 블록 헤더를 구성하는 데 필요한 정보를 요청한다.

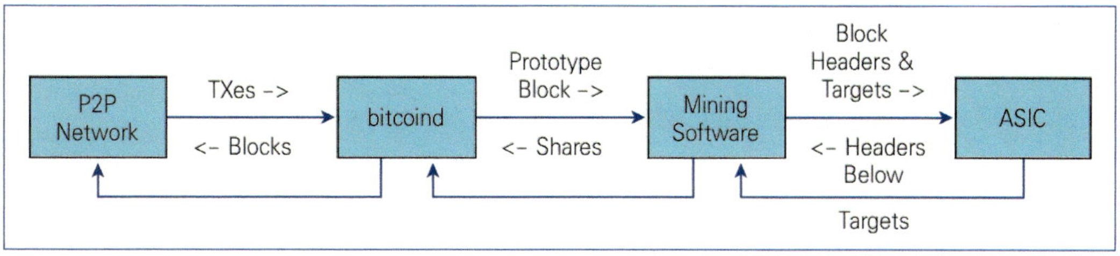


자료: 비트코인개발자 가이드, 위키독스(https://wikidocs.net/book/1699)

[그림 2-6] 풀 기반 비트코인 채굴 동작흐름도

풀링된 광업에서 채광 풀은 네트워크 난이도보다 목표 수준을 몇 배 더 높게 설정한다. 이렇게 하면 마이닝 하드웨어가 해시하지 않는 많은 블록 헤더를 블록체인에 포함할 수 있는 값으로 반환하지만 풀 대상의 해시는 평균값으로 가능한 해시값의 백분율을 확인한다. 그런 다음 광부는 풀이 헤더가 대상 아래에 해시될 것임을 확인하기 위해 풀이 필요한 정보의 복사본을 풀에 보내고 헤더 병합 루트 필드가 참조하는 트랜잭션 블록이 풀의 목적을 위해 유효하다는 것을 풀에 보낸다. 광부가 풀(pool)로 보내는 정보는 광부가 작업량을 공유했기 때문에 공유라고 한다. 풀에서 받는 일부 공유는 네트워크 대상 아래에 있게 되고, 마이닝 풀은 이를 블록체인에 추가하기 위해 네트워크로 보낸다.

해당 블록을 채광하여 얻은 블록 보상 및 거래 수수료가 광산 풀로 지급된다. 채광 풀은 그들이 생성한 주식의 수를 기반으로 개별 광부에게 이 수익금의 일부를 지불한다. 예를 들어 마이닝 풀의 목표 임계값이 네트워크 목표 임계값보다 100배 낮으면 성공적인 블록을 만들기 위해 평균 100개의 공유를 생성해야 하므로 수신된 각 공유에 대해 지불금의 1/100을 지불할 수 있다. 다른 채광 풀은 기본 공유 시스템을 기반으로 다른 보상 배포 시스템을 사용한다.

Q & A

## 블록체인 동작원리 뭐가 궁금해?

**Q1.** 블록체인은 어떻게 동작하나요?

A 블록체인은 분산 네트워크상에서 수많은 노드들이 동시에 트랜잭션을 검증하고, 블록을 생성하여 연결함으로써 동작합니다. 이때, 블록체인에서는 다양한 암호화 기술을 사용하여 트랜잭션의 안전성과 무결성을 보장하며, 분산 네트워크상에서의 다수의 노드들이 참여하여 블록체인상에서의 거래를 신뢰성 있게 처리합니다.

■ 채 굴

**Q1.** 블록체인에서 채굴이란 무엇인가요?

A 블록체인에서 채굴은 새로운 블록을 생성하는 과정을 의미합니다. 채굴자는 블록에 포함될 트랜잭션을 검증하고, 이를 블록으로 묶어서 생성합니다. 새로운 블록을 생성한 채굴자는 해당 블록을 블록체인에 추가하며, 보상을 받게 됩니다.

**Q2.** 블록체인에서 채굴자란 누구인가요?

A 블록체인에서 채굴자는 새로운 블록을 생성하는 작업을 수행하는 컴퓨터나 기기를 소유한 개인 또는 그룹을 의미합니다. 블록체인에서는 다수의 채굴자가 동시에 새로운 블록을 생성하며, 가장 먼저 유효한 블록을 생성한 채굴자가 해당 블록을 블록체인에 추가하게 됩니다.

**Q3.** 블록체인에서 채굴에는 어떤 과정이 포함되나요?

A 블록체인에서 채굴에는 다양한 과정이 포함됩니다. 먼저, 채굴자는 다수의 트랜잭션을 검증하고, 이를 블록으로 묶어서 생성합니다. 이후, 채굴자는 해당 블록의 해시값

을 계산하여, 이전 블록의 해시값을 포함한 블록 헤더를 생성합니다. 이 블록 헤더는 블록체인에서 유효한 블록인지 검증하는데 사용됩니다. 검증이 완료되면, 채굴자는 새로운 블록을 블록체인에 추가하고, 보상을 받게 됩니다.

**Q4.** 블록체인에서 채굴에 사용되는 하드웨어는 무엇인가요?

**A** 블록체인에서 채굴에 사용되는 하드웨어는 ASIC 칩과 같은 전문화된 컴퓨터나 기기를 사용합니다. 블록체인에서는 채굴 속도를 높이기 위해 높은 처리 성능을 요구하는 작업을 수행해야 합니다. 따라서, 일반적인 컴퓨터로는 채굴이 어려우므로, 전문화된 컴퓨터나 기기를 사용합니다. 이러한 전문화된 하드웨어는 채굴 작업을 보다 빠르고 효율적으로 수행할 수 있으며, 블록체인에서의 경쟁력을 확보하는 데 중요한 역할을 합니다.

**Q5.** 블록체인에서 채굴자에게 주어지는 보상은 무엇인가요?

**A** 블록체인에서 채굴자에게 주어지는 보상은 일반적으로 암호화폐입니다. 예를 들어, 비트코인에서는 새로운 블록 생성시, 해당 채굴자에게 일정량의 비트코인이 보상으로 지급됩니다. 이러한 보상은 채굴자들이 블록체인에서 새로운 블록을 생성하는 데 적극적으로 참여할 수 있도록 유도하는 역할을 합니다.

### ■ 노 드

**Q1.** 블록체인에서 노드란 무엇인가요?

**A** 블록체인에서 노드는 분산 네트워크상에서 트랜잭션을 검증하고, 블록을 생성하여 연결하는 역할을 수행하는 컴퓨터 또는 기기를 의미합니다. 블록체인에서는 다수의 노드들이 참여하여 트랜잭션의 안전성과 무결성을 검증하고, 블록체인상에서의 거래를 처리합니다.

**Q2.** 블록체인에서 노드들은 어떻게 연결되나요?

**A** 블록체인에서 노드들은 P2P 네트워크상에서 연결됩니다. P2P(Peer-to-Peer) 네트워크는 중앙 서버가 없이 다수의 컴퓨터가 서로 연결되어 분산 네트워크를 구성하는 방식입니다. 이러한 P2P 네트워크에서 블록체인 노드들은 서로 직접 연결하여 트랜잭션

정보를 교환하고, 블록체인상에서의 거래를 처리합니다.

**Q3.** 블록체인에서 노드들은 어떤 역할을 수행하나요?

A 블록체인에서 노드들은 다양한 역할을 수행합니다. 먼저, 노드들은 분산 네트워크상에서 트랜잭션을 검증하고, 블록을 생성하여 연결합니다. 또한, 노드들은 블록체인상에서의 거래 정보를 검증하고, 이를 안전하게 처리합니다. 이러한 과정에서 노드들은 블록체인상에서의 거래의 신뢰성과 안전성을 보장하는 중요한 역할을 수행합니다.

**Q4.** 블록체인에서 노드들은 어떻게 신뢰성을 보장하나요?

A 블록체인에서 노드들은 다수의 노드들이 동시에 트랜잭션 정보를 검증하고, 블록을 생성함으로써 신뢰성을 보장합니다. 또한, 블록체인에서는 암호화 기술을 이용하여 트랜잭션 정보의 안전성과 무결성을 보장합니다. 이러한 과정에서 블록체인은 분산 네트워크상에서의 거래의 안전성을 확보하며, 중앙 기관 없이도 거래를 처리할 수 있도록 합니다.

**Q5.** 블록체인에서 노드들은 어떻게 동기화되나요?

A 블록체인에서 노드들은 동기화를 통해 블록체인 상태를 유지합니다. 블록체인상에서는 다수의 노드들이 새로운 트랜잭션 정보를 생성하고, 이를 검증하며, 블록체인에 추가합니다. 이 과정에서 노드들은 새로운 블록의 생성과 추가를 모두 수행합니다. 따라서, 노드들은 분산 네트워크상에서의 거래 정보를 신뢰성 있게 검증하며, 블록체인 상태를 유지합니다.

**Q6.** 블록체인에서 노드들은 어떻게 보안을 유지하나요?

A 블록체인에서 노드들은 다양한 보안 기술을 사용하여 보안을 유지합니다. 먼저, 블록체인에서는 암호화 기술을 이용하여 거래 정보를 안전하게 처리합니다. 또한, 블록체인에서는 P2P 네트워크상에서 노드들이 서로 연결되어 트랜잭션 정보를 검증함으로써, 분산된 보안 시스템을 구성합니다. 이러한 보안 시스템을 통해 블록체인에서는 안전하고 신뢰성 높은 거래를 처리할 수 있습니다.

■ 합의 알고리즘

**Q1.** 블록체인에서 합의 알고리즘이란 무엇인가요?

A 블록체인에서 합의 알고리즘은 분산 네트워크상에서 노드들이 동의하여 새로운 블록을 생성하고 추가하는 과정을 의미합니다. 합의 알고리즘은 블록체인에서의 거래의 안전성과 신뢰성을 보장하는 핵심적인 역할을 수행합니다.

**Q2.** 블록체인에서 합의 알고리즘은 어떤 원리로 동작하나요?

A 블록체인에서 합의 알고리즘은 여러 가지 방법으로 동작합니다. 일반적으로는 다수의 노드들이 동시에 새로운 블록을 생성하고, 이를 검증하며, 블록체인에 추가하는 방식으로 합의 알고리즘이 동작합니다. 이러한 과정에서 블록체인은 다수의 노드들이 동의한 합의 알고리즘을 기반으로 거래의 안전성과 신뢰성을 보장합니다.

**Q3.** 블록체인에서 합의 알고리즘의 종류에는 어떤 것들이 있나요?

A 블록체인에서 합의 알고리즘에는 여러 가지 종류가 있습니다. 예를 들어, 비트코인에서는 Proof of Work(PoW) 합의 알고리즘을 사용하며, 이더리움에서는 Proof of Stake(PoS) 합의 알고리즘을 사용합니다. 이러한 합의 알고리즘들은 각각의 특징과 장단점을 가지고 있으며, 블록체인의 안전성과 신뢰성을 보장하는 데 중요한 역할을 수행합니다.

**Q4.** Proof of Work(PoW) 합의 알고리즘이란 무엇인가요?

A Proof of Work(PoW) 합의 알고리즘은 블록체인에서 가장 많이 사용되는 합의 알고리즘 중 하나입니다. PoW는 수학적으로 복잡한 문제를 풀고, 이를 검증함으로써 새로운 블록을 생성하고 추가하는 방식으로 동작합니다. PoW 합의 알고리즘은 다수의 노드들이 경쟁적으로 채굴 작업을 수행하며, 이 과정에서 가장 빠른 노드가 새로운 블록을 생성하고, 이를 검증한 후에 블록체인에 추가합니다. PoW 합의 알고리즘은 안전성과 신뢰성은 높지만, 컴퓨팅 자원의 낭비가 많이 일어난다는 단점이 있습니다.

**Q5.** Proof of Stake(PoS) 합의 알고리즘이란 무엇인가요?

A Proof of Stake(PoS) 합의 알고리즘은 PoW 합의 알고리즘의 단점을 보완하기 위해 개발된 합의 알고리즘입니다. PoS 합의 알고리즘은 블록체인의 생성과 검증을 컴퓨팅

자원이 아닌, 블록체인에 투자한 코인의 보유량을 기준으로 수행합니다. 즉, 블록체인에서 가장 많은 코인을 보유한 노드가 새로운 블록을 생성하고 추가합니다. 이러한 방식으로 PoS 합의 알고리즘은 PoW 합의 알고리즘보다 컴퓨팅 자원의 낭비를 줄이면서도 안전성과 신뢰성을 보장합니다.

**Q6.** 합의 알고리즘에서의 블록체인 분기는 어떻게 해결되나요?

A 합의 알고리즘에서 블록체인 분기는 다수의 노드들이 동시에 새로운 블록을 생성하고, 이를 검증하여 추가함으로써 해결됩니다. 블록체인상에서 분기가 발생하면, 노드들은 가장 긴 블록체인을 기준으로 동기화를 수행합니다. 이 과정에서 분기된 블록은 블록체인에서 제외되며, 가장 긴 블록체인에만 새로운 블록이 추가됩니다. 이러한 방식으로 블록체인 분기를 해결하여, 거래의 안전성과 신뢰성을 보장합니다.

## 2-2 트랜잭션 처리 및 스마트 컨트랙트

### (1) 트랜잭션 처리[13]

트랜잭션의 특성인 원자성(Atomicity), 일관성(Consistency), 독립성, 격리성(Isolation), 영속성, 지속성(Durablility)에 의해서 하나의 묶음 처리해서 만약 중간에 실행이 중단됐을 경우, 처음부터 다시 실행하는 Rollback을 수행하고, 오류없이 실행을 마치면 commit을 한다. 비트코인에서 거래를 하기 위해서는 보내는 주소, 받는 주소, 금액, 수수료 등의 정보가 작성된다.

#### 1) 트랜잭션 구조

블록은 헤더(header)와 바디(body)로 구성됨을 '1-5 블록체인의 구성요소'에서 이미 언급하였다. 헤더에는 메타데이터가 삽입되고, 바디에는 트랜잭션 리스트들이 삽입된다. 트

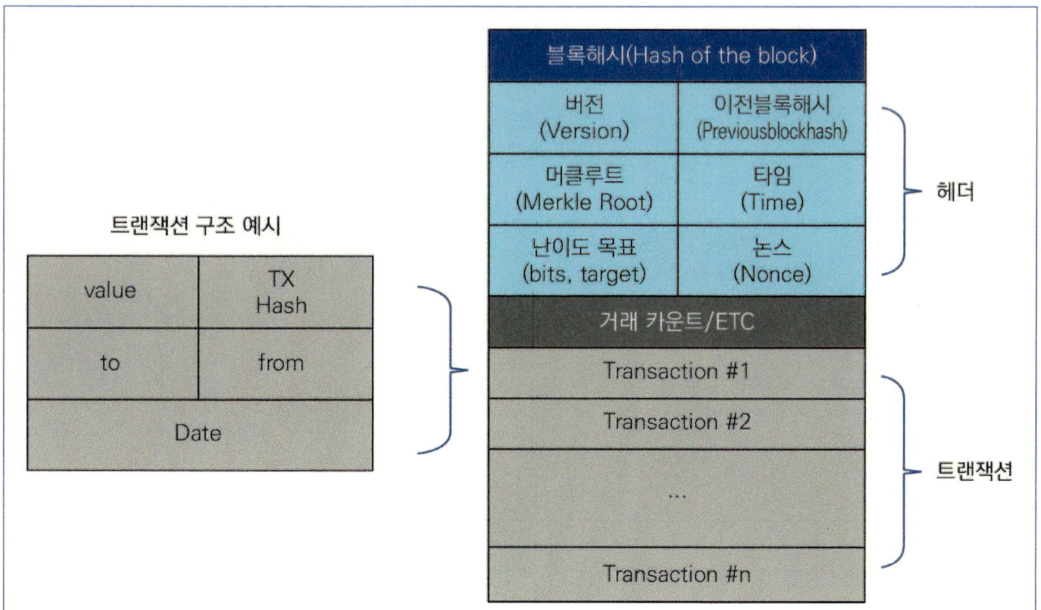


자료: 블록체인(Block Chain) - 트랜잭션(Transaction), 브이로그(https://velog.io/@devjeenie/블록체인Block-Chain-시리즈-3.-거래Transaction)

[그림 3-1] 블록(block)의 구조와 트랜잭션 구조 예시

랜잭션은 발신자와 수신자, 데이터 등의 정보를 가지고 있다. 블록에는 거래의 기록단위인 트랜잭션들을 포함하고, 특정 블록 헤더의 메타데이터를 가지고 여러 정보를 얻어올 수 있다. 예를 들어 블록은 체인 중 몇 번째 블록인지, 블록에는 몇 개의 트랜잭션이 담겼는지, 블록 생성자, 블록 크기, 전송량 등의 정보를 메타데이터에서 얻을 수 있다. 트랜잭션은 쉽게 말하면 데이터베이스의 상태를 변화시키는 일련의 논리적 기능을 수행하는 작업 단위라고 할 수 있다.

### 2) 트랜잭션의 구성

#### 2－1) 트랜잭션 인풋

트랜잭션 인풋과 아웃풋을 이해하기 위해서 코인 전송과정을 예시로 들어 보도록 하겠다.

① 돈이 얼마나 있는지 보여주고, 돈을 가지고 있음을 보여준다.

② 누군가에게 10코인을 보내고 싶다면 트랜잭션 인풋으로 보내야 한다.

③ 자신이 사용할 수 있는 이전 트랜잭션 출력(UTXO, Unspent Transaction Output)을 자신의 개인키(private key)로 서명하여 코인을 사용하도록 지정한다.

- Previous transaction ID: 이전 트랜잭션의 아이디
- Index: 트랜잭션의 아웃풋 중 소비하고자 하는 것을 가리킨다.

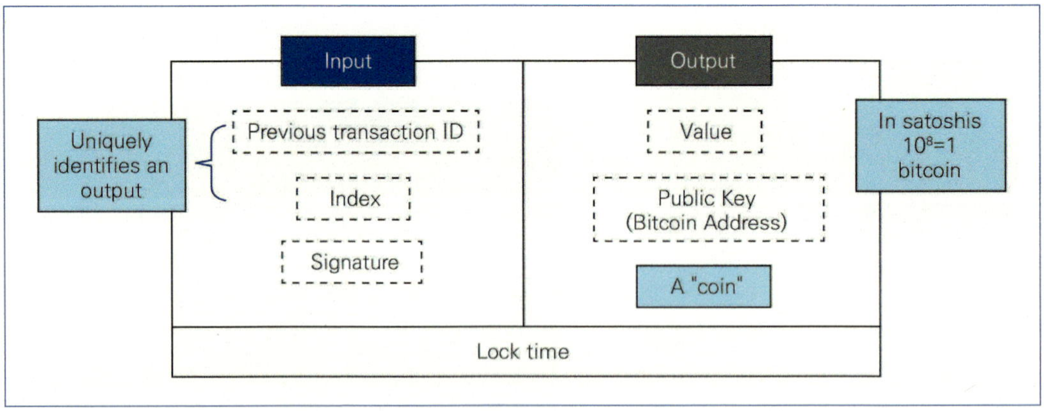


자료: 블록체인(Block Chain) - 트랜잭션(Transaction), 브이로그(https://velog.io/@devjeenie/블록체인Block-Chain-시리즈-3.-거래Transaction)

[그림 3-2] Transaction format

- ▸ Signature: 해당 비트코인을 소비할 수 있게 하는 인증 역할. 자신의 개인키(private key)로 서명한다.
- ▸ lock_time: 해당 트랜잭션이 블록체인에 추가될 수 있는 시간

2−2) 트랜잭션 아웃풋

① 보내고 난 이후의 잔액과 보낸 금액을 출력한다.

- ▸ 지난 트랜잭션의 아웃풋이 현재 트랜잭션의 인풋으로 들어간다.
- ▸ 지난 트랜잭션은 송신자가 코인을 받았던 기록일 것이다.

### 3) 트랜잭션 수수료

탈중앙화를 표방한 블록체인이 수수료를 걷으면 은행에게 수수료를 내는 거랑 뭐가 다른가? 은행은 고정된 비용인 반면 블록체인은 탈중앙화되어 fee가 market 상황에 따라 유동적으로 변할 수 있다.

### 4) Coinbase 트랜잭션

다른 트랜잭션과 다른 점은 인풋은 리워드만 있고, 아웃풋은 단 하나로 채굴자의 주소를 가리키고 있다는 것이다. 코인베이스 트랜잭션의 아웃풋을 사용하려면 최소 100개의 블락의 깊이가 되어야 한다고 한다.

### 5) UTXO

Unspent Transaction Ouput의 줄임말로, 단 한 번만 사용이 될 수 있는 트랜잭션 아웃풋이다. Unspend Transaction Outputs는 모든 코인은 같지 않다는 전제를 하기 때문에 코인을 사용할 때 특정 코인을 얼마나 사용할 것인지를 포함한다. 매 트랜잭션마다 코인은 생성되고, 소비되고, 없어지며, 모든 코인은 단 한 번만 사용이 될 수 있다.

Q&A

## 트랜잭션 처리 뭐가 궁금해?

**Q1.** 블록체인에서 트랜잭션이란 무엇인가요?

A 블록체인에서 트랜잭션은 거래 정보를 의미합니다. 예를 들어, 비트코인에서는 비트코인을 전송하는 거래 정보가 트랜잭션으로 처리됩니다. 트랜잭션은 블록체인상에서 유일한 ID를 가지며, 이를 통해 거래의 안전성과 신뢰성을 보장합니다.

**Q2.** 블록체인에서 트랜잭션 처리는 어떻게 이루어지나요?

A 블록체인에서 트랜잭션 처리는 다음과 같은 과정으로 이루어집니다. 먼저, 사용자가 거래 정보를 생성하면, 이 정보는 노드들에게 전파됩니다. 그리고 노드들은 이 거래 정보를 검증하고, 다른 노드들과 공유합니다. 검증된 거래 정보는 새로운 블록을 생성하고, 이 블록은 블록체인상에 추가됩니다. 이러한 방식으로 트랜잭션 처리는 블록체인상에서 분산적으로 이루어집니다.

**Q3.** 블록체인에서 트랜잭션 처리는 어떤 원리로 동작하나요?

A 블록체인에서 트랜잭션 처리는 다양한 원리로 동작합니다. 일반적으로는 다수의 노드들이 거래 정보를 검증하고, 이를 기반으로 새로운 블록을 생성합니다. 이 과정에서 블록체인은 거래의 안전성과 신뢰성을 보장하기 위해 다양한 암호화 기술과 합의 알고리즘을 사용합니다.

**Q4.** 블록체인에서 트랜잭션 처리를 위해 필요한 것들은 무엇인가요?

A 블록체인에서 트랜잭션 처리를 위해서는 다음과 같은 것들이 필요합니다. 먼저, 거래 정보를 생성하는 사용자가 필요합니다. 그리고 거래 정보를 검증하고 블록을 생성할

수 있는 다수의 노드들이 필요합니다. 이를 위해 블록체인은 P2P 네트워크상에서 노드들이 서로 연결되어 거래 정보를 검증함으로써, 분산된 보안 시스템을 구성합니다. 이 과정에서 블록 생성을 위해 암호화 기술과 합의 알고리즘이 필요합니다. 마지막으로, 거래 정보가 블록체인상에 안전하게 저장될 수 있는 스마트 컨트랙트 등의 기술도 필요합니다.

**Q5.** 블록체인에서 트랜잭션 처리 시간은 얼마나 걸리나요?

**A** 블록체인에서 트랜잭션 처리 시간은 합의 알고리즘과 블록체인의 종류, 네트워크 상태 등에 따라 달라집니다. 일반적으로 비트코인의 경우, 트랜잭션 처리 시간은 10분 정도 소요됩니다. 이와는 달리 이더리움의 경우, 트랜잭션 처리 시간은 몇 초에서 몇 분 사이에 걸립니다.

**Q6.** 블록체인에서 트랜잭션 처리 과정에서 발생할 수 있는 문제점은 무엇인가요?

**A** 블록체인에서 트랜잭션 처리 과정에서 발생할 수 있는 문제점으로는 블록체인 분기, 블록크기 제한, 트랜잭션 수수료 등이 있습니다. 이러한 문제점은 블록체인 기술의 발전과 함께 계속 개선되고 있습니다.

### (2) 스마트 컨트랙트[14]

스마트 컨트랙트(smart contract)는 블록체인이 1세대에서 2세대로 넘어갈 수 있게 되는 가장 중요한 계기 중 하나로 블록체인 기술을 활용해 제3의 인증기관 없이 개인 간 계약이 이루어질 수 있도록 하는 기술이다. 더욱 자세히는 계약상의 급부와 반대급부를 프로토콜화하여 소프트웨어 및 하드웨어에 미리 저장하고, 해당 계약을 이행하는 과정에서 조건 충족 여부에 대한 판단을 인간이 아닌 컴퓨터 등의 기계가 대신 실행함으로써 제3의 인증기관이 필요 없도록 하는 개념을 의미한다.

스마트 컨트랙트라는 용어는 사실 블록체인상에서 처음 사용된 것은 아니다. 1994년에 닉 재보(Nick Szabo)의 논문에서 처음 제시되었으나, 실질적으로는 구현되지 못하였다. 그러다가 블록체인을 기반으로 하는 이더리움(Ethereum) 메인넷에서 스마트 컨트랙트를 실질적으로 구현하는 것이 가능해졌고, 현재 블록체인상에서 다양한 형태의 스마트 컨트랙트가 사용되고 있다.

이더리움 네트워크상에서 스마트 컨트랙트가 구현되기 이전에는 디지털 자산이 화폐, 통화의 기능에 집중되어 있었다. 예를 들어, 비트코인 네트워크에서는 단순히 비트코인의 입출금내역(UTXO: Unspent Transaction Outputs)만을 블록체인에 기록할 수 있었으므로, 디지털 자산의 거래 그 이상의 동작을 블록체인상에서 구현하는 것이 어려웠다. 하지만 스마트 컨트랙트의 출현으로 디지털 자산은 결제 수단 등의 기능을 넘어서 블록체인의 생태계 확장이 가능하도록 하는 수단으로서 동작하였다. 실제로 다양한 방식의 블록체인 생태계 확장이 이뤄지게 되어 큰 의미를 가지고 있다.

스마트 컨트랙트는 블록체인을 활용했기 때문에 뛰어난 보안성을 가지면서도 공신력이 있는 제3자 혹은 기관이 필요하지 않다는 점에서 블록체인이 추구하는 탈중앙화(decentralized)를 구현했다는 평가를 받고 있다.

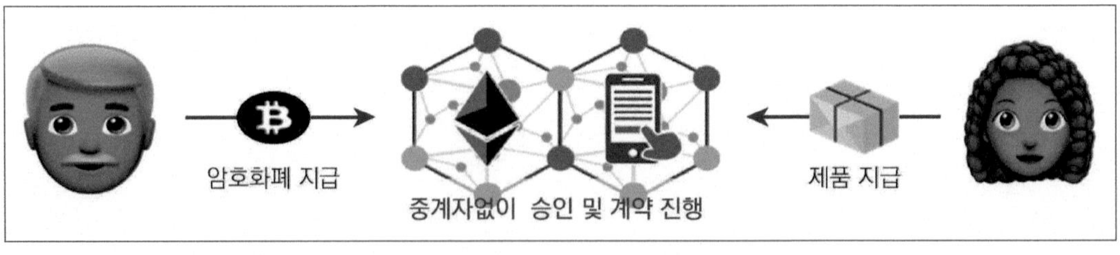


자료: 업비트 투자 보호센터(https://upbitcare.com/academy/education/blockchain/70

[그림 3-3] 블록체인 기반 스마트 컨트랙트

Q&A

## 스마트 컨트랙트 뭐가 궁금해?

**Q1.** 블록체인에서 스마트 컨트랙트란 무엇인가요?

A 블록체인에서 스마트 컨트랙트는 계약 조건을 프로그래밍 코드로 작성한 것으로, 블록체인상에서 자동으로 실행됩니다. 예를 들어, 스마트 컨트랙트를 이용하면 거래 시점, 금액, 조건 등을 프로그래밍 코드로 정의하여 거래를 자동으로 처리할 수 있습니다.

**Q2.** 스마트 컨트랙트 실행은 어떻게 이루어지나요?

A 스마트 컨트랙트 실행은 블록체인에서 트랜잭션 처리와 유사한 과정으로 이루어집니다. 먼저, 사용자가 스마트 컨트랙트를 생성하면, 이 정보는 노드들에게 전파됩니다. 그리고 노드들은 이 스마트 컨트랙트를 검증하고, 다른 노드들과 공유합니다. 검증된 스마트 컨트랙트는 새로운 블록을 생성하고, 이 블록은 블록체인상에 추가됩니다. 이러한 방식으로 스마트 컨트랙트 실행은 블록체인상에서 분산적으로 이루어집니다.

**Q3.** 스마트 컨트랙트 실행을 위해 필요한 것들은 무엇인가요?

A 스마트 컨트랙트 실행을 위해서는 다음과 같은 것들이 필요합니다. 먼저, 계약 조건을 프로그래밍 코드로 작성할 수 있는 기술적 능력이 필요합니다. 그리고 이를 실행할 수 있는 블록체인 플랫폼이 필요합니다. 이를 위해 이더리움과 같은 플랫폼에서는 Solidity와 같은 스마트 컨트랙트 언어를 지원합니다.

**Q4.** 스마트 컨트랙트 실행의 장점은 무엇인가요?

A 스마트 컨트랙트 실행의 장점으로는 자동화된 거래 처리, 신뢰성과 안전성, 비용 절감 등이 있습니다. 스마트 컨트랙트를 이용하면 거래 시점, 금액, 조건 등을 프로그래밍

코드로 정의하여 거래를 자동으로 처리할 수 있습니다. 이러한 방식으로 인해 거래 과정에서 발생할 수 있는 인간의 실수나 부정행위 등을 방지할 수 있습니다. 또한, 스마트 컨트랙트는 블록체인상에서 실행되므로, 거래의 안전성과 신뢰성을 보장할 수 있습니다. 마지막으로, 스마트 컨트랙트는 중간 거래자를 배제하여 거래 비용을 절감할 수 있습니다.

**Q5.** 스마트 컨트랙트 실행의 단점은 무엇인가요?

A 스마트 컨트랙트 실행의 단점으로는 프로그래밍 언어의 제한성, 스마트 컨트랙트의 업그레이드 어려움 등이 있습니다. 스마트 컨트랙트는 프로그래밍 언어로 작성되기 때문에, 언어의 제한성이 있을 수 있습니다. 또한, 스마트 컨트랙트는 블록체인상에서 실행되기 때문에, 업그레이드가 어려울 수 있습니다.

**Q6.** 스마트 컨트랙트 실행의 사용 사례는 무엇이 있나요?

A 스마트 컨트랙트 실행은 다양한 분야에서 사용됩니다. 예를 들어, 금융 분야에서는 보험 청구, 대출 신청, 결제 등에 사용됩니다. 또한, 제조, 유통, 에너지 분야에서는 공급망 관리, 에너지 거래 등에 사용됩니다. 스마트 컨트랙트는 분산 거래 시스템에서 핵심적인 역할을 수행하고 있으며, 블록체인 기술의 발전과 함께 더욱 다양한 분야에서 사용될 것으로 예상됩니다.

## 2-3 블록체인의 신뢰성

### (1) 보안성[15]

[그림 3-4]와 같이 블록체인은 자신의 블록정보를 모두 해싱 알고리즘에 넣은 값인 블록해시란 정보를 가진다. 또한 그 정보는 다음 블록의 블록 헤더 중 이전 해시 정보에 담기게 된다. 따라서 블록들이 계속해서 연결되는 구조를 가진다. 해시 알고리즘의 특징은 입력값이 조금만 달라져도 결과값이 완전히 달라진다는 것이다. 따라서 블록체인의 데이터 중에 거래 한 개만이라도 수정을 한다면 다른 노드들이 저장하고 있는 블록체인 데이터와 완전히 다른 블록체인을 가지게 되므로 데이터를 변조할 수 없는 보안성을 가진다고 할 수 있다. 또한 시스템이 분산 서버의 특징을 가지므로 공격하기에 굉장히 어렵다. 이전 챕터에서도 다루었듯이 POW를 채택하는 블록체인에서 해킹에 성공하고 자신의 블록체인을 합의된 블록체인으로 등록하기 위해선 전체 노드의 50% 이상의 컴퓨팅파워를 가져야 한다. 이것은 이론적으론 가능하나 경제적으론 불가능한 일이다. 따라서 블록체인은 시스템 보안성이 높다고 볼 수 있다.

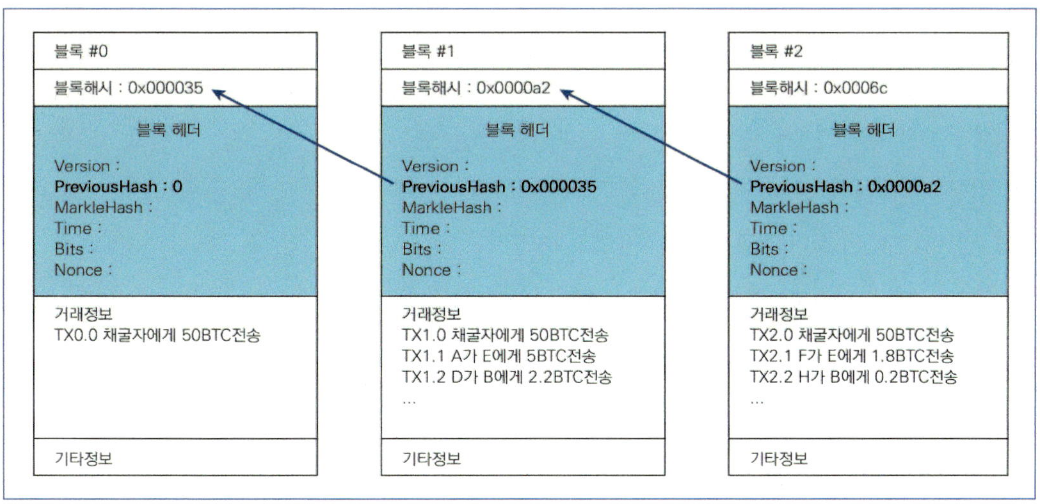


자료: 블록체인(Block Chain) - 트랜잭션(Transaction), 브이로그(https://velog.io/@devjeenie/블록체인Block-Chain-시리즈-3.-거래Transaction), 2022.

[그림 3-4] 블록해시의 연결 구조

### (2) 안정성

만약 어떤 시스템이 중앙 서버를 가지고 구동된다면 해커들은 그 시스템을 공격할 때 중앙 서버만 공격을 하면 된다. 왜냐하면 모든 데이터는 중앙 서버에만 저장이 되며, 공격 지점이 단 한 개이기 때문이다. 만일 보안이 정말 중요한 서비스(예를 들어, 은행)는 중앙 서버의 보안을 철저히 해야 되며, 백업 서버를 둬야 하는 등의 많은 투자를 필요로 한다. 블록체인은 중앙 서버 없이 P2P 분산 서버에서 구동되는 시스템이다. 또한 모든 데이터들이 복사되어 노드들 피시에 저장되어 있다. 따라서 시스템을 공격하기 위해선 절반 이상의 노드를 해킹해야 하며, 그것은 현실적으론 불가능하다. 시스템의 공격지점이 분산되어 있고, 데이터도 분산되어 있으므로 시스템이 안정적이다.

### (3) 익명성

블록체인 네트워크에서 계정을 생성할 때 제3자의 신원인증이 필요 없다. 예를 들어 핸드폰 인증이나 주민번호 인증이 필요 없다. 또한 그 계정 아이디는 모두 해시 스트링으로 이루어져 있다. 그 아이디로는 누가 누군지 알아볼 수 없는 것이다. 거래 기록은 모두 공개되고 거래를 누가 했는지도 모두 공개되지만 누구를 추적하기가 굉장히 힘들다는 특성을 가진다. 이것은 하나의 문제점으로도 다가올 수 있다. 대한민국의 금융거래에서는 금융실명제라는 것에 따라서 거래 당사자가 누군지 정확히 밝혀져야 한다. 자금세탁의 문제와 탈세 등의 문제 때문이다. 블록체인의 특성인 신뢰성, 안정성, 보안성, 익명성은 장점임에 틀림없다. 하지만 그에 따라오는 단점적인 부분도 명확히 존재하므로 잘 비교해서 서비스나 비즈니스에 적용해야 할 것이다.

Q&A

## 블록체인 신뢰성 뭐가 궁금해?

■ 블록체인의 보안성

**Q1.** 블록체인은 왜 보안성이 강력한가요?

A 블록체인은 분산화된 P2P 네트워크상에서 운영되며, 이러한 분산화된 구조 덕분에 블록체인은 보안성이 강력합니다. 블록체인에는 중앙 관리자나 중앙 서버가 없기 때문에, 해커나 악의적인 공격자가 블록체인상의 모든 데이터를 조작하거나 삭제할 수 없습니다. 따라서 블록체인은 위변조 및 데이터 손실 방지, 안전한 거래 처리 등에 대한 보안성을 강화할 수 있습니다.

**Q2.** 블록체인의 보안성을 유지하기 위해 어떤 기술이 사용되나요?

A 블록체인의 보안성을 유지하기 위해 다양한 기술이 사용됩니다. 예를 들어, 블록체인에서는 암호화 기술을 사용하여 블록체인상의 모든 데이터를 안전하게 보호합니다. 또한, 블록체인에서는 합의 알고리즘을 사용하여 블록 생성과 검증을 수행하며, 이를 통해 블록체인상의 거래 내역이 안전하게 처리됩니다. 블록체인에서는 또한 지갑과 같은 개인키를 보호하기 위해 비대칭 암호화 기술을 사용합니다.

**Q3.** 블록체인에서 발생할 수 있는 보안 위협은 무엇인가요?

A 블록체인에서 발생할 수 있는 보안 위협으로는 51% 공격, 스마트 컨트랙트 취약점, 키 로그 등이 있습니다. 51% 공격은 블록체인상의 51% 이상의 컴퓨팅 파워를 가진 공격자가 블록체인을 조작하는 공격입니다. 스마트 컨트랙트 취약점은 스마트 컨트랙트 코드에 존재하는 보안 취약점을 이용하여 악의적인 행위를 하는 공격입니다. 키 로그는 개인키를 탈취하는 공격으로, 이를 통해 해커는 다른 사람의 지갑에서 거래를 직접

처리할 수 있습니다.

**Q4.** 블록체인에서 보안성을 강화하기 위한 방법은 무엇인가요?

A 블록체인에서 보안성을 강화하기 위한 방법으로는 다양한 방법이 있습니다. 예를 들어, 블록체인에서는 다중 서명 기술을 사용하여 거래 처리를 보호하고, 안전한 지갑 보관을 위해 하드웨어 지갑과 같은 안전한 보관 방법을 제공합니다. 또한, 블록체인에서는 보안 전문가들이 시스템 보안성을 강화하고, 블록체인 커뮤니티에서는 보안 관련 이슈에 대해 지속적인 모니터링과 대응을 수행합니다. 블록체인에서 보안성을 강화하는 노력은 블록체인 생태계의 안전성과 신뢰성을 보장하는 데 큰 역할을 합니다.

■ 블록체인의 신뢰성

**Q1.** 블록체인은 왜 신뢰성이 높은가요?

A 블록체인은 분산화된 P2P 네트워크상에서 운영되며, 이러한 분산화된 구조 덕분에 블록체인은 신뢰성이 높습니다. 블록체인에는 중앙 관리자나 중앙 서버가 없기 때문에, 블록체인상의 모든 노드가 거래 내역의 검증과 승인을 수행합니다. 이러한 분산화된 구조는 거래 내역의 안전성과 신뢰성을 보장합니다.

**Q2.** 블록체인에서 거래가 안전한 이유는 무엇인가요?

A 블록체인에서 거래는 네트워크상의 모든 노드에 의해 검증되며, 이러한 검증 과정에서 거래 내역의 정확성과 신뢰성을 보장할 수 있습니다. 블록체인에서는 거래가 일단 기록되면 변경이 불가능하며, 블록체인에 저장된 거래 내역은 모든 노드에 동기화되므로, 거래의 안전성과 신뢰성을 보장할 수 있습니다.

**Q3.** 블록체인에서 거래가 신뢰성이 높은 이유는 무엇인가요?

A 블록체인에서 거래는 스마트 컨트랙트를 통해 처리되며, 스마트 컨트랙트는 미리 프로그래밍된 조건에 따라 거래가 이루어지도록 보장합니다. 이러한 스마트 컨트랙트는 거래의 안전성과 신뢰성을 보장할 수 있습니다.

**Q4.** 블록체인에서 신뢰성을 보장하는 방법은 무엇인가요?

**A** 블록체인에서는 거래의 검증과 승인을 수행하는 합의 알고리즘이 사용됩니다. 합의 알고리즘은 블록 생성과 검증을 수행하며, 모든 노드는 동일한 합의 알고리즘을 따르기 때문에 거래의 신뢰성을 보장할 수 있습니다. 또한, 블록체인에서는 보안 전문가들이 시스템 보안성을 강화하고, 블록체인 커뮤니티에서는 거래 관련이 Q5. 블록체인에서 발생할 수 있는 신뢰성에 대한 위협은 무엇인가요?

**A** 블록체인에서 발생할 수 있는 신뢰성에 대한 위협으로는 51% 공격, 스마트 컨트랙트 취약점, 키 로그 등이 있습니다. 51% 공격은 블록체인상의 51% 이상의 컴퓨팅 파워를 가진 공격자가 블록체인을 조작하는 공격입니다. 스마트 컨트랙트 취약점은 스마트 컨트랙트 코드에 존재하는 보안 취약점을 이용하여 악의적인 행위를 하는 공격입니다. 키 로그는 개인키를 탈취하는 공격으로, 이를 통해 해커는 다른 사람의 지갑에서 거래를 직접 처리할 수 있습니다.

**Q5.** 블록체인에서 신뢰성을 강화하기 위한 방법은 무엇인가요?

**A** 블록체인에서 신뢰성을 강화하기 위한 방법으로는 다양한 방법이 있습니다. 예를 들어, 블록체인에서는 다중 서명 기술을 사용하여 거래 처리를 보호하고, 안전한 지갑 보관을 위해 하드웨어 지갑과 같은 안전한 보관 방법을 제공합니다. 또한, 블록체인에서는 보안 전문가들이 시스템 보안성을 강화하고, 블록체인 커뮤니티에서는 거래 관련 이슈에 대해 지속적인 모니터링과 대응을 수행합니다. 블록체인에서 신뢰성을 강화하는 노력은 블록체인 생태계의 신뢰성과 안전성을 보장하는 데 큰 역할을 합니다.

# 3

# 블록체인의 장·단점

# 03

# 블록체인의 장·단점

블록체인은 분산성과 안전성과 같은 장점과 동시에, 51% 공격의 위험, 비효율성, 대용량 저장 공간의 필요성과 같은 단점을 갖고 있다. 대부분의 블록체인은 분산화된 디지털 원장으로 기능하는 탈중앙화된 데이터베이스로 설계되어 있다. 이러한 블록체인 지갑은 블록 안에 데이터를 기록하고 저장하고, 이는 시간 순서대로 구성되며, 암호화된 증명을 통해 연결된다. 블록체인 기술의 탄생은 다양한 산업에 많은 이점을 가져다 주었고, 신뢰할 수 없는 상황에 보다 나은 보안을 제공했다. 그러나 탈중앙화적 특징에는 단점도 있다. 기존의 중앙화된 데이터베이스와 비교할 때, 블록체인은 효율성이 떨어지며, 보다 많은 저장 공간을 필요로 한다.

## 3-1 블록체인의 장점

### (1) 분산성

블록체인 데이터는 대개 수천 개의 분산화된 네트워크 노드에 저장되기 때문에, 시스템과 데이터는 기술적 실패와 악의적 공격에 대한 강한 저항력을 갖는다. 각 네트워크 노드는 데이터베이스 사본을 복제하고 저장할 수 있으며, 이 때문에 한 노드가 오프라인으로 전환하더라도 네트워크 이용과 보안에 영향을 미치지 않는다. 반면, 다수의 전통적인 데이터베이스는 단일 혹은 소수의 서버에 의존하며, 기술적 실패와 사이버 공격에 더욱 취약하다.

### (2) 안정성

승인된 블록들은 되돌리기가 무척 어려우며, 이는 데이터가 블록체인에 기록된 다음에는 이를 삭제하거나 변경하기가 무척 어렵다. 재무 기록을 저장하거나 감사 추적을 필요로 하는 데이터에 블록체인은 훌륭한 기술이며, 이는 모든 변경 기록을 추적할 수 있으며 분산화된 공개 원장에 영구적으로 기록되기 때문이다. 예를 들어, 한 회사는 블록체인 기술을 직원의 부정 행위를 방지하는 데 사용할 수 있다. 이러한 상황에서 블록체인은 회사 내에서 발생하는 모든 재정 거래에 대한 보안 더불어 안정적인 기록을 제공할 수 있다. 이는 직원으로 하여금 의심스러운 거래들을 숨기기 더욱 어렵게 한다.

### (3) Trustless System

대부분의 전통적인 거래 시스템에서, 거래는 관련 두 당사자가 아닌 은행과 신용 카드 회사 또는 결제 제공자와 같은 중개자에 의존했다. 블록체인 기술을 사용하면 중개자가 더 이상 필요하지 않은데, 이는 분산화된 네트워크 노드가 마이닝이라 알려진 과정을 통해 거래를 검증하기 때문이다. 이러한 이유로 블록체인은 종종 신뢰가 필요없는 시스템(trustless system)으로 지칭된다. 그러므로 블록체인 시스템은 단일 조직을 신뢰하는 데서 발생하는 리스크를 제거하고, 중개자와 제3자를 제외함으로써, 전체적인 비용과 거래 수수료를 절감할 수 있다.

## 3-2 블록체인의 단점

### (1) 51% 공격

블록체인 네트워크를 보호하는 작업 증명 합의 알고리즘(Proof of Work)은 수년에 걸쳐 매우 효율적이라는 것이 증명되었다. 그러나 블록체인 네트워크에 대해 수행할 수 있는 몇 가지 잠재적인 공격이 존재하며, 51%의 공격이 가장 많이 논의되고 있다. 이러한 공격은 단일 주체가 네트워크 해싱 파워의 50% 이상을 통제할 수 있게 됐을 때 발생할 수 있으며, 고의적으로 트랜잭션 순서를 변경하거나 제외하여 종국에는 네트워크를 방해할 수 있다. 이론적으로 가능한 일임에도 불구하고, 51%의 공격이 비트코인 블록체인에 성공했던 적은 한 번도 없었다. 네트워크가 더 크게 성장함에 따라 보안이 증대되고, 정직하게 행동하는 것이 더 많은 보상을 얻을 수 있기에, 마이너가 비트코인을 공격하기 위해 많은 돈과 자원을 투자하지 않기 때문이다. 이외에도, 성공적인 51% 공격은 단기간에 가장 최근의 트랜잭션만을 수정할 수 있는데, 이는 블록들이 암호화된 증명을 통해 연결되어 있기 때문이다. 또한 비트코인 블록체인은 매우 탄력적이어서 공격에 빠르게 대처할 수 있다.

### (2) 데이터 수정

블록체인 시스템의 또 다른 단점은 블록체인에 데이터가 기록되면 이를 수정하기가 무척 어렵다. 안정성은 블록체인의 장점이긴 하지만, 이것이 언제나 좋은 것은 아니다. 블록체인 데이터나 코드를 변경하는 것은 매우 까다로우며, 한 체인이 버려지고 다른 체인이 이를 대신하는 하드 포크를 종종 필요로 한다.

### (3) 프라이빗 키

블록체인은 공개키(혹은 비대칭키) 암호학을 사용해 사용자가 자신의 가상자산 자산(혹은 다른 블록체인 데이터)에 소유권을 주장할 수 있게 한다. 각 블록체인 계정(혹은 주소)은 상응하는 두 개의 키를 갖고 있는데, 퍼블릭 키(공유될 수 있는)와 프라이빗 키(안전하게 보관되어야 하는)이다. 사용자는 자신들의 자금에 접근하기 위해 프라이빗 키가 필요하며,

이는 스스로가 자신의 은행 역할을 한다는 것을 의미한다. 사용자가 만약 프라이빗 키를 잃어버리게 된다면, 사실상 자금을 잃게 되며, 이를 복구할 수 있는 방법은 없다.

### (4) 비효율성

작업 증명을 사용하는 블록체인은 상당히 비효율적이다. 마이닝 경쟁이 치열하고, 매 10분마다 단 한 명의 승자만 존재하기 때문에, 다른 모든 마이너들의 작업은 무용지물이 된다. 유효한 블록 해시를 찾을 수 있는 확률을 높이기 위해 마이너들은 지속적으로 자신의 연산 능력을 증가시켜 왔기에, 비트코인 네트워크에서 사용되는 자원은 지난 몇 년간 상당히 증가해 왔으며, 현재 덴마크나, 아일랜드, 나이지리아와 같은 국가들보다 더 많은 에너지를 소비하고 있다.

### (5) 저장 공간

블록체인 원장은 시간이 지나며 무척 거대해질 수 있다. 비트코인 블록체인은 현재 200GB의 저장 공간을 필요로 한다. 블록체인 규모의 성장 속도는 하드 드라이브의 성장 속도를 앞지를 것으로 보이며, 원장이 너무 커져 개인이 이를 다운로드하거나 저장할 수 없게 되면, 노드를 잃게 될 위험이 있다.

Q&A

## 블록체인 장·단점 뭐가 궁금해?

■ 블록체인 장점

**Q1.** 블록체인의 장점은 무엇인가요?

**A** 블록체인의 주요 장점으로는 다음과 같은 것들이 있습니다.

1) 탈중앙화된 구조: 블록체인은 P2P 네트워크상에서 운영되는 시스템으로, 중앙화된 구조에서 발생할 수 있는 취약점이나 위협으로부터 보호할 수 있습니다.
2) 안전성과 신뢰성: 블록체인은 거래 내역의 안전성과 신뢰성을 보장할 수 있습니다. 모든 거래는 분산화된 노드들에 의해 검증되므로, 데이터 조작이나 위조를 방지할 수 있습니다.
3) 투명성: 블록체인에서 모든 거래 내역은 투명하게 공개되며, 누구나 검증할 수 있습니다. 이러한 투명성은 거래를 보다 효과적으로 관리하고 감시할 수 있도록 도와줍니다.
4) 보안성: 블록체인에서 거래 내역은 암호화되어 저장되며, 해시 함수 등의 기술을 사용하여 데이터 보안을 강화합니다.
5) 빠른 거래 처리: 블록체인에서 거래 처리는 분산화된 노드들에 의해 수행되므로, 중앙화된 구조에서 발생하는 병목 현상이나 지연을 방지할 수 있습니다.

**Q2.** 블록체인의 장점은 어떤 분야에서 활용될 수 있나요?

**A** 블록체인의 장점은 다양한 분야에서 활용될 수 있습니다. 예를 들어, 금융 분야에서는 블록체인을 기반으로 한 탈중앙화된 결제 시스템이나 탈중앙화된 환전 시스템을 구축할 수 있습니다. 또한, 블록체인은 인터넷 분야에서도 활용될 수 있습니다. 예를 들어, 탈중앙화된 인터넷 검색 엔진이나 탈중앙화된 소셜 미디어 플랫폼을 구축할 수

있습니다. 블록체인은 개인정보 보호와 같은 분야에서도 활용될 수 있습니다. 예를 들어, 블록체인을 기반으로 한 탈중앙화된 개인정보 보호 플랫폼을 구축하여, 사용자들의 개인정보를 안전하게 보호할 수 있습니다. 또한, 블록체인은 생산성을 높이고 비용을 절감하는데도 활용될 수 있습니다. 예를 들어, 블록체인을 기반으로 한 자동화된 스마트 계약 시스템을 구축하여, 계약 작성, 검토, 실행 등을 보다 빠르고 효율적으로 처리할 수 있습니다. 블록체인은 또한 공공 분야에서도 활용될 수 있습니다. 예를 들어, 블록체인을 기반으로 한 투명한 선거 시스템을 구축하여, 선거 결과의 투명성과 신뢰성을 높일 수 있습니다. 이처럼, 블록체인은 다양한 분야에서 활용 가능한 유연성과 잠재력을 가지고 있습니다.

■ 블록체인 단점

**Q1.** 블록체인의 단점은 무엇인가요?

A 블록체인의 주요 단점으로는 다음과 같은 것들이 있습니다.

1) 확장성 문제: 블록체인은 거대한 데이터베이스를 유지하므로, 매우 큰 용량이 필요합니다. 이러한 큰 용량은 확장성 문제를 발생시킬 수 있습니다.
2) 처리 속도 문제: 블록체인에서 모든 거래는 분산화된 노드들에 의해 검증되므로, 거래 처리 속도가 느릴 수 있습니다. 이러한 문제는 특히 대규모 거래 처리에 적용되는 경우 더욱 뚜렷해집니다.
3) 비용 문제: 블록체인에서는 거래 처리를 위해 수수료를 지불해야 합니다. 이러한 수수료는 블록체인 기술을 사용하는 것보다 더 비용이 들 수 있습니다.
4) 보안성 문제: 블록체인에서 거래 처리는 매우 안전하지만, 블록체인 기술 자체가 완전히 안전한 것은 아닙니다. 블록체인 기술은 암호화 및 해시 함수와 같은 기술을 사용하여 보안성을 강화하지만, 완벽한 보안성을 보장하지는 않습니다.
5) 규제 문제: 블록체인 기술은 탈중앙화된 구조를 가지므로, 규제나 법적 문제를 일으킬 가능성이 있습니다. 특히, 금융 분야에서 블록체인 기술을 사용할 경우, 규제 및 법적 문제를 해결해야 할 필요가 있습니다.

**Q2.** 블록체인의 단점은 어떤 영향을 미칠 수 있나요?

A 블록체인의 단점은 다양한 영향을 미칠 수 있습니다. 예를 들어, 처리 속도 문제와 확

장성 문제는 블록체인을 사용하는 기업이나 조직의 업무 효율성을 떨어뜨릴 수 있습니다. 또한, 비용 문제는 블록체인 기술을 사용하는 기업이나 조직에게 부담이 될 수 있으며, 보안성 문제는 중요한 정보를 보호해야 하는 기업이나 조직에서 큰 문제가 될 수 있습니다.

또한, 규제 문제는 블록체인을 사용하는 기업이나 조직이 이를 준수하기 위한 추가 비용을 부담하게 만들 수 있습니다. 따라서 블록체인을 도입하는 기업이나 조직은 이러한 단점들을 충분히 고려하고, 이러한 문제점들을 해결하기 위한 적절한 전략을 수립해야 합니다.

**Q3.** 블록체인의 단점은 어떻게 해결할 수 있나요?

A 블록체인의 단점을 해결하기 위한 다양한 연구 및 개발이 진행되고 있습니다. 예를 들어, 확장성 문제를 해결하기 위해 블록체인 기술을 개선하거나, 새로운 블록체인 프로토콜을 개발하고 있습니다. 또한, 처리 속도 문제를 해결하기 위해 블록체인 기술과 함께 사용할 수 있는 다양한 기술들이 개발되고 있습니다. 예를 들어, 라이트닝 네트워크와 같은 off-chain 기술이 이용되고 있습니다. 블록체인의 비용 문제는 블록체인 기술을 사용하는 기업이나 조직이 비용을 줄이기 위한 다양한 방법을 모색할 필요가 있습니다. 예를 들어, 거래 수수료를 줄이거나, 거래 처리를 더 효율적으로 관리하는 등의 방법이 있습니다. 보안성 문제는 블록체인 기술을 개발하는 기업이나 조직이 보안성을 강화하기 위한 다양한 방법을 모색할 필요가 있습니다. 예를 들어, 다양한 암호화 기술과 함께 블록체인 기술을 사용하거나, 적극적인 보안 감사를 수행하는 등의 방법이 있습니다. 마지막으로, 규제 문제는 블록체인 기술을 사용하는 기업이나 조직이 해당 규제를 준수하고, 이를 고려한 적절한 전략을 수립하는 것이 필요합니다.

# 4

# 블록체인과 미래사회

# 04

# 블록체인과 미래사회

## 4-1 블록체인이 미래사회에 미칠 영향[17]

블록체인은 4차 산업혁명을 이끌 핵심 기술로 주목받고 있다. 전통적 경제에서는 경제 주체들의 정보와 자산을 중앙 집중 형태로 관리하여 왔다. 참여자들보다 중앙에서 정보와 자산을 관리하는 경제 실체가 권력을 가지는 방식이다. 블록체인 기술을 적용하면 중앙 관리자는 없어도 된다. 모든 참여자들이 동등한 권리를 갖고 실제로 행사한다. 이런 의미에서 블록체인은 디지털 민주화를 가능하게 하는 기술이라고도 부른다.

블록체인은 모든 산업의 현재 모습을 바꿀 수 있는 파괴적 기술이다. 하지만 지금까지 실제 적용은 기대 수준에 미치지 못하는 것이 사실이다. 블록체인이 비트코인을 만들기 위해 개발된 기술이긴 하지만, 블록체인의 적용업무(application)로는 비트코인이 대표적이면서 독보적이다. 커터컨소시엄이 2017년에 조사한 바에 따르면, 블록체인으로 가장 크게 영향받을 산업으로는 은행과 금융서비스가 압도적으로 1위이다.

### (1) 금 융

블록체인은 비즈니스 방식을 '허브 앤 스포크'에서 '네트워크' 형태로 바꿀 수 있다. 허브를 없앰으로써 중개 비용을 절감할 수 있다. 참여 노드들이 직접 참여함으로서 처리

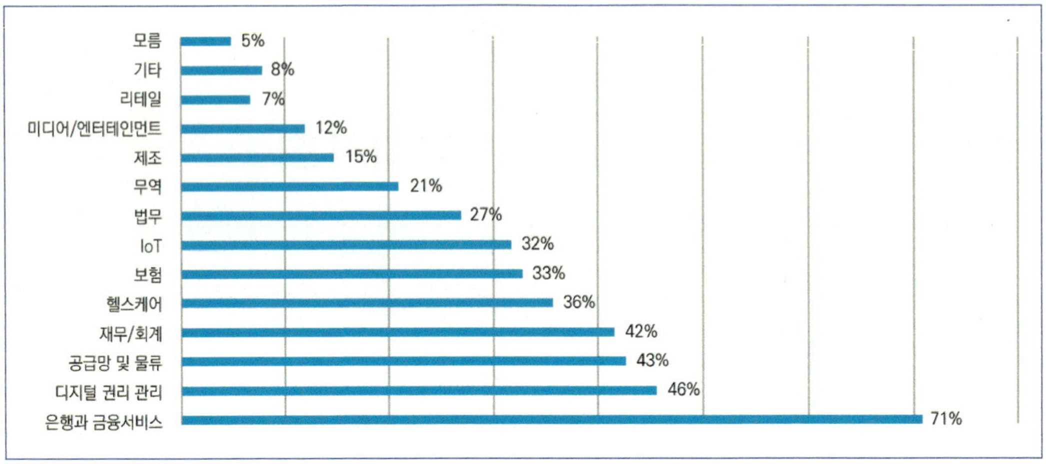


자료: Cutter Consortium(2017).

[그림 4-1] 블록체인의 영향을 크게 받을 것으로 예상되는 산업

시간을 단축할 수 있다. 또한 데이터를 노드들이 나누어서 보관하고 있기 때문에 데이터 변조가 거의 불가능하다. 이러한 블록체인의 장점은 다수의 참여자가 존재하는 비즈니스의 원가 절감, 다수의 이해관계자가 관여하고 있는 계약 이행의 효율화, 보안과 인증의 강화 등의 효과를 기대할 수 있다.

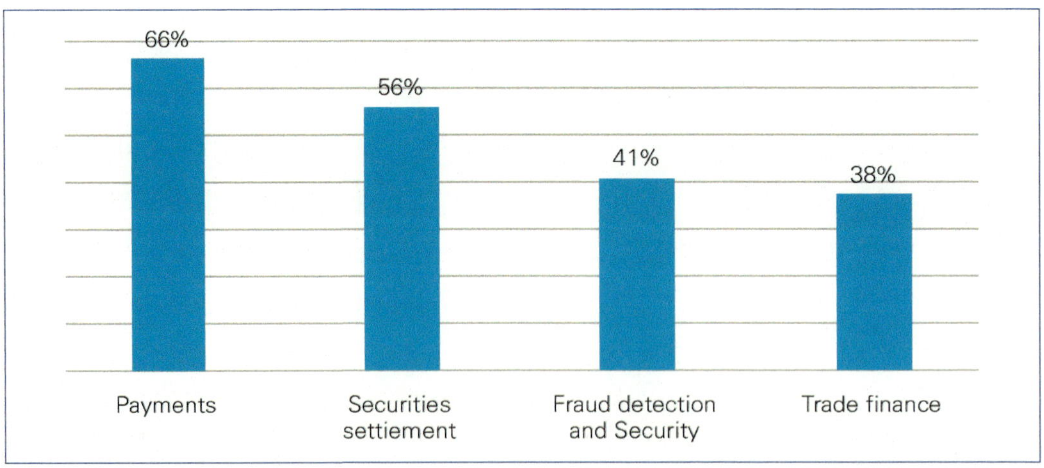


자료: UBS Evidence Lab(2019).

[그림 4-2] 금융회사가 블록체인 기술을 적용할 수 있는 업무

블록체인이 금융 업무 전반에 적용될 수 있는 기술은 아니다. 또한 금융 정보시스템의 기반에 해당하는 기술도 아니다. 금융회사의 업무들 중에서 블록체인을 적용하여 효과를 낼 수 있는 일부 업무에 적용할 수 있다. 블록체인이 도입되더라도 기존의 금융 정보시스템의 기술체계를 크게 바꿀 필요는 없다. 블록체인이 적용되는 기술과 기존 시스템을 접목하는 노력을 하면 된다. 대상 업무를 선정하는 것이 중요한 것이다. UBS Evidence Lab의 2019년 조사에 의하면, 유즈케이스는 송금 및 결제(payments), 증권 이행(Securities Settlement), 부정거래 탐지 및 보안(Fraud detection and security), 무역 금융(Trade Finance) 등이다.

### (2) 송금 및 결제

소액 결제는 은행 자체 코인 발행을 적용할 수 있다. 코인은 특정 집단의 제한된 목적을 위해 사용하며, 법정 통화와 교환될 수 있어야 한다. 스위스 은행인 UBS는 블록체인을 기반으로 만든 지불시스템인 유틸리티 결제 코인 출시할 계획이다. 토큰은 중앙은행에서 현금으로 전환할 수 있다. UBS 계획에 바클레이스와 HSBC도 참여할 것으로 알려지고 있다. 거액 결제를 위해서는 거래하는 금융회사들로 블록체인 네트워크를 만들고 이를 통해서 결제를 처리한다. JP모건은 2017년 블록체인 기반 송금 지급 결제망(IIN, Interbank Information Network) 운영을 시작했고, 현재 약 220개 은행이 참여 중이다. JP모건은 IIN에 투자를 확대할 것으로 알려지고 있다.

블록체인이 가장 각광을 받는 분야는 국가간 송금 및 결제이다. 통화의 환전과 금융시스템의 불편함을 해소하여 비용과 시간을 크게 단축할 수 있다. 리플이 선두주자로 활동하고 있다. 신한은행, 우리은행 등 우리나라 주요 은행들도 리플을 이용한 해외 송금 시스템을 구축했다.

### (3) 증권 이행

블록체인의 기능을 확장하여 계약 조건과 내용을 코딩할 수 있도록 하는 스마트 계약(Smart Contract) 기능을 활용한다. 스마트 계약은 이더리움 플랫폼을 이용하여 구현할 수 있다. 금융거래, 부동산 계약, 보험금 지급 등에 적용된다. 교보생명은 과학기술정보통신부의 블록체인 시범 사업을 2018년에 수행했다. 스마트 컨트랙트를 이용해서 환자의 보험 청구 과정의 불편함을 해소하는 것이 목적이었다. 스마트 컨트랙트를 이용하면 병원에서 청구된 진단 이력을 실시간으로 보험회사와 공유할 수 있다, 이를 통해 환자는 보험 청구를 위한 번거로운 서류 제출 등을 하지 않아도 된다. 우정사업본부도 교보생명과 유사한 서비스를 도입할 계획이다.

### (4) 부정거래 탐지 및 보안

분산 원장을 이용해서 고객을 인증하거나, 부정 거래를 탐지하는데 활용한다. 원장을 분산하고 있는 상대 노드들이 활동하고 있어야 적용할 수 있다.

국민은행은 비대면 실명 확인 증빙 자료의 위변조 확인 시스템을 구축하고 있는 것으로 알려졌다. 은행연합회는 2018년에 블록체인 기술을 활용하여 공인인증서를 대체할 수 있는 수단으로 뱅크사인을 출시하기도 했다.

### (5) 무역 금융

신용장(Letter of credit)을 중심으로 이뤄지는 무역 금융에 블록체인을 적용하여 시간 단축과 비용 효율화를 이룰 수 있다. 가래 내역은 관계자만 보관하기 때문에 분실 및 위변조 가능성도 있다. 블록체인을 적용하면 데이터의 안전한 보관이 가능하다.

유럽의 디지털 무역 컨소시엄인 위트레이드는 HSBC, 도이치뱅크 등 유럽의 9개 은행이 주도하는 무역경제 블록체인 플랫폼이다. 우리나라는 2017년 5월부터 해양수산부, 관세청, 삼성SDS 등이 '민관 합동 해운 물류 블록체인 컨소시엄'을 구성하여 시범사업을 추진했다. KEB하나은행은 무역금융 프로세스에 이더리움을 적용을 준비하고 있다고 밝힌 바 있다.

## 4-2 블록체인이 주는 인프라의 변화[18]

블록체인 기술의 발전과 산업별 적용 분야의 증가는 다양한 분야에 블록체인 기술 기업, 가상화폐거래소, 해외송금회사, 미디어, 안전한 거래를 위한 소프트웨어 및 하드웨어 월렛(가상화폐 지갑), 가상화폐 채굴 기업 등의 새로운 사업영역 및 기업의 탄생으로 이어진다. 예를 들어 블록체인 관련 국내 솔루션 기업으로는 블로코·더루프 등이 있으며, 블록체인 기반 종합 핀테크 기업으로는 현대페이·코인플러그, 가상화폐 거래소는 코빗·빗썸, 해외송금 기업으로는 코빗·핀샷 등이 활약하고 있다. 블록체인 및 가상화폐 정보 등이 폭발적으로 늘어나면서 해외에는 코인데스크, 국내는 땡글·피넥터 등의 전문 미디어 제공자도 생겨났다.

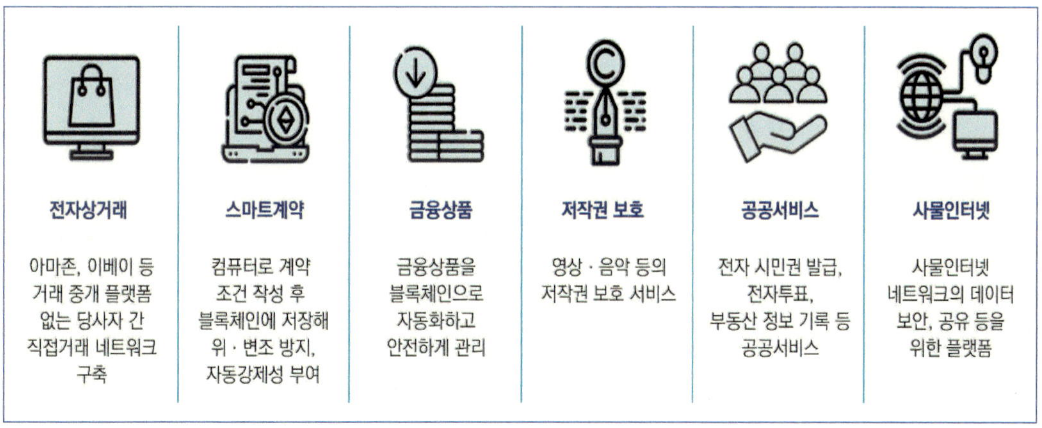


자료: 블록체인 기술이 가져온 놀라운 삶의 변화, 이관호(효성인포메이션시스템).

[그림 4-3] 블록체인 기술의 활용 분야

블록체인 기술 확산을 위해 그림과 같이 블록체인 기반 업무 도입을 위한 비즈니스 영역 컨설팅, 블록체인 API 및 SDK를 이용한 업무 개발, 기술 구현을 위한 인프라아키텍처 그리고 인프라 운영 등에 대한 전문인력 확보를 위한 중장기적인 투자가 필요하다.

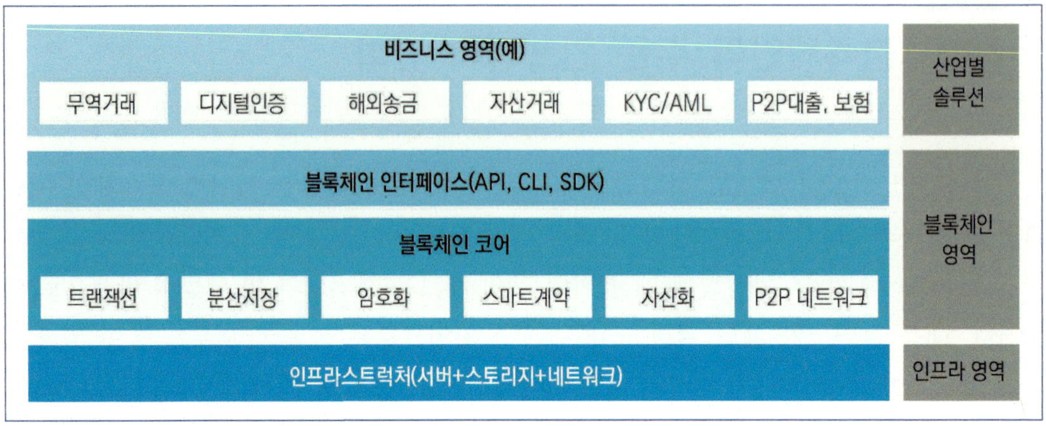


자료: 블록체인 기술이 가져온 놀라운 삶의 변화, 이관호(효성인포메이션시스템).

[그림 4-4] 블록체인 기술 시장 생태계

디지털은 1990년대 인터넷 세상의 첫 시작인 메시지 전송에 이어 점차 정보를 분류, 정리 그리고 제공하는 기능을 뛰어넘어 이제는 전자상거래의 기반 기술로 변모했다. 블록체인 기술이 만들어 낼 새로운 세상의 모습은 신뢰할 수 있는 자산의 거래, 자동화된 실행인 스마트계약을 통해 금융 및 비금융 산업의 변화를 만들어 낼 것이다. 더 나아가 중앙통제 기구가 없는 탈중앙화자율조직(DAO: Decentralized Autonomous Organization)과 같이 중앙집권 주체의 개입 없이 구성원이 모여 자율적으로 제안, 의사결정에 의해 운영되는 단순 비즈니스의 변화만이 아닌 삶의 방식에 변화를 가져올 것이다. 이를 통해 미래에는 블록체인이 가지고 있는 근본 사상인 개인 간 신뢰 있는 거래를 위한 공개(Open), 연결(Connectivity) 그리고 공유(Share)가 실현될 것이다.

# Q&A

## 블록체인과 미래사회 뭐가 궁금해?

■ 금 융

**Q1.** 블록체인이 금융 산업에 미칠 영향은 무엇인가요?

A 블록체인은 기존의 금융 산업에 대한 변화를 가져올 것으로 예상됩니다. 기존의 중앙 집중식 금융 시스템에서는 중개자가 존재하여 수수료가 발생하며, 거래의 투명성과 속도에 대한 문제점도 존재합니다. 블록체인은 이러한 문제점을 개선하고, 거래 과정에서 발생하는 중개자를 제거하여 수수료를 절감할 수 있습니다. 또한, 거래 내역이 블록체인상에 기록되어 있기 때문에 거래의 투명성과 안전성이 보장됩니다.

**Q2.** 블록체인이 금융 산업에 미칠 영향은 어떤 측면에서 더 크게 나타날까요?

A 블록체인의 영향은 다양한 측면에서 나타날 수 있습니다. 그러나 특히 금융 산업에서 더 큰 영향을 미칠 것으로 예상됩니다. 블록체인은 거래를 더 효율적이고 투명하게 처리할 수 있으므로, 기존의 중앙화된 금융 시스템에 비해 더 많은 경제적 이익을 제공할 것으로 예상됩니다. 또한, 블록체인을 이용한 새로운 금융 상품이나 서비스가 등장할 가능성이 크며, 이러한 상품이나 서비스는 기존의 중앙집중식 상품이나 서비스와 차별화된 경쟁력을 제공할 것입니다.

**Q3.** 블록체인이 금융 산업에 미칠 영향은 어떤 측면에서 주의해야 할까요?

A 블록체인 기술을 도입하면서 발생하는 보안 문제나 개인정보 보호 문제 등의 문제점을 충분히 고려해야 합니다. 블록체인상에 기록된 정보는 변경이 불가능하므로, 잘못된 정보가 기록된 경우 이를 수정하기 어려울 수 있습니다. 따라서, 블록체인을 도입하는 과정에서 발생하는 문제점들을 충분히 고려하고, 이러한 문제점들을 해결하기

위한 적절한 전략을 수립해야 합니다. 또한, 블록체인 기술을 도입하는 과정에서 중요한 데이터나 정보가 노출되는 위험성이 있으므로, 이를 보호하기 위한 보안 시스템이 필요합니다. 블록체인 기술을 도입하는 기업이나 조직은 이러한 문제점들을 충분히 고려하고, 이러한 문제점들을 해결하기 위한 적절한 전략을 수립해야 합니다.

■ 산 업

**Q1.** 블록체인이 산업 측면에서 미래사회에 미칠 영향은 무엇인가요?

A 블록체인은 산업 전반에 걸쳐서 변화를 가져올 것으로 예상됩니다. 블록체인은 기존의 중앙집중식 시스템에서 발생하는 문제점을 해결하고, 보안성과 신뢰성을 높이는 데 큰 역할을 할 것입니다. 예를 들어, 블록체인은 공급망 관리, 금융 거래, 보험, 부동산 등 다양한 산업에서 활용될 수 있습니다. 또한, 블록체인은 신뢰성이 보장되는 인증 시스템을 제공하므로, 신원 인증과 인터넷 보안 분야에서도 활용될 것으로 예상됩니다.

**Q2.** 블록체인이 산업 측면에서 미래사회에 미칠 영향은 어떤 측면에서 가장 크게 나타날까요?

A 블록체인의 영향은 산업 전반에서 다양한 측면에서 나타날 수 있습니다. 그러나 특히 블록체인은 분산 원장 기술을 활용하여 거래 및 데이터 처리 방식을 개선할 수 있기 때문에, 이러한 측면에서 가장 큰 영향을 미칠 것으로 예상됩니다. 예를 들어, 블록체인 기술을 활용하여 공급망에서 발생하는 불필요한 비용과 시간을 절감할 수 있으며, 거래 과정에서 발생하는 위조나 변조 등의 문제를 예방할 수 있습니다. 또한, 블록체인을 이용한 새로운 비즈니스 모델이 등장할 가능성이 크며, 이러한 비즈니스 모델은 기존의 중앙집중식 모델과는 차별화된 경쟁력을 제공할 것입니다.

**Q3.** 블록체인이 산업 측면에서 미칠 영향은 어떤 측면에서 주의해야 할까요?

A 블록체인을 도입하는 과정에서 발생하는 보안 문제나 개인정보 보호 문제에 대한 주의가 필요합니다. 블록체인은 분산 원장 기술을 활용하여 중앙집중식 시스템과는 달리 데이터의 분산과 공유가 이루어지기 때문에, 중요한 정보나 데이터가 노출될 가능성이 있습니다. 따라서, 블록체인을 도입하는 기업이나 조직은 이러한 문제점들을 충분히 고려하고, 이를 보호하기 위한 보안 시스템을 강화해야 합니다. 또한, 블록체인

기술을 도입하는 과정에서 적절한 규제와 법적 제한이 필요할 수 있습니다. 이러한 문제점들을 고려하면서 블록체인 기술을 적절하게 활용하는 것이 중요합니다.

■ 정 치

**Q1.** 블록체인이 정치 측면에서 미래사회에 미칠 영향은 무엇인가요?

A 블록체인은 정치 분야에서도 중요한 역할을 할 것으로 예상됩니다. 블록체인은 투표 시스템에서 신뢰성과 보안성을 높이는데 큰 역할을 할 수 있으며, 정치적 거래의 투명성을 제공하는 데도 사용될 수 있습니다. 블록체인은 또한 분산 원장 기술을 활용하여 제3자 개입 없이 안전하고 효과적으로 정보를 공유할 수 있는 시스템을 제공하므로, 정치적 거래의 투명성을 제공하는 데 큰 역할을 할 것으로 예상됩니다.

**Q2.** 블록체인이 정치 측면에서 미래사회에 미칠 영향은 어떤 측면에서 가장 크게 나타날까요?

A 블록체인이 정치 측면에서 미래사회에 미칠 영향은 다양한 측면에서 나타날 수 있습니다. 그러나 특히 블록체인은 투표 시스템에서의 신뢰성과 보안성을 높이는 측면에서 가장 큰 영향을 미칠 것으로 예상됩니다. 블록체인 기술을 활용하면 투표 시스템에서 발생하는 위조나 조작 등의 문제를 예방할 수 있습니다. 또한, 블록체인을 이용하여 선거 결과를 실시간으로 확인할 수 있으며, 투표 결과를 공개하고 분석하는 데도 활용될 수 있습니다.

**Q3.** 블록체인이 정치 측면에서 미칠 영향은 어떤 측면에서 주의해야 할까요?

A 블록체인을 도입하는 과정에서 발생하는 문제점들을 충분히 고려해야 합니다. 예를 들어, 블록체인을 이용하여 선거를 진행할 경우, 블록체인 시스템 자체가 안전하다 해도 선거 당일 발생하는 문제나 인터넷 접속 등의 문제로 인해 선거 결과가 조작될 가능성이 있습니다. 이러한 문제점들을 충분히 고려하고 대처해야 합니다. 또한, 블록체인 기술이 저명한 블록체인 네트워크에 의해 지배되는 경우, 그들의 권력과 영향력이 크게 높아질 수 있습니다. 이러한 문제점들을 해결하면서 블록체인 기술을 적절하게 활용하는 것이 중요합니다.

**Q4.** 블록체인이 정치 측면에서 어떤 혁신을 가져올 수 있을까요?

A 블록체인은 분산원장 기술을 기반으로 하므로, 정보의 중앙집중화 문제를 해결할 수 있습니다. 블록체인 기술을 활용하여 정보를 분산 저장하고 관리함으로써 정보의 안전성과 신뢰성을 높일 수 있습니다. 이는 정치 측면에서도 큰 혁신을 가져올 수 있습니다. 예를 들어, 블록체인 기술을 이용하여 선거의 결과를 실시간으로 확인할 수 있으며, 투표에 대한 투명성과 신뢰성을 높일 수 있습니다. 또한, 블록체인 기술은 정치적 거래의 투명성을 제공하는 데도 사용될 수 있으며, 이는 더욱 공정하고 투명한 정치적 프로세스를 이끌어낼 수 있을 것으로 예상됩니다.

■ 사 회

**Q1.** 블록체인이 사회 측면에서 미래사회에 미칠 영향은 무엇인가요?

A 블록체인은 사회적으로도 큰 영향을 미칠 것으로 예상됩니다. 블록체인 기술은 중앙집중화된 권력을 분산시키고 개인의 자유와 권리를 존중하는 분산화된 시스템을 구축하는 데 도움을 줄 수 있습니다. 또한, 블록체인 기술을 활용하여 개인정보 보호와 같은 문제를 해결할 수 있으며, 블록체인 기술을 이용한 신뢰성 높은 거래는 신뢰 문제를 해결할 수 있는 장점을 가지고 있습니다.

**Q2.** 블록체인이 사회 측면에서 미래사회에 미칠 영향은 어떤 측면에서 가장 크게 나타날까요?

A 블록체인이 사회 측면에서 미래사회에 미칠 영향은 다양한 측면에서 나타날 수 있습니다. 그러나 특히 블록체인 기술은 사회적 거래의 투명성과 신뢰성을 높이는 측면에서 가장 큰 영향을 미칠 것으로 예상됩니다. 블록체인 기술은 또한 다양한 분야에서 사용될 수 있으며, 더욱 효율적이고 공정한 사회적 거래 시스템을 구축하는 데 큰 역할을 할 것입니다.

**Q3.** 블록체인이 사회 측면에서 어떤 문제를 해결할 수 있을까요?

A 블록체인은 사회 측면에서 다양한 문제를 해결할 수 있습니다. 예를 들어, 블록체인 기술을 활용하여 개인정보 보호를 강화할 수 있습니다. 블록체인은 분산화된 구조를 가지므로, 개인정보를 중앙화된 저장소에 보관하는 것보다 더욱 안전하게 보호할 수 있습니다. 또한, 블록체인 기술은 사회적 거래의 투명성과 신뢰성을 높일 수 있으며,

블록체인을 이용한 스마트 컨트랙트는 거래의 자동화와 신뢰성 확보에 큰 역할을 할 수 있습니다. 이외에도, 블록체인 기술은 사회적으로 부조리한 거래를 예방하고 범죄 예방에도 도움을 줄 수 있습니다.

**Q4.** 블록체인이 사회적으로 적용될 수 있는 분야는 어떤 것이 있나요?

A 블록체인은 다양한 분야에서 활용이 가능합니다. 특히, 금융, 의료, 교육, 정치 등 여러 분야에서 블록체인 기술을 적용할 수 있습니다. 금융 분야에서는 블록체인을 이용한 거래 시스템이 등장하고 있으며, 의료 분야에서는 블록체인을 이용한 환자 데이터 보호 시스템이 개발되고 있습니다. 또한, 교육 분야에서는 블록체인을 이용한 학생 성적 정보 저장 시스템이 등장하고 있으며, 정치 분야에서는 블록체인을 이용한 선거 결과 검증 시스템이 개발될 수 있습니다.

**Q5.** 블록체인이 사회적으로 적용될 때 주의해야 할 점은 무엇인가요?

A 블록체인이 사회적으로 적용될 때 주의해야 할 점은 여러 가지가 있습니다. 예를 들어, 블록체인 기술을 적용할 때는 개인정보 보호와 같은 중요한 문제를 충분히 고려해야 합니다. 또한, 블록체인 기술을 이용한 거래 시스템에서는 스마트 컨트랙트의 코딩 실수 등으로 인한 문제가 발생할 수 있으므로, 충분한 검증 과정을 거쳐야 합니다. 또한, 블록체인 기술이 발전함에 따라 중앙 집중화된 권력이 분산될 수 있으므로, 이러한 문제에 대한 대처가 필요합니다.

### ■ 블록체인이 주는 인프라의 변화

**Q1.** 블록체인이 주는 인프라의 변화 중 분산네트워크란 무엇인가요?

A 분산네트워크는 기존의 중앙집중형 네트워크와는 달리, 네트워크를 구성하는 여러 대의 컴퓨터가 상호 연결되어 데이터를 공유하고 처리하는 방식입니다. 블록체인 기술에서는 분산네트워크가 중요한 역할을 합니다. 블록체인은 여러 대의 컴퓨터에 걸쳐 분산되어 있는 데이터베이스이며, 이를 유지하기 위해 분산네트워크를 이용합니다. 이러한 분산네트워크를 통해 블록체인은 데이터의 안정성과 무결성을 보장할 수 있습니다.

**Q2.** 블록체인이 주는 인프라의 변화에 따라 기존 인프라 업체는 어떤 변화를 겪고 있나요?

A 블록체인 기술은 중앙집중적인 데이터베이스 시스템과는 다르게, 분산네트워크를 기반으로 데이터를 저장하고 관리합니다. 이러한 블록체인 기술에 의해 기존의 인프라 업체들은 혁신과 변화에 대한 대응이 필요합니다. 블록체인을 기반으로 하는 새로운 기술과 서비스들이 출현하고 있기 때문입니다.

**Q3.** 기존 인프라 업체들은 어떤 방식으로 블록체인 기술을 적용하고 있나요?

A 기존 인프라 업체들은 블록체인 기술을 적용하기 위한 연구와 개발을 진행하고 있습니다. 예를 들어, IBM은 블록체인 기술을 이용하여 공급망 관리 시스템을 구축하고, 마이크로소프트는 블록체인 기술을 이용하여 인증서 발급 시스템을 개발하고 있습니다. 또한, 기존 인프라 업체들은 블록체인 기술을 적용하여 보안 및 데이터 관리 분야에서의 새로운 비즈니스 모델을 창출하고자 합니다.

**Q4.** 블록체인 기술에 대한 적극적인 대응이 필요한 이유는 무엇인가요?

A 블록체인 기술은 분산 네트워크를 기반으로 하여, 데이터의 안전성과 무결성을 보장하며, 신뢰성 있는 거래를 가능하게 합니다. 이러한 기술은 다양한 산업 분야에서 활용 가능하며, 이미 광범위하게 적용되고 있습니다. 따라서, 기존 인프라 업체들은 적극적으로 이러한 기술에 대한 대응을 진행하여 새로운 시장을 개척하고 경쟁력을 강화해야 합니다.

# 5

# 블록체인 기반 암호화폐

# 05

# 블록체인 기반 암호화폐

## 5-1 비트코인

### (1) 비트코인 소개

비트코인은 이제까지 존재해 왔던 여러 기술들을 조합한 것으로, 블록체인이라는 개념은 비트코인에서 비롯된 것은 아니며, 비트코인 백서에서는 '블록체인'이라는 용어가 없다. 현대의 블록체인은 데이터를 보호하고, 데이터가 변경되는 것을 막는 암호학적 기술에 기반한다. 비트코인 제네시스 블록은 비트코인의 시작으로, 최초의 채굴을 통해 신규블록이 생성되면서 50BTC가 생성되고, 2009년 01월 03일 18:15:05 처음으로 블록이 생성되었다. 제네시스 블록(Genesis Block)은 블록체인에서 생성된 첫 번째 블록을 말한다. 첫 번째 블록이 생성된 이후에 다음 블록이 지속적으로 생성되어 마치 체인처럼 이전 블록에 연결되기 때문에, 제네시스 블록이 생성되었다는 것은 해당 블록체인 네트워크가 시작되었다는 상징적 의미를 가지고 있다. 1A1zP1eP5QGefi2DMPTfTL5SLmv7DivfNa는 비트코인(Bitcoin)의 창시자인 사토시 나카모토(Satoshi Nakamoto)가 2009년 1월 3일에 만든 비트코인 지갑 주소이다.

- 제네시스: 창세기, 기원, 발생 등의 의미를 가짐
- 블록: Block, 코인의 생성, 전송이 기록된 장부

- 전송내역: 없음
- 코인생성: 신규 블록이 생성되면서 50BTC가 새로 생김
- 코인주소: 1A1zP1eP5QGefi2DMPTfTL5SLmv7DivfNa
- 생성시간: 2009년 01월 03일 18:15:05

이렇게 처음 블록이 생성되며 '1A1zP1eP5QGefi2DMPTfTL5SLmv7DivfNa' 주소 안에 50BTC가 생성된다. 사토시 나카모토가 만든 지갑 주소를 비트코인 제네시스(Genesis of Bitcoin) 지갑이라고도 한다. 일반적으로 암호화폐를 만들고 최초로 생성한 블록을 제네시스 블록이라고 하는데, 비트코인 창시자인 사토시 나카모토는 비트코인 최초의 채굴을 통해 제네시스 블록을 만들고, 50개의 비트코인을 받았다. 그 후 단 한 번도 비트코인을 판 적이 없기 때문에, 50개의 비트코인은 그대로 보존되어 있다. 게다가 전 세계 비트코인 사용자들이 사토시 나카모토의 업적을 기념하기 위해 일종의 기부금 형식으로 위 주소에 소액의 비트코인을 계속 송금하고 있기 때문에, 시간이 지날수록 비트코인 잔액이 조금씩 증가하고 있다. 2023년 2월 기준으로 위 비트코인 지갑 주소에는 총 72.593944개의 비트코인이 보관되어 있다.

### (2) 비트코인 블록체인의 동작원리[19]

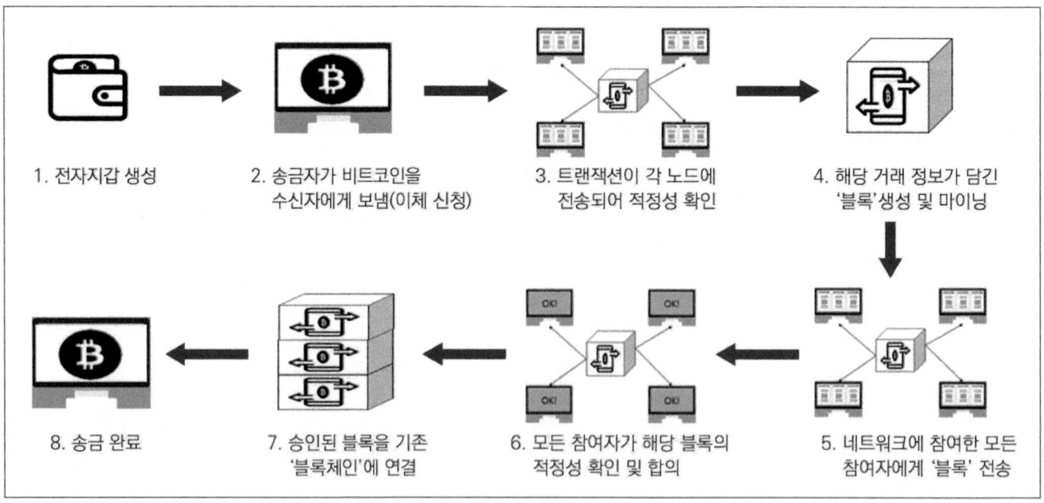


자료: 'Blockchain technology: Is 2016 the year of the blockchain?'_Thomson Reuters.

[그림 5-1] 비트코인 거래의 흐름도

비트코인 클라이언트는 비트코인 코어를 기반으로 개발되었는데, 인터넷에 연결되는 누구나 다운로드 받아 비트코인을 송금하거나 채굴(마이닝)하는 것이 가능하며, 거래소를 통해서 법정화폐로의 환전도 가능하다. 비트코인의 거래프로세스를 살펴보면 은행과 같은 신뢰할 수 있는 제3자 기관 없이 거래가 가능한 혁신적인 시스템이다.

### (3) 비트코인 주소: 계좌 생성[19]

은행계좌와 동일한 역할을 하는 계좌를 생성하며, 비트코인을 거래하는 계좌는 다수개를 생성할 수 있다. 계좌를 생성하면 개인키와 공개키가 자동으로 생성되며, 여기서 개인키는 비트코인을 송금할 때 전자서명하도록 할 수 있는 중요한 키 역할을 한다. 공개키의 경우는 512비트로 길이가 길어서 이를 다시 해시하여 길이를 줄여서 사용하는데, 이것이 공개키 해시 방식의 비트코인 주소이다.

비트코인에서는 1985년 밀러와 코블리츠가 제안한 타원 곡선 기반 암호를 이용한 공개키 방식을 이용하여 개인키와 공개키를 생성한다. 이산 대수에서 사용하는 유한체의 곱셈군을 타원 곡선군으로 대치한 암호 방식으로 다른 암호방식에 비해 더 짧은 키 사이즈로 대등한 안전도를 가진다. 예를 들어, RSA 1,024비트 키와 ECC 160비트 키를 갖는 암호 방식은 대등한 안전도를 가진다는 것이다. ECC의 공개키는 두 개의 256비트값으로 정의되어 있다. 256비트 두 개로 구성된 512비트에 유형을 구분하여 8비트 접두부를 합친 520비트, 즉 65바이트가 하나의 공개키이다. 비트코인 클라이언트는 의사난수발생기(PRNG)를 사용하여 256비트의 개인키를 발생하고 나서 타원곡선암호 방식을 사용하여 512비트의 공개키를 생성한다. 비트코인의 경우는 NIST가 권장하는 타원곡선의 하나인 ECDSA의 파라미터로 secp256k1 타원곡선을 이용한다.

### (4) 거래생성 및 검증[20]

전자지갑에서 수신자의 공개키를 계좌번호로 이용하여 비트코인을 전송할 수 있다. 여기서 공개키는 송·수신 시 활용되는 계좌번호 역할을 한다. 개인키는 본인이라는 사실을 증명하는 전자서명을 할 때 이용된다. 전자서명은 트랜잭션의 타당성을 증명하는 것인데, 트랜잭션 데이터를 송신하는 사람이 서명을 생성하고 수신하는 사람이 그 서명을 송신자의 공개키로 검증해 타인에 의한 위·변조의 존재 유무를 확인할 수 있다.

이 코인을 사용하려면 입력부에 전자서명을 넣을 때 공개키를 함께 넣어줘서 그 공개키가 출력부에 적힌 공개키 해시의 원본인지 확인하고 그 공개키로 전자서명을 확인한다. 트랜잭션 A의 출력부에 적힌 공개키 해시가 정당하다는 것은 거래 B의 공개키 해시로 변환할 때와 마찬가지로 이중 해시하여 결과가 공개키 해시와 같은지 비교하는 것이다. 공개키가 검증되면 이것으로 전자서명을 풀어서 서명된 내용을 확인하고, 이 공개키와 쌍을 이루는 개인키로 암호화되어 있어 당연히 풀리게 된다. 그 결과가 거래 A의 정보와 일치하는지 확인하면 검증이 끝난다. 비트코인 네트워크의 모든 노드에서 거래 B의 입력부가 정당한지 확인할 수 있다.

### (5) 전파단계 거래의 검증[21]

P2P 네트워크에서 비트코인의 경우, 노드를 처음 설정하면 다음과 같은 절차에 의해서 다른 노드와 연계를 통해서 트랜잭션을 전달하게 된다. 전 세계의 전체 노드로 전달되는데 몇 초 정도가 소요되는 것으로 파악되고 있다.

① DNSSEED옵션을 사용하여 노드검색
② 또는 SEEDNODE 옵션을 사용하여 최초 연결을 위해 한 개의 노드와 연결
③ 두 번째부터는 그때까지 네트워크에서 인식한 노드목록을 각 비트코인 클라이언트의 내부 DB에 보존해 놓기 때문에 그 정보를 바탕으로 다른 노드와의 연결을 시도

거래가 생성되면 P2P네트워크를 통해서 이웃 노드로 전달되며 결국 전체의 비트코인 네트워크로 전달된다. 이웃 노드로 순식간에 브로드캐스팅하기 전에 송신된 거래에 대해 '거래 검증 리스트'에 따라 검증을 먼저하고 그 거래가 적정하면 지속적으로 비트코인 네트워크로 전달하고, 적정하지 않으면 해당 노드에서 그 거래를 버린다. 비트코인 네트워크의 각 노드는 독립적으로 검증 리스트에 따라 모든 트랜잭션을 검증한 후 이웃 노드로 브로드캐스팅하고 올바르지 않은 트랜잭션은 제거한다.

### (6) 블록의 구성 및 생성[22]

각 노드의 메모리 상에 존재하는 임시 풀(Temporary pool)에 검증된 트랜잭션들이 쌓

이게 되며, 그 트랜잭션 중에서 채굴을 위해 후보 블록을 구성하게 된다. 임시 풀에서 후보 블록을 생성하여 새로 탄생된 블록이 블록체인으로 연결되며 후보 블록에서 채굴을 끝내고 새로운 블록이 블록체인에 연결된다.

비트코인의 블록은 헤더와 바디로 구성되며, 헤더는 80바이트로 구성되어 있고, 전체 블록의 크기는 1Mbytes로 제한되어 있다. 비트코인 노드는 전송받은 트랜잭션에 대해 검증을 한 후 그 트랜잭션을 임시 풀에 계속 추가한다. 트랜잭션 풀에 있는 거래 중에서 후보 블록을 생성한 다음 트랜잭션 확정을 위해 채굴되기를 기다리게 된다.

### (7) 채굴 및 보상[22]

채굴의 시작은 노드에서 후보 블록을 생성하는 것으로, 비트코인의 경우는 약 10분마다 새로운 블록이 생성되도록 프로그램되어 있으며, 후보 블록에서는 헤더에 version, previousblockhash, merklehash root, timestmps, bits 값은 결정되어 있고, 변경이 가능한 난수 "nonce(number used once)"값을 초기 0부터 시작해서 1씩 증가하면서 sha256 해시함수를 2회 적용하여 블록 헤더의 해시값이 특정 숫자보다 작은 값을 찾으면 채굴이 성공된다. 여기서 특정숫자는 난이도 목표로서 bits값으로 프로그램에서 특정 목푯값을 자동 제시한다.

특정 노드(채굴자)가 목푯값보다 같거나 작은 해시값을 찾는데 성공하면, 새로운 '블록'을 생성하게 된다. 이 채굴자는 블록을 생성하고 이를 P2P 네트워크에 전파하면서 동시에 블록생성 보상인 '비트코인'과 해당 블록 바디의 Coinbase TX에 포함된 이체수수료(Transaction Fee)를 받게 된다. 채굴 행위는 근본적으로 끊임없는 해싱작업이며, 많은 컴퓨팅 파워를 가지고 있을수록 빠른 속도의 해싱이 가능하다. 즉, 컴퓨팅 파워를 많이 투입할수록 다른 경쟁자들보다 비트코인을 많이 받게 되는 구조이다.

### (8) 블록검증[22]

비트코인의 합의 알고리즘 중 하나로서 비트코인 네트워크에 연결된 각 노드는 각각 새로생성된 블록에 대해서 독립적으로 검증한다. 새로 생성된 블록 데이터 구조가 적정한지, 블록 헤더 해시값이 난이도 목표값보다 작은지, 블록사이즈가 시스템에서 정의된 1Mbytes보다 작은지 등을 검증한다. 블록이 정당(valid)하면 해당 노드는 '성공메시지'를 블록을 생성한 노드에게 보내고, 블록이 적당하지 않으면 '거절 메시지'를 생성한 노드에게 전송한다. 노드의 절반 이상(51%)의 합의가 있어야 블록에 대한 승인(트랜잭션 승인)이 되며, 이후 전체 노드의 절반 이상을 점유하지 않는 이상 트랜잭션에 대한 위·변조는 불가능하다.

### (9) 블록체인 생성[22]

새로운 블록을 전달받은 각 노드들은 검증을 완료한 후 이 블록을 기존의 블록체인에 연결한다. 블록체인이 분산된 데이터 구조이기 때문에 채굴된 블록이 동시에 서로 다른 노드에서 탄생될 수 있으며, 수천, 수만 개의 노드들에서는 먼저 전달받은 새로운 블록을 기존의 블록체인에 연결하는 "블록체인 분기(Blockchain Forking)"라는 현상이 발생될 수 있다. Normal Occasional Forking이 발생할 경우 난이도가 높은 블록이 우선시 된다. Rare Extended Forking의 경우 시간이 지남에 따라서 가장 긴 블록체인이 살아남게 되고, 짧은 블록체인은 스스로 사라진다. 실제로 개발자들이 블록체인 분기가 발생한 후 6개 블록을 추가로 연장된 것을 지켜본 후에 가장 긴 블록을 확정한 사례가 있다. 분기한 블록의 채굴 대가인 '비트코인'과 '이체수수료'는 무효가 된다.

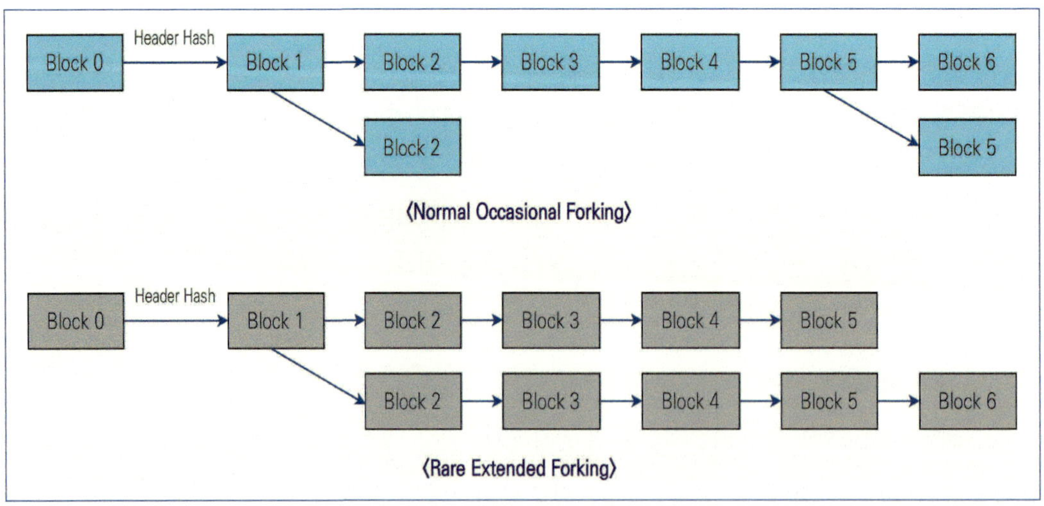


자료: https://blog-archive.bitgo.com/the-challenges-of-block-chain-indexin

[그림 5-2] 가장 긴 체인을 선택하는 블록체인

### (10) 난이도 조정[21]

비트코인은 평균적으로 약 10분 간격으로 새로운 블록이 채굴되도록 설계되어 있다. 2,016개의 블록이 추가 생성되는 2주간의 간격으로 1개의 블록이 생성되는 주기를 계산하여 평균 약 10분보다 길면 난이도를 어렵게 하고, 10분 간격보다 짧으면 난이도를 쉽게 하여 1개의 새로운 블록이 생성되는 주기를 약 10분 간격이 되도록 조정한다. 이를 난이도 조종(Difficulty Retarget)이라 한다. 다음은 새로운 난이도 조정을 위한 식이다.

New difficulty = Old difficulty × (Actual Time of Last 2016 Blocks/20160 minutes)

### (11) 비트코인 수수료[23]

비트코인 등 암호화폐의 수수료는 총 3가지이다. 거래소에서 물리는 환전 수수료, 거래 수수료와 비트코인 네트워크 자체에서 무는 송금 수수료이다. 원화 또는 달러와 비트코인을 서로 바꾸는데 드는 환전 수수료는 보통 출금시에만 물리고, 입금시에는 물리지 않아 그냥 출금 수수료로 부르는 경우가 많다. 은행 가서 원화를 엔화로 바꾸거나, 엔화를 원화로 바꿀 때 드는 수수료랑 같다고 생각하면 된다.

거래 수수료는 비트코인 거래시 거래소에서 물리는 수수료로 비트코인을 팔거나 살 때, 모두 부과된다. 증권회사에서 주식 거래할 때 내는 수수료라고 생각하면 된다. 세금이 매겨지든 아니든 주식거래세와 동일한 0.03% 정도로 일정하다.

송금 수수료는 비트코인 전송시 채굴자에게 주는 수수료로, 거래소를 안 통하고 Electrum이나 Bitcoin Core를 사용해서 직접 송금해도 내야 하는 수수료이다.

위와 같은 이유 때문에 비트코인이 비싸질수록 유통속도는 줄어들게 되고 채굴량이 상한에 달하면 비트코인의 유동성은 점점 감소하게 된다. 유동성이 한참 부족해지면 어느 순간 통화로서의 가치를 잃게 될 것이나, 그전에 줄어든 비트코인의 가치가 급등하는 사태가 먼저 벌어질 것이다. 그래서 비트코인 1개의 가격은 장기 우상향할 수밖에 없다. 또한 주식과 다르게 백만분의 1개 단위로 유통이 가능하므로 어느 수준에 달할 때까지는 유동성을 걱정할 필요는 없다. 위와 같은 문제를 해결하기 위해 각종 알트코인이 나왔지만 너무 탈중앙화를 추구한 끝에 전부 자멸해 버리고 결국 비트코인만 살아남았다.

### 1) 환전 수수료

비트코인의 사용에 있어 “수수료”는 이해가 복잡한 부분이며 여러 가지 서로 다른 설명들이 산재되어 있다. 비트코인이 없는 사람이 채굴없이 비트코인을 가지려면 환전소에서 비트코인을 사야 하므로 일차적인 “환전 수수료”가 발생한다. 환전 수수료는 시스템 외적인 비용이며, 다른 외화를 구매할 때도 지출되어야 하는 돈이므로 비트코인의 본질을 논하는 사람들은 논외로 치부하는 경우도 있지만, 채굴을 통해서 비트코인을 많이 얻는 사람들은 지금 이 시점에 개인이 아니라 최소 소규모의 채굴장을 운용하는 사람들 뿐이므로 실질적인 거래에 쓸 만한 비트코인을 얻을 수 있는 개인 사용자는 거의 없다. 결국 비트코인을 얻을려면 환전소에서 환전을 거쳐야 하는 건 거의 필수적이며, 실제 사용자들 입장에서는 분명 부담해야 하는 금액으로 다가오게 된다. 2017년 12월 23일을 기준으로 빗썸이 업계 최고 수준으로 출금 수수료를 올렸다. 기존 수수료의 4배로 기습적으로 인상했다. 12월 27일 기준으로 출금 수수료만 4만원이 넘는다. 이는 현금을 비트코인으로 바꾸는 과정에 따라 상당한 차이를 보이는데, 비트코인 거래소에서 “현금”을 자신의 은행 계좌로 송금하거나 그 반대의 경우, 전적으로 각국의 은행 시스템에 의존하게 되므로, 국가별로 천차만별의 차이를 보인다.

- ► 한국의 경우 금융공동망을 사용하며, 4대 거래소 모두 원화의 출금 수수료를 정액 1,000원으로 정하고 있다. 비트코인을 구매하기 위해 원화를 거래소의 계좌에 입금하는 경우, 사용하고 있는 은행으로부터 별도의 수수료 면제 혜택을 받고 있지 않다면 타행이체수수료 500원이 부과될 수 있다.
- ► 일본의 경우 전국은행데이터통신시스템(ZENGIN)가 사용되며, 출금 수수료는 거래소마다 다르지만, 일본 내 최대 거래소인 Coincheck의 경우 400엔 일률, Kraken의 경우 300엔, Zaif는 500엔이다. 엔화를 거래소 계좌로 입금 시 은행별 이체 수수료가 부과된다.
- ► 유럽의 경우 SEPA(단일유로결제지역)로 묶여 있는 대부분의 유로존 국가에서는 SEPA 네트워크가 사용되며, 출금 수수료는 Kraken이 0.09유로부터 GDAX−Coinbase가 0.15유로 등이다. 유로화를 거래소 계좌로 입금 시 은행별 이체 수수료가 부과된다.
- ► 미국의 경우 송금 방법으로 Wire Transfer와 ACH 등을 선택할 수 있는데, ACH는 송금에 며칠 이상이 소요되지만 수수료는 적다. Wire Transfer는 보통 익일까지 처

리되지만, 수수료는 10달러부터 출발한다.

- 비트코인 거래소가 없는 국가의 경우, 외국의 거래소와 SWIFT망으로 국제송금을 거쳐야 하는데, 그 경우 높은 수수료를 지불해야 한다.

많은 비트코인 거래소에서 트레이딩 방식 외에도 “즉시 구매” 서비스를 제공한다. 이 경우 시장가보다도 비싸게 구매되는 경우가 대부분으로, 환전수수료가 굉장히 많이 비싸게 느껴진다면 십중팔구는 이것 때문이다. 즉, 여타 화폐랑 달리 즉시 구매를 하면 높은 가격에 구매를 해야 하며, 즉시 구매를 안 한다면 트레이딩을 거쳐야 한다는 번거로움이 있다.

비트코인 거래소 영업이 금지되어 있는 국가(중화인민공화국 본토 등) 또는 비트코인 거래소가 설치되지 않은 국가에 거주하는 경우, LocalBitcoin이나 Paxful 등의 P2P 거래 서비스를 통해 비트코인을 구매할 수 있다. 이 서비스에서는 대면 결제(직접 만나서 현금과 비트코인을 교환)나 은행 송금(구매자가 판매자의 은행 계좌에 자금을 이체) 거래가 이루어지고 있다.

페이팔이나 알리페이 같은 사설 전자 화폐의 잔액이나 아마존 기프트카드 등, 전자적으로 교환될 수 있는 현금화 가능한 자산과 비트코인을 서로 바꾸는 방법도 있다. 다만 이 경우 교환 환율이 상당히 센데, 해킹된 페이팔 계정의 잔액을 판매자에게 건네준 뒤 비트코인을 받아가는 사기가 성행하기 때문에 그렇다. 이 경우 해킹당한 페이팔 계정의 주인이 페이팔 측에 사기신고를 접수하면 그 결제는 무효가 되는데, 이미 구매자(해커)는 비트코인을 받아간 상태이기 때문에 판매자는 무조건 손해를 보게 된다.

비트코인 거래소에서 즉시 구매를 하지 않고 트레이딩을 통해서 환전하고, 수신인/수신기업이 법정통화가 아니라 비트코인을 받는다고 전제할 때 비트코인과 법정통화의 환전 수수료로 인한 손실은, 이것이 수신인과 발신인 쌍방에게 요구되므로 수수료가 크지 않다고 느낄 수 있다. 특히 기본적으로 법정화폐를 쓰더라도 환전을 거쳐야 하는 국제송금, 결제와 같은 시나리오에서는 비트코인이나 다른 암호화폐를 이용하는 것이 더 수수료가 적은 경우도 많다. 이 경우는 법정화폐 거래로도 환전을 해야 하므로 환전수수료를 내야 하는 건 법정화폐도 마찬가지이므로 비트코인의 환전수수료가 상쇄된다는 이점이 있기 때문이다. 여기에 낙후된 북미의 은행 시스템으로 인한 막대한 해외거래 수수료를 피할 수 있다는 이점도 있다. 다만 은행시스템이 낙후되었다는 점은 대체할 대안이 비트코인 이외에도 존재하며, 발신자가 2중 수수료 중 1중밖에 부담하지 않기 때문에 그렇지, 1중으로 환전 수수료가 깨지는 법정화폐 간의 환전과는 달리, 비트코인으로 해외거래를 할 경우엔 2중 수수료 중 하나는 수신자가 추가로 부담해야 한다는 점을 감안한다면 송금수수료가 없는 거래수단이 있다면 비트코인을 이용한 거래가 항상 수수료적으로 가장 이상적인 것만은 아니다.

비트코인으로 물건을 살 때는 송금 수수료만 내면 된다. 가끔씩 비트코인으로 물건을 살 때 환전 수수료와 거래 수수료도 같이 생각하는 사람이 있는데 그건 달러나 원화로 물건을 살 때 환전 수수료도 생각하는 것과 마찬가지이다. 비트코인을 이미 보유하고 있는 사람도 많으며, 채굴, 직거래, 물건 판매 대금 등 거래소가 아닌 곳에서 비트코인을 구하는 사람도 많다.

### 2) 거래 수수료

주식이나 FX 거래처럼 트레이딩 방식으로 비트코인을 거래하는 데에 드는 "거래 수수료"는 암호화폐 거래소마다 차이가 있지만 대략 최소 0%에서 최대 0.5% 정도라고 할 수 있다. 한국 거래소의 경우, 일반적으로 0.15% 내외의 수수료율을 적용하고 있다.

### 3) 송금 수수료

노드는 자신이 생성하는 블록에 다른 이들의 거래내역을 포함할 의무가 없기 때문에, 비트코인 송신자는 거래 수수료를 자발적으로 지불함으로써 거래 속도를 높이고 사용자들이 노드를 운영하려는 유인을 제공한다. 특히 비트코인을 생성하기가 어려워질수록, 시간이 감에 따라 블록 분량마다의 보상이 줄어든다. 노드들이 받는 보상은 후보 블록에 포함된 모든 거래 내역과 관련된 거래 수수료이다.

비트코인이 동작하는 본질적 시스템 구조에서 발생하는 수수료는 "송금 수수료" 혹은 "결제 수수료"로 불린다. 자신의 월렛에서 다른 월렛으로 비트코인을 보내고자 할 때에, 사용자는 자발적인 숫자로 수수료를 유첨할 수 있다. 0을 지정할 수도 있기에 비트코인은 수수료가 없다고 표현되기도 하며, 초기에는 일반 사용자의 생활 화폐로 활용되는 경우 수수료 없이 동작하는 상태를 이상적인 것으로 상정했었다. 하지만 전 세계 사용자들이 투자/투기 기축화폐로 사용하면서 발생하는 거래량만으로도 벅찬 상황에 이르자 수수료없는 비트코인 거래는 상상하기 힘들게 되었다.

비트코인 마이너들이 돌리는 채굴기SW는 사용자들의 클라이언트 측 메모리풀을 수렴하여 다음 번 블록에 포함될 대상을 선정하여 모으고 블록으로 기록하여 고정하는 작업을 시도한다. 작업에 성공하면 정해진 비트코인을 지급받게 되는데, 그와 동시에 해당 블록내 모든 거래에 걸린 수수료율을 획득한다. 따라서 채굴기는 수수료가 높게 걸린 거래요청을 우선 처리하게 되는 성향을 지니며, 결국 당연히 수수료율 높게 건 거래가 더 빨리 처리된다. 비트코인 결제 요청의 총량이 전 세계적으로 많을 때에는 수수료를 높이 걸 필요가 있고, 여유가 있는 경우 때에는 0을 걸어도 되는 구조이나 사용자 입장에서는 이런 상황을 정확히 판단하기 어렵다. 따라서 다양한 비트코인의 클라이언트 SW들은 사용자에게 일정 판단 루틴을 통하여 권장 수수료를 제시하게 되는데, 이것이 각기 다르고 시대별로도 다를 수 있으므로 사용자는 혼동하게 된다. 결국 비트코인의 현금 가치가 치솟은 이후, 제시되는 수수료율이 소수점대라고 하여도 결과 수수료의 현금가치는 매우 크게 되었다(예를 들어, 1BTC의 가치가 500만 원일 때라면 수수료 0.1%를 내도 결과적으로 5천 원이 되는데, 내 거래를 빨리 확정하고자 한다면 이보다 훨씬 더 비싼 수수료를 내게 된다).

비트코인에 너무 많은 거래가 요청되어 밀리고 사용자 입장에서는 결제가 확정이 안된 상황이 반복되다보면, 생활 화폐로써 사용 가능성은 점차 사라지게 된다. 비트코인 이외의 다른 전자화폐도 많이 존재하기에 채굴자들도 환전딜러들도 일시적으로 등을 돌리고 다른 화폐를 다루는 상황도 발생하게 된다.

### (12) 비트코인의 위험성과 대응 방안[24]

#### 1) 비트코인의 위험성

■ 극대화된 익명성

비트코인을 이용하여 거래를 하는 이용자들은 가상화폐 지갑을 만들 때 아이디와 비밀번호만 있으면 만들 수 있어 개인정보가 기록되지 않으며, 거래기록 또한 암호화되어 해독할 수 없도록 프로그래밍되어 있다. 실제 비트코인은 범죄조직이나 테러집단의 자금으로 활용되며, 탈세나 조세 회피가 가능하다는 지적이다. 대표적으로 최근 세계적으로 벌어진 랜섬웨어 공격이나 국내 금융기관에 대한 디도스 공격 협박에 해커들은 서버 복원 암호를 주거나 공격을 하지 않는다는 대가로 비트코인을 요구했다. 한 국내기업은 서버 복구를 위해 13억원을 해커에게 비트코인으로 지불하였지만 서버 복구는 53%만 되었다.

■ 이기적인 채굴(Selfish Mining)

비트코인은 채굴자(miner)들이 소비하는 컴퓨팅 자원, 전력, 참여 비율에 따라 보상을 지급하도록 설계되어 있다. 처음에 속도가 느린 CPU를 이용하여 채굴하였지만, 곧 수백 개의 처리기를 가진 GPU를 이용하여 비트코인을 채굴하기 시작했다. 그 후 채굴만을 위한 전용 채굴 기계 ASIC(Application-Specific Integrated Circuit)가 개발되었고, 현재는 대부분의 채굴자가 ASIC를 사용하여 채굴하고 있다. ASIC를 사용하는 채굴자들에게 채굴 능력이 집중되면 비트코인의 기본 개념인 블록체인 분산화가 이루어지지 않으며, 블록체인의 변조 가능성이 높아진다. 즉, 이기적인 채굴자들이 연합하여 새로운 블록을 지속적으로 생성해 이를 비밀로 만들어 놓고 적절한 시기에 공개함으로써 정직한 채굴자들의 자원이 낭비되며 이기적인 채굴자들이 더 많은 수입을 얻을 수 있다.

■ 51% Attack 공격

비트코인 네트워크에 의해서 인터넷상에 있는 블록체인은 지금까지의 모든 비트코인 거래들이 들어있는 단일의 긴 hash 체인이다. hash 체인은 순차적인 연결이기 때문에 블록체인이 하나만 존재해야 하지만, 마이닝 과정에서 서로 다른 노드가 블록을 생성하는 경우 일시적으로 두 개의 최신 블록이 생성되며 블록체인이 둘로 갈라질 수도 있다. 이런 경우 비트코인 네트워크의 대다수의 노드들이 어떤 블록을 기점으로 마이닝 과정을 이어가느냐에 따라 선택받지 못한 블록은 의미없는 블록이 된다. 즉 비트코인 네트워크의 50% 이상의 마이닝 능력을 갖추는 대다수 뜻을 따르게 되는 셈이다. '51% 공격'은 마이닝 능력이 51% 이상을 장악한 공격자가 나타나 공격자가 블록체인에 대한 제어권을 가지게 되며 부정한 방법을 통하여 다량 채굴이나, 이중지불을 하는 등 올바르지 않은 행위를 통하여 이득을 챙기는 행위이다. 하지만 일반적으로 51% 이상을 장악할 정도의 연산능력을 가지기는 쉽지 않다고 여겨지고 있다. 그런데 최근에 비트코인 마이닝의 확률을 높이고자 하는 마이닝 노드들의 연합체인 마이닝 풀(mining pool)이 주를 이루게 되면서 위험성이 대두되었다.

### 2) 비트코인의 대응방안

■ 극대화된 익명성에 대한 대응방안

비트코인이 완벽한 익명성을 제공하고 있다고는 볼 수 없다. 예를 들어 비트코인을 사용해 물품을 구매하는 온라인 상점이 있다. 상점을 이용하는 사용자가 비트코인을 이용하여 물품을 구매하였을 경우 사용자의 개인정보(이름, 주소, 전화번호 등)가 비트코인에서 사용되는 주소와 연결되어 이용자의 과거 거래내역 모두를 그 상점 측에서 알아낼 수 있다. 이렇게 사용자가 사용한 비트코인의 주소들을 그룹화한 거래 그래프를 만들어 분석하면 특정 사용자에 해당하는 모든 주소 및 거래 내역을 알 수 있다. 거래 그래프를 이용해 문제가 있는 비트코인이 이용한 주소를 점수화하고 이를 토대로 작성한 블랙리스트 방식과 같은 방법이 있다.

■ 이기적인 채굴방지에 대한 대응방안

이기적인 채굴방지를 막는 대응방안에는 블록을 랜덤하게 채택하도록 하는 방법이 있다. 이 방법은 Eyal과 Sirer가 제안한 방법으로 채굴자가 같은 길이의 가지들이 경쟁 상태에 있다는 것을 알았을 때 그 두 블록 모두를 임의로 전파해 사람들로 하여금 랜덤하게 채택하게 하는 것이다. 즉, 채굴자들이 블록 경쟁 상황에서 동등한 길이의 두 가지의 블록이 있다는 것을 알 때 채굴자들은 두 가지 모두 재전송해보고 채굴할 가지 하나를 랜덤하게 고르는 방식이다.

■ 51% Attack에 대한 대응방안

실제로 2014년에, Ghash.io라는 마이닝 풀에서 일시적으로 50%를 초과하는 해시파워를 가졌던 적이 있다. 전체 해시파워의 51%를 능가하면서 전체 네트워크를 장악할 수 있는 힘을 가지게 된 것이다. 그러나 Ghash.io풀은 스스로 풀 신규가입을 막고 자발적인 탈퇴 등의 방법으로 해시파워를 쪼개 흩어버리며 비트코인 네트워크의 이권을 지켰다. 51%의 마이닝 능력을 가지면 전체 네트워크를 장악하게 되는 힘을 갖게 된다. 이것이 비트코인의 약점이었지만, 당시의 상황은 비트코인의 신뢰성을 크게 저하하며 낮아진 신뢰성이 자신들의 비트코인 가치가 떨어지는 현상을 막기 위한 대책이었다. 비트코인의 보상 시스템이 51% Attack에 대해 보호하고 있음을 보여준다.

### (13) 비트코인의 미래와 전망

디지털화가 되면서 금융거래는 한결 편리해지고 금융거래상의 신뢰를 구축하여 많은 위험 요인을 제거할 수 있으며 안전과 추적 관리가 담보된다. 또 기존 은행이나 보험사 등 금융권을 이용하지 않고 개인간 직접 거래가 가능해지고 오히려 더 안전하다는 이점은 점점 더 부각될 것이다. 여기에 암호화폐라는 것이 기존에 정부나 은행 등 금융 제도권을 통하지 않고 개인 간 직접 거래로 계약과 대금 지급, 가치 저장 또 가치 교환이 가능하다는 점에서 소위 탈중앙화, 분산화의 매력도 더해질 것이다. 이런 탈중앙화 분산하의 장점은 비단 경제뿐만이 아니고 사회 현상으로 나타난다. 많은 사람들이 사회의 각종 규제나 불필요한 통제에 대해 불편함을 토로한다. 그러나 이것이 블록체인 기술을 이용한 개인 간 거래가 가능해지면서 편리하고 비용도 절약할 수 있다는 것을 새삼 주목하기 시작한다. 물론 범죄집단 등 암흑 거래에 대한 부작용도 있다. 그러나 그보다는 일상 거래에서 편리함 그리고 개인의 비밀보호 및 자유로운 거래를 보장하는 블록체인 기술은 하나의 흐름을 형성할 것으로 예상된다. 물론 중앙정부가 발행하는 제도권 암호화폐인 CBDC도 각국 정부의 노력으로 일상 화폐를 대신해서 발달할 것이다.

은행 등 금융권의 중계없이 바로 개인 간 회사간 거래가 가능하고 세금도 자동으로 납부되며 거래 전과정의 추적 관리가 용이하고 안전이 보장된다는 장점은 경제 발전에 도움을 줄 것이다. 그러나 기존 비트코인이나 알트코인 같은 암호화폐는 개인 비밀 보호와 중앙통제 없이 거래가 가능하다는 장점과 편의성으로 별도의 시장과 생태계를 만들 것으로 예상된다.

현재 기술로 암호화폐 자체가 통제를 벗어나고 추적 관리가 어려운 것은 양날의 칼이다. 이것은 개인이 자발적으로 신고하고 좋은 뜻으로 노출하지 않는다면 말 그대로 암호화되어 은닉된다. 사회적으로는 바람직하지는 않다. 개인이 지나치게 암호화하고 개인 간 거래가 활성화되면 사회의 틀이나 국가의 방향이 위협을 받게 된다. 당연히 정부와 주요 단체들의 통제가 있게 되고 탈중앙화, 분산화 거래 간에 마찰이 예상된다. 어떤 결과가 나올지는 미지수이나 상당 기간 양자가 존속하면서 균형점을 찾을 것으로 예상된다.[25]

### (14) 비트코인 주요인물

■ 데이비드 차움(David Chaum) – 암호화폐 아버지

비트코인이 나오기 전인 26년 전에, 데이비드 차움(David Chaum)이라는 미국의 암호학자가 '추적할 수 없는 전자 메일, 발신인 주소, 디지털 가명'(Untraceable Electronic Mail, Return Addresses, and Digital Pseudonyms)이라는 제목의 지금도 유명한 논문을 발표하면서, 디지털 익명 통화 시스템을 설명했다.

은닉 서명의 개념을 소개하였는데, 은닉 서명은 메시지의 내용을 감추고 참여자들의 유효성을 증명하기 위해서 공개 및 개인 패스워드를 활용하는 것이다. 이 개념은 공개키(Public Key)의 형태로 주요 암

호화폐들에서 사용된다.

1989년, 데이비드 차움은 그의 프로토콜을 발전시켜 DigiCash라고 알려진 가상 통화를 개발했다.

■ 웨이 다이(Wei Dai)

DigiCash가 시장에 나온 지 10년 후, 웨이 다이(Wei Dai)라는 개발자가 'B-Money 익명의, 분산된 전자 캐시 시스템'(B-Money Anonymous, Distributed Electronic Cash System)이라는 논문을 발표하고 암호학 커뮤니티에 파장을 일으켰다. 이 가상화폐의 개념은 탈중앙화된 네트워크를 이용하는데, 이것은 비공개 전송 능력(private sending capabilities)과 자동 실행 거래(auto-enforceable contracts)를 갖췄다. 쉽게 설명하면, 각 참여자가 비머니를 얼마나 갖고 있는지에 대한 정보를 모든 참여자가 별도의 데이터베이스에 해시함수로 암호화해 서로 연결된 블록으로 저장하게 한다는 점에서 블록체인 개념과 상당히 유사하다(해시넷). 비록 이 가상화폐의 기술적 측면이 블록체인 기술과 많이 떨어져 있고, 이 프로젝트가 큰 성공을 거둘 만큼 충분한 모멘텀을 얻지 못했지만, 그 콘셉트는 미래의 암호화폐 시장에 엄청난 영향을 끼쳤다.

■ 닉 재보(Nick Szabo) - 비트코인 아키텍처의 선도자

1998년 분산형 디지털 통화와 컴퓨팅 파워를 저장 가능한 가치로 변환하는 방법을 이론화하여 비트코인의 기원으로 불리는 비트골드(Bit gold)를 고안한 사람이다. 실제 비트골드가 구현되지 않았지만, 비트코인의 기본적인 원리들은 모두 비트골드의 원리와 굉장히 유사하다. 작업증명(PoW)시스템의 개념을 개발하였고, 탈중앙화 네트워크와 제3자에 의한 검증 시스템의 제거를 정립하는 데 도움을 줬다. 비트골드와 비트코인과의 유사점은 작업 증명을 사용하고, 다음 도전과제의 일부가 되는 해결책, 그리고 각각 비트 문자열을 소유한 분산 원장 등이 있다(해시넷). 비트골드를 이론화하기 전, 스마트 계약(Smart Contract)를 1996년에 제시하였다. 스마트 계약은 이더리움에서 많이 들어보았을 것이다. 이더리움이 스마트 계약 기능을 포함한 암호화폐이기 때문이다. 닉 재보

가 처음으로 스마트 계약이라는 콘셉트를 만들었을 때 스마트 계약의 원리를 음료 자판기에 비유했다. "음료 자판기는 합의 원리를 물리적 하드웨어에 포함시킨 하나의 장치이다. 음료 자판기는 여러 가지의 규칙(계약)들로 인하여 작동된다. 예를 들어, 음료 자판기에는 $1를 넣으면 물 한 병이 나온다는 '계약'이 있다고 가정하면, 이 경우에 $1를 넣으면 물 한 병이 나온다. $1를 넣었는데 물이 나오지 않으면 그것은 합의 계약을 따르지 않는 것이며, $1를 넣지 않았는데 물 한 병이 나오면 그것 또한 합의 계약을 따르지 않는 것이다."

■ 아담 백(Adam Back)

아담 백은 영국의 암호학자로, 1997년 11월 스팸메일과 서비스 거부(DoS) 공격을 제한하기 위해 해시캐시(Hashcash)라는 작업증명(PoW)시스템을 만들었다. 해시캐시 작업증명 시스템은 이후 비트코인 등 여러 암호화폐에서 적용되어, 채굴 알고리즘으로 사용되고 있다. 트랜잭션의 유효성을 증명하기 위해 작업증명(PoW)을 통합하였고, 비트코인 백서에 아담 백을 인용할 만큼 사토시 나가모토에게 영향을 주었다. 하지만 네트워크 과부하 증가로 인한 확장성 문제를 겪은 후, 타당성을 잃게 되었다.

## Q&A

# 비트코인 뭐가 궁금해?

**Q1.** 비트코인은 무엇인가요?

**A** 비트코인은 전 세계적으로 사용되는 디지털 화폐로, 중앙 기관이나 정부와 같은 중개자 없이 사용자들 간 직접 거래가 가능한 통화입니다.

**Q2.** 비트코인이 등장한 배경은 무엇인가요?

**A** 2008년 금융위기 이후, 인터넷상의 금융거래 방식을 혁신하고 불안정한 중앙 기관에 대한 신뢰를 높이기 위해 개발되었습니다.

**Q3.** 비트코인의 특징은 무엇인가요?

**A**
- ► 분산화된 시스템으로, 중앙 기관 없이 사용자들 간 거래가 이루어집니다.
- ► 거래 내역은 블록체인 기술을 사용하여 안전하게 기록됩니다.
- ► 암호화 기술을 사용하여 개인정보와 자금이 안전하게 보호됩니다.
- ► 중앙은행과 같은 기관을 필요로 하지 않아, 송금 수수료와 시간이 대폭 절감됩니다.

**Q4.** 비트코인의 단점은 무엇인가요?

**A** 안정성이 불안정하며, 가격 변동성이 큽니다. 중앙 기관 없이 운영되기 때문에 법적 문제와 규제 문제가 발생할 수 있습니다. 보안 이슈와 해킹의 위험이 존재합니다.

**Q5.** 비트코인이 처음 등장한 시기는 언제이고 누가 만들었나요?

**A** 비트코인은 2008년에 사토시 나카모토라는 가명의 개발자가 발표한 논문에서 처음으로 언급되었습니다.

**Q6.** 비트코인의 역사와 발전 과정은 어떻게 이루어졌나요?

**A**
- 2009년, 비트코인이 처음 발행되었습니다.
- 2010년, 비트코인 거래소인 Mt.Gox가 설립되어 비트코인 거래가 활성화되었습니다.
- 2011년, 비트코인을 사용한 최초의 온라인 구매가 이루어졌습니다.
- 2013년, 비트코인 가격이 급등하며 많은 관심을 받았습니다.
- 2014년, Mt.Gox가 해킹으로 인한 비트코인 유출 사고를 겪어 비트코인 거래소의 안정성에 대한 우려가 높아졌습니다.
- 2017년, 비트코인 가격이 1,000달러를 돌파하며 대중적인 인식을 얻게 되었습니다.

**Q7.** 비트코인의 발전에 어떤 기술적 요소들이 기여했나요?

**A** 비트코인의 핵심 기술인 블록체인 기술과 암호화 기술이 많은 기여를 하였습니다. 블록체인 기술은 거래 내역을 안전하게 기록하고 분산 처리할 수 있어, 중앙 기관 없이 안전하게 거래할 수 있도록 도와주었습니다. 암호화 기술은 개인정보와 자금을 보호하여 보안성을 높이는 역할을 하였습니다.

**Q8.** 비트코인이 미래에 어떻게 발전될 것인가요?

**A** 비트코인이 새로운 활용 사례를 찾아나가면서 지속적인 발전이 이루어질 것으로 예상됩니다. 더욱 안정적인 가격과 거래 시스템, 그리고 법적 규제에 대한 문제들이 해결되면, 비트코인은 대중적으로 보다 더 많이 사용될 것입니다.

**Q9.** 비트코인이 지금까지 받은 반응은 어떠한가요?

**A** 비트코인은 높은 가치와 높은 위험성을 동시에 가지고 있기 때문에 많은 반응을 받았습니다. 일부 사람들은 비트코인을 혁신적인 기술로 강조하며 대대적인 변화를 예상하고 있습니다. 반면에 다른 사람들은 비트코인을 스캠이나 거품이라고 비판하며 경계하는 바람에 논란이 되기도 합니다.

**Q10.** 비트코인이 다른 가상화폐와 어떻게 다른가요?

**A** 비트코인은 가장 오래된 가상화폐 중 하나이며, 가장 대중적으로 사용되고 있는 가상화폐입니다. 비트코인은 다른 가상화폐와 마찬가지로 블록체인 기술을 사용하지만,

그 안정성과 보안성, 그리고 대중성 측면에서 다른 가상화폐들보다 우수합니다.

**Q11.** 비트코인을 어떻게 살 수 있나요?

**A** 비트코인은 비트코인 거래소에서 구매할 수 있습니다. 거래소에서는 일반적으로 신용카드, 데빗카드, 전자 결제 등 다양한 결제 수단을 제공합니다. 또한 비트코인 ATM에서 현금으로 구매할 수도 있습니다.

**Q12.** 비트코인을 어디에 보관해야 하나요?

**A**
- 비트코인은 디지털 자산이기 때문에 전용 지갑에 보관해야 합니다.
- 온라인 지갑과 오프라인 지갑 중에 선택할 수 있습니다.
- 온라인 지갑은 보안에 취약할 수 있지만, 사용하기 간편합니다.
- 오프라인 지갑은 보안성이 높으나, 사용하기가 불편합니다.

**Q13.** 비트코인의 가격은 어떤 요인에 따라 결정되나요?

**A** 비트코인의 가격은 시장 수요와 공급에 따라 결정됩니다. 비트코인에 대한 관심과 인식, 그리고 금융 시장 변동에 따라 가격이 크게 변동할 수 있습니다. 또한 법적 규제, 해킹 등과 같은 위험 요인들도 가격에 영향을 미칠 수 있습니다.

**Q14.** 비트코인의 장단점은 무엇인가요?

**A**
- 장점: 탈중앙화, 보안성, 익명성, 투명성, 신속한 거래 처리, 송금 수수료가 저렴함 등의 장점이 있습니다.
- 단점: 가격 변동성이 크고 불안정하며, 법적 규제와 관련된 문제, 환경적 이슈(비트코인 채굴로 인한 전기 소모 등) 등의 단점이 있습니다.
- 또한 비트코인은 대중성이 높아질수록 보안 위협도 높아질 수 있습니다.

**Q15.** 비트코인의 특징은 무엇인가요?

**A**
- 탈중앙화: 중앙 기관 없이 분산된 네트워크에서 거래가 이루어지므로 중앙 기관의 개입이 없습니다.
- 익명성: 거래 기록은 공개되지만, 거래 참여자의 실명은 공개되지 않습니다.

- 보안성: 블록체인 기술과 암호화 기술을 사용하여 거래 기록이 위조나 변경될 수 없습니다.
- 투명성: 모든 거래 기록은 블록체인상에 공개되며, 거래 내역이 임의로 변경될 수 없습니다.
- 화폐 가치의 변동성: 비트코인은 시장에서 수요와 공급에 따라 가격이 변동하기 때문에 가격 변동성이 높습니다.

**Q16.** 비트코인은 어떻게 사용되나요?

A 비트코인은 전자 상거래나 결제 수단으로 사용될 수 있습니다.

또한, 일부 지역에서는 전통적인 화폐나 금융 시스템이 발달하지 않은 지역에서는 송금 수단으로 사용됩니다.

**Q17.** 비트코인의 거래 방식은 어떻게 이루어지나요?

A 비트코인은 블록체인 기술을 기반으로 합니다. 거래 참여자는 비트코인 지갑을 이용하여 P2P 네트워크상에서 거래를 이룹니다. 거래 내역은 블록체인상에 기록되고, 거래 참여자의 디지털 서명을 통해 인증됩니다.

## Q&A

## 비트코인의 블록체인 뭐가 궁금해?

**Q1.** 비트코인의 블록체인 구조는 어떻게 되나요?

**A** 비트코인의 블록체인 구조는 일련의 블록으로 이루어져 있습니다. 각 블록은 이전 블록의 해시값을 가지고 있고, 이를 통해 체인 형태로 연결되어 있습니다. 또한, 각 블록은 비트코인 거래 정보와 이를 검증한 마이너들의 작업 증명(proof of work) 결과 등을 포함하고 있습니다.

**Q2.** 비트코인의 블록체인 동작 원리는 무엇인가요?

**A** 비트코인의 블록체인 동작 원리는 분산 네트워크를 기반으로 합니다. 비트코인 사용자들은 트랜잭션을 생성하고, 이를 거래를 처리하기 위한 블록에 추가하기 위해 네트워크에 전송합니다. 네트워크에 연결된 컴퓨터들 중 마이너들은 이러한 트랜잭션을 검증하고 새로운 블록을 생성합니다. 이를 위해, 마이너들은 작업 증명 과정을 거치며, 이를 통해 새로운 블록을 생성하고 블록체인에 추가합니다. 이러한 과정을 통해 블록체인은 안전하고 신뢰성 높은 거래 처리를 보장합니다.

**Q3.** 비트코인의 블록체인 구조와 동작 원리는 어떤 장점을 가지고 있나요?

**A**
- 안전성: 블록체인은 분산 네트워크를 기반으로 하며, 모든 노드에서 거래 정보를 공유하기 때문에 해킹과 같은 공격에 대해 안전합니다.
- 투명성: 블록체인은 모든 거래 정보가 공개되므로 거래의 투명성을 보장합니다.
- 무결성: 블록체인은 해시값으로 체인 형태로 연결되어 있으므로, 이전 블록에 대한 변경이 불가능합니다.
- 신뢰성: 블록체인은 분산된 노드들이 거래 정보를 검증하고 블록을 생성함으로써,

신뢰성 있는 거래 처리를 보장합니다.

**Q4.** 비트코인의 거래 처리 방법은 어떻게 이루어지나요?

A 비트코인 거래는 P2P 네트워크상에서 이루어지며, 각 거래는 비트코인의 특정한 양을 보내는 사람의 디지털 서명으로 인증됩니다. 이러한 거래 정보는 블록체인상에 기록되며, 이를 블록으로 묶어 새로운 블록체인을 생성합니다.

**Q5.** 블록체인상의 거래 정보는 어떻게 인증되나요?

A 비트코인의 거래 정보는 디지털 서명으로 인증됩니다. 각 거래의 출력값은 다음 거래의 입력값으로 사용됩니다. 거래의 유효성은 거래가 소비된 비트코인의 소유자가 서명한 인증서와 거래 입력값이 유효한지 여부에 따라 판단됩니다.

**Q6.** 블록체인상의 거래 정보는 어떻게 검증되나요?

A 블록체인상의 거래 정보는 모든 노드에 저장되며, 노드는 이를 검증하여 블록체인상에 적합한 블록을 생성합니다. 이러한 검증 과정은 컴퓨팅 리소스를 많이 필요로 하기 때문에, 비트코인의 경우에는 채굴 과정을 통해 블록 생성을 견인합니다.

**Q7.** 블록체인상의 블록 생성은 어떻게 이루어지나요?

A 비트코인의 블록 생성은 채굴 과정을 통해 이루어집니다. 채굴자들은 다양한 비트코인 거래 정보를 블록으로 묶어 가장 긴 유효한 블록체인에 추가할 수 있는 새로운 블록을 생성합니다. 새로운 블록을 생성하기 위해서는 특정한 작업증명(Proof-of-Work)을 수행해야 하며, 이는 높은 컴퓨팅 리소스를 요구합니다.

## Q&A

## 비트코인의 합의 알고리즘 뭐가 궁금해?

**Q1.** 비트코인의 합의 알고리즘은 무엇인가요?

A 비트코인의 합의 알고리즘은 Proof-of-Work(PoW)입니다. 즉, 채굴 과정에서 수학적 문제를 해결하여 새로운 블록을 생성하는 것으로, 이를 통해 블록체인 네트워크의 합의를 이끌어냅니다.

**Q2.** 비트코인의 채굴 과정은 어떻게 이루어지나요?

A 비트코인의 채굴 과정은 다음과 같습니다. 먼저, 채굴자는 이전 블록의 해시값과 새로운 트랜잭션 데이터를 결합하여 새로운 블록을 생성합니다. 그 다음, 이 블록에 대한 수학적 문제를 해결하여 증명(PoW)을 수행하고, 블록체인 네트워크에 이 블록이 추가될 수 있도록 노드들에게 블록 정보를 전파합니다. 이후, 다른 채굴자들도 동일한 작업을 수행하고, 가장 먼저 문제를 해결한 채굴자가 새로운 블록을 추가하고 보상으로 비트코인을 받습니다. 이러한 과정이 반복되면서 블록체인이 계속해서 증가해 나갑니다.

**Q3.** 채굴자가 새로운 블록을 생성하는 과정에서 어떤 문제를 해결하는 건가요?

A 채굴자가 해결해야 하는 문제는 SHA-256 알고리즘에 기반한 수학적인 문제입니다. 이 문제는 이전 블록의 해시값, 새로운 트랜잭션 데이터, 난이도 값 등을 입력값으로 사용하여, 256비트의 해시값을 구하는 것입니다. 이때, 구한 해시값이 특정한 조건(즉, 일정한 개수의 0으로 시작하는 값)을 만족해야 새로운 블록이 생성되어 블록체인에 추가될 수 있습니다.

**Q4.** 채굴자들은 새로운 블록을 생성하는 보상으로 무엇을 받나요?

A 채굴자들은 새로운 블록을 생성하는 보상으로 비트코인을 받습니다. 현재 비트코인의 채굴 보상은 6.25 BTC입니다. 또한, 트랜잭션 수수료도 채굴 보상에 추가될 수 있습니다.

Q&A

## 비트코인 사용방법 뭐가 궁금해?

■ 비트코인 사용방법

**Q1.** 비트코인을 사용하는 방법은 무엇인가요?

**A** 비트코인을 사용하는 방법은 크게 3가지로 나눌 수 있습니다.

- 비트코인 지갑 만들기: 비트코인을 사용하기 위해서는 우선 비트코인 지갑을 만들어야 합니다. 이를 위해서는 인터넷에서 다운로드 받을 수 있는 비트코인 지갑 애플리케이션을 설치하거나, 온라인 지갑 서비스를 이용할 수 있습니다.
- 비트코인 구매하기: 비트코인을 구매하려면, 교환소나 거래소에 가입하여 구매할 수 있습니다. 교환소에서는 신용카드나 은행 계좌를 이용하여 비트코인을 구매할 수 있습니다.
- 비트코인 사용하기: 비트코인을 사용하는 방법은 다양합니다. 상대방의 비트코인 지갑 주소를 입력하여 비트코인을 전송할 수 있으며, 온라인 쇼핑몰에서 비트코인 결제를 이용할 수도 있습니다. 또한, 일부 지역에서는 비트코인을 이용한 식당 결제나 택시 요금 결제 등도 가능합니다.

비트코인은 다른 결제 수단과는 다르게 여러 단계를 거쳐 사용되기 때문에 처음 사용하는 사람들은 조금 복잡하게 느껴질 수 있습니다. 하지만, 각 단계를 차근차근 따라가며 사용해보면 익숙해지고, 블록체인 기술의 안전성과 신뢰성을 느낄 수 있습니다.

■ 비트코인 지갑 생성 및 사용

**Q1.** 비트코인 지갑이란 무엇인가요?

**A** 비트코인 지갑은 비트코인을 보관하고 전송하는 데 사용되는 디지털 지갑입니다. 비트코인 지갑은 개인키와 공개키로 암호화된 비트코인 주소를 보유하고 있습니다.

**Q2.** 비트코인 지갑을 생성하는 방법은 무엇인가요?

**A** 비트코인 지갑을 생성하는 방법에는 여러 가지가 있습니다. 대표적인 방법으로는 온라인 지갑, 소프트웨어 지갑, 하드웨어 지갑, 종이 지갑 등이 있습니다. 온라인 지갑은 인터넷상에서 사용하는 지갑으로 쉽고 간편하지만 보안이 취약하다는 단점이 있습니다. 소프트웨어 지갑은 컴퓨터에 설치하여 사용하는 지갑으로 온라인 지갑에 비해 보안이 강화되어 있습니다. 하드웨어 지갑은 전용 장비에 저장된 지갑으로 가장 안전한 방법 중 하나입니다. 종이 지갑은 지갑 주소와 개인키를 종이에 인쇄하여 보관하는 방법으로 가장 안전하지만 편리하지는 않습니다.

**Q3.** 비트코인 지갑을 사용하는 방법은 무엇인가요?

**A** 비트코인 지갑을 사용하는 방법은 간단합니다. 먼저 비트코인 지갑을 생성한 후, 지갑 주소를 이용하여 비트코인을 전송할 수 있습니다. 이때, 비트코인 지갑 주소는 대소문자를 구분하며, 잘못된 주소로 전송하면 해당 비트코인은 복구할 수 없습니다. 따라서, 주소를 입력할 때는 주의해야 합니다. 또한, 비트코인을 전송할 때는 수수료를 지불해야 하며, 수수료의 크기는 전송 금액과 전송 속도에 따라 달라집니다.

**Q4.** 비트코인 지갑의 보안에 대해서는 어떻게 관리해야 하나요?

**A** 비트코인 지갑은 개인키를 보유하고 있기 때문에 보안이 매우 중요합니다. 따라서, 비밀번호와 개인키는 안전한 곳에 보관해야 합니다. 또한, 비트코인 지갑에는 2단계 인증 기능을 사용하는 것이 좋으며, 오프라인 지갑을 사용하여 보안을 강화하는 것도 하나의 방법입니다.

■ 비트코인 거래방법과 전송

**Q1.** 비트코인 거래 방법은 어떻게 되나요?

**A** 비트코인 거래는 기존의 전자화폐와 달리 중앙기관 없이 사용자들끼리 직접 거래가 이루어집니다. 거래 방법은 다음과 같습니다.

- 판매자는 구매자에게 비트코인 지갑 주소를 알려줍니다.
- 구매자는 해당 지갑 주소로 비트코인을 송금합니다.
- 네트워크상에서 거래가 확인되면 거래가 성사됩니다.

**Q2.** 비트코인 전송은 어떻게 이루어지나요?

A 비트코인 전송은 다음과 같은 과정으로 이루어집니다.

- 전송자는 비트코인 지갑에서 수신자의 지갑 주소와 전송하고자 하는 비트코인의 양을 입력합니다.
- 비트코인 네트워크상에서 해당 거래가 전파됩니다.
- 전송이 완료되면 수신자의 비트코인 지갑에 전송된 비트코인이 도착합니다.

**Q3.** 비트코인 전송시 수수료는 어떻게 책정되나요?

A 비트코인 전송 시에는 거래 수수료를 지불해야 합니다. 이는 블록체인 네트워크에서 거래를 처리하는 마이너(Miner)들에게 보상으로 지급됩니다. 수수료는 전송하는 비트코인의 양과 거래 속도에 따라 책정되며, 네트워크 상황에 따라 수수료가 다르게 부과될 수 있습니다. 수수료를 지불하지 않으면 거래가 처리되지 않을 수 있습니다.

■ 비트코인 거래 수수료와 속도

**Q1.** 비트코인 거래 수수료는 어떻게 책정되나요?

A 비트코인 거래 수수료는 사용자가 거래를 할 때 지불하는 수수료로, 블록체인 네트워크에서 거래를 처리해주는 채굴자에게 지급됩니다. 거래 수수료는 거래 데이터의 크기와 우선순위에 따라 책정되며, 블록에 수록되기까지 걸리는 시간을 단축시키기 위해 높은 수수료를 지불하는 경우 우선적으로 처리됩니다.

**Q2.** 비트코인 거래 속도는 어떻게 결정되나요?

A 비트코인 거래 속도는 블록체인 네트워크에서 거래를 처리하는 속도와 관련이 있습니다. 새로운 블록이 추가될 때마다 거래가 블록에 포함되어야 하기 때문에, 새로운 블록이 추가될 때까지 거래가 대기 상태에 머물러야 합니다. 따라서, 거래가 블록에 포함되는 속도는 채굴자의 활동 수준과 네트워크 상황에 따라 다르며, 일반적으로 몇 분에서 몇 시간까지 걸릴 수 있습니다. 수수료를 높게 지불하면 거래가 우선순위를 받아 더 빨리 처리될 수 있지만, 이 역시도 블록체인 네트워크 상황에 따라 다를 수 있습니다.

## Q&A

# 비트코인 위험성 뭐가 궁금해?

▪ 비트코인의 위험성과 대응 방안

**Q1.** 비트코인의 위험성은 무엇인가요?

**A** 비트코인은 가격 변동성이 크고, 법적 규제나 보안 취약점 등에 대한 위험이 있습니다. 또한, 비트코인 지갑을 분실하거나 해킹당할 경우 잃어버린 비트코인을 복구할 수 없다는 점도 위험으로 작용할 수 있습니다.

**Q2.** 비트코인의 대응 방안은 무엇인가요?

**A** 비트코인을 보관하는 지갑의 보안을 강화하고, 비트코인 거래 시 충분한 검증을 거쳐야 합니다. 또한, 비트코인의 가격 변동성에 대응하기 위해서는 가격 변동폭이 크지 않은 적절한 타이밍에 매도/매수를 결정하는 것이 중요합니다. 또한, 비트코인에 대한 법적 규제가 강화되는 추세이므로, 국내외 관련 법규를 철저히 준수하는 것도 중요한 대응 방안입니다.

▪ 비트코인의 가격 변동성과 거래 위험성

**Q1.** 비트코인의 가격 변동성은 무엇인가요?

**A** 비트코인은 탈중앙화된 특성과 공급량의 한계 등으로 인해 가격 변동성이 크다는 특징이 있습니다. 따라서, 투자 시에는 가격 변동성에 대한 높은 위험성이 존재한다는 것을 염두에 두어야 합니다.

**Q2.** 비트코인 거래 시의 위험성은 어떤 것들이 있나요?

**A** ▸ 보안 위협: 해킹 등의 보안 위협으로 인해 비트코인이 탈취될 가능성이 있습니다.

- ▸ 시장 위험: 비트코인 시장은 미성숙한 시장으로 가격 변동성이 크다는 특징이 있습니다. 또한, 거래소의 폐쇄나 규제 등으로 인해 시장이 불안정할 가능성이 있습니다.
- ▸ 거래 위험: 거래 과정에서 거래 상대방의 신뢰성을 보장할 수 없어 사기 등의 위험이 존재합니다.

**Q3.** 비트코인 거래 시 위험을 줄이기 위한 대응 방안은 무엇인가요?

**A**
- ▸ 보안 강화: 비트코인 지갑의 보안 강화, 거래소 선택 시 보안 검토 등을 통해 보안 위협을 줄입니다.
- ▸ 투자 시기 선택: 가격 변동성이 큰 비트코인 시장에서는 투자 시기를 신중하게 선택하여 위험성을 최소화할 수 있습니다.
- ▸ 신뢰성 있는 거래소 선택: 신뢰성 있는 거래소를 선택하여 거래 위험을 최소화할 수 있습니다.
- ▸ 암호화폐 다변화: 암호화폐를 다변화하여 하나의 암호화폐에 의존하지 않고 위험을 분산시킬 수 있습니다.
- ▸ 규제 준수: 규제에 따라 거래를 실시하여 위험성을 최소화할 수 있습니다.

### ■ 비트코인 투자의 위험성과 대응 방안

**Q1.** 비트코인 투자에 대한 위험성은 무엇인가요?

**A** 비트코인 투자의 위험성은 매우 높습니다. 비트코인은 가격이 급격하게 변동하는 것으로 유명하며, 이러한 변동성은 투자에 매우 높은 위험성을 더해줍니다. 또한, 비트코인은 중앙 기관이 없는 탈중앙화된 화폐로, 대체로 규제나 보호 조치가 제한적입니다. 따라서, 보안 문제나 사기 등의 위험성도 있습니다. 마지막으로, 비트코인이 새로운 기술에 기반하고 있기 때문에, 기존의 금융 시스템과는 다른 복잡한 시스템을 가지고 있으며, 이를 이해하는 것이 어려울 수 있습니다.

**Q2.** 비트코인 투자의 대응 방안은 무엇인가요?

**A**
- ▸ 투자 전 충분한 연구와 정보 수집: 비트코인 투자에 앞서 충분한 연구와 정보 수집을 통해, 투자 가능성과 위험성을 파악해야 합니다.
- ▸ 투자 금액의 분산: 비트코인 투자 금액을 분산시켜, 손실을 최소화할 수 있습니다.

- ▸ 안전한 보관: 비트코인을 안전하게 보관하기 위해, 핫 월렛과 콜드 월렛 등의 여러 옵션이 제공됩니다.
- ▸ 전문가의 조언: 비트코인 전문가의 조언과 충분한 상담을 통해, 투자에 대한 정보와 분석 자료를 받을 수 있습니다.
- ▸ 매매 전략의 수립: 매매 전략을 수립하고, 정해진 규칙에 따라 투자를 진행하면, 감정적인 판단이나 불필요한 거래를 방지할 수 있습니다.
- ▸ 리스크 관리: 비트코인 투자 시, 충분한 리스크 관리가 필요합니다. 투자 금액을 결정할 때, 손실을 감수할 수 있는 금액을 미리 결정하고, 손실을 피하는 방법 등을 계획해야 합니다.
- ▸ 금융 규제 및 보호 정책의 추진

**Q3.** 비트코인 투자시 주의해야 할 점은 무엇인가요?

A 비트코인은 매우 높은 변동성을 가지고 있기 때문에, 투자시에는 신중해야 합니다. 특히, 단기적인 투자는 매우 위험할 수 있으며, 긴 시간 동안 보유하며 가격 변동성에 대한 대처능력과 시장 분석 능력이 필요합니다. 또한, 투자 금액에 대한 적절한 분산과 투자 위험의 최소화를 위해 정확한 정보 수집과 신뢰성 있는 거래소 이용이 중요합니다. 마지막으로, 비트코인은 전적으로 디지털 화폐이기 때문에 보안에 대한 위협이 존재합니다. 따라서, 보안에 대한 적극적인 대응과 관리가 필요합니다.

**Q4.** 비트코인 투자시 대응 방안은 무엇인가요?

A 비트코인 투자시에는 다음과 같은 대응 방안이 필요합니다. 첫째, 투자 금액을 적절하게 분산하고, 매매시에는 꾸준한 시장 분석을 통해 적절한 타이밍에 투자하는 것이 중요합니다. 둘째, 신뢰성 있는 거래소를 이용하여 거래를 진행하며, 보안에 대한 적극적인 대응과 관리가 필요합니다. 셋째, 비트코인 지갑을 안전하게 보관하고, 비밀번호와 프라이빗 키를 철저히 관리하여 보안을 강화하는 것이 중요합니다. 마지막으로, 투자에 대한 계획을 세우고, 계속해서 관심과 주시를 유지하며 투자에 대한 최신 정보와 시장 동향을 파악하는 것이 필요합니다.

■ 비트코인 관련 법과 규제

**Q1.** 비트코인은 법적으로 인정받고 있나요?

A 비트코인은 대부분의 국가에서 법적으로 인정받고 있지 않습니다. 그러나 일부 국가에서는 합법적으로 사용 가능한 경우도 있습니다. 예를 들어, 미국에서는 비트코인 거래를 포함한 가상화폐 거래가 법적으로 인정받고 있습니다. 반면에 중국과 러시아 등 일부 국가에서는 가상화폐 거래를 금지하고 있습니다.

**Q2.** 비트코인 거래에 대한 규제는 어떻게 이루어지고 있나요?

A 각 국가에서 비트코인 거래에 대한 규제 방식은 다릅니다. 일부 국가에서는 가상화폐 거래소의 운영을 허가하고, 규제를 강화하여 사용자 보호에 주력하고 있습니다. 또한, 일부 국가에서는 거래소에 대한 관리 강화와 함께 거래에 대한 과세를 진행하고 있습니다. 하지만 아직 많은 국가에서는 가상화폐 거래에 대한 법적 규제가 충분히 이루어지지 않은 상태입니다.

**Q3.** 비트코인 거래의 합법적 취급을 위한 조치는 어떤 것이 있을까요?

A 비트코인 거래의 합법적 취급을 위해서는 각 국가에서 가상화폐에 대한 법적 규제를 강화하고, 거래소의 운영에 대한 인가와 감시를 강화할 필요가 있습니다. 또한, 사용자 보호와 거래 안전성을 위한 다양한 보안 방법들이 개발되고 적극적으로 적용되어야 합니다. 마지막으로, 전 세계적인 협력과 국제적인 규제 체계의 구축이 필요합니다.

Q&A

## 비트코인 발전과 미래 뭐가 궁금해?

■ 비트코인의 미래와 전망

**Q1.** 비트코인의 미래와 전망은 어떻게 될까요?

A 비트코인은 블록체인 기술을 활용하여 만들어졌으며, 금융 시스템에 혁명을 일으키는 중요한 역할을 합니다. 비트코인의 미래와 전망은 여러 가지 요인에 영향을 받습니다.

첫째로, 비트코인의 수요와 인기가 지속되는지 여부가 중요합니다. 현재까지 비트코인은 큰 폭으로 가격이 오르거나 떨어지는 등 가격 변동성이 큽니다. 따라서, 이에 대한 투자 관심과 수요가 유지되는지가 중요합니다.

둘째로, 정부나 국제 기관의 규제와 정책 변화가 비트코인 가격과 인기에 영향을 미칩니다. 현재는 많은 국가들이 암호화폐와 관련된 규제를 강화하고 있으며, 이에 따라 비트코인에 대한 규제도 더욱 강화될 가능성이 있습니다.

셋째로, 비트코인의 기술 발전과 관련된 기술적 혁신이 미래와 전망에 영향을 미칩니다. 예를 들어, 비트코인의 거래 속도와 안정성 등을 개선하는 기술적인 발전이 이루어질 경우 비트코인의 가치와 인기가 증가할 수 있습니다.

넷째로, 경제적 상황과 인플레이션 등 경제적 요인이 비트코인의 가치와 인기에 영향을 미칩니다.

최근 비트코인은 기업들과 개인 투자자들의 관심을 받으며, 대규모의 투자와 인기를 얻고 있습니다. 미래에는 블록체인 기술을 활용한 다양한 산업들이 등장하고, 이에 따라 비트코인의 활용 범위가 확대될 것으로 예상됩니다. 하지만, 암호화폐 자체에 대한 규제가 더욱 강화될 가능성도 있으므로, 이러한 변화에 대한 대응이 필요합니다.

■ 비트코인의 발전과 확산

**Q1.** 비트코인이 앞으로 발전하면서 어떤 변화가 있을까요?

A 비트코인은 현재까지도 높은 가치와 관심을 받고 있으며, 앞으로도 발전할 것으로 예상됩니다. 비트코인이 앞으로 발전하면서 다양한 변화가 예상됩니다.

첫째, 비트코인의 기술적 발전으로 더욱 안정적이고 신뢰성 있는 거래가 이루어질 것입니다. 현재는 블록체인 기술이 대표적인 비트코인의 기술이지만, 더욱 발전한 기술이 적용될 가능성도 있습니다.

둘째, 비트코인 거래의 편의성이 높아질 것입니다. 지금은 비트코인 거래를 위해서는 복잡한 과정을 거쳐야 하지만, 앞으로는 보다 쉽게 거래할 수 있는 방법이 개발될 것으로 예상됩니다.

셋째, 비트코인이 전 세계적으로 보급될 것입니다. 현재는 일부 지역에서만 활발하게 거래되고 있지만, 앞으로는 보다 많은 국가에서 비트코인 거래가 이루어질 것으로 예상됩니다.

넷째, 정부와 금융 기관 등이 비트코인을 보다 긍정적으로 인식하게 될 것입니다. 현재는 비트코인이 법적으로 인식되지 않는 경우도 있지만, 앞으로는 보다 많은 나라에서 법적으로 인정받을 것으로 예상됩니다.

이러한 변화들이 발생하면서, 비트코인이 보다 안정적이고 보안성 높은 암호화폐로 자리 잡을 것으로 예상됩니다.

■ 비트코인 백서

**Q1.** 비트코인 백서란 무엇인가요?

A 비트코인 백서는 2008년 사토시 나카모토(Satoshi Nakamoto)라는 가명을 사용한 개인 혹은 집단에 의해 처음으로 작성된 논문입니다. 이 논문은 "Bitcoin: A Peer-to-Peer Electronic Cash System"으로, 비트코인의 기술적인 세부사항과 작동 방식을 설명합니다.

**Q2.** 비트코인 백서에서 어떤 내용이 다루어지나요?

A 비트코인 백서에서는 비트코인의 기술적인 세부사항과 작동 방식, 그리고 비트코인의 목표와 필요성에 대해 다룹니다. 구체적으로는, 분산 원장 기술, 블록체인, 합의 알고

리즘 등의 기술적인 내용과 함께, 개인정보 보호, 보안, 거래 속도와 수수료 등의 이슈에 대한 해결 방안을 제시합니다.

**Q3.** 비트코인 백서가 왜 중요한가요?

A 비트코인 백서는 비트코인의 핵심 기술과 작동 방식에 대한 첫 번째 공식 문서입니다. 이 문서는 비트코인의 탄생과 함께 새로운 디지털 화폐의 혁신적인 아이디어를 제시하여, 현재의 블록체인과 분산 원장 기술에 대한 연구와 발전을 촉진하고 있습니다. 또한 비트코인 백서는 블록체인 기술을 활용한 다양한 산업 분야에서의 응용 가능성을 제시하며, 이를 통해 디지털 경제와 블록체인 기술의 발전에 기여하고 있습니다.

**Q4.** 비트코인 백서의 작성자는 누구인가요?

A 비트코인 백서의 작성자인 사토시 나카모토는 여전히 익명으로 남아 있으며, 실제로는 누구인지 밝혀지지 않았습니다. 사토시 나카모토는 2008년 “Bitcoin: A Peer-to-Peer Electronic Cash System”을 게시하면서 비트코인을 처음으로 공식적으로 소개하였으며, 이후 비트코인 커뮤니티에서는 사토시 나카모토의 실제 정체성에 대한 여러 가설과 추측이 제시되어 왔습니다.

**Q5.** 비트코인 백서를 요약한다면?

A 비트코인 백서는 2008년 사토시 나카모토라는 가명을 사용한 개인 또는 그룹이 발표한 논문으로, 분산원장 기술인 블록체인을 기반으로 하는 디지털 화폐인 비트코인을 설명하고 있다. 비트코인 백서에서는 중앙 기관이 없이 사용자들 간에 직접 거래가 이루어지는 시스템인 비트코인의 핵심 기술과 이론적 배경을 제시하고, 이를 통해 중앙 기관의 개입 없이 안전하고 신뢰성 있는 거래가 가능하다는 것을 주장하고 있다. 이러한 방식으로 비트코인은 현재까지도 많은 사람들에게 긍정적인 인식과 관심을 받고 있다.

## 5-2 이더리움

### (1) 비트코인과 이더리움의 차이점[26]

이더리움은 비트코인을 참조하여 설계된 블록체인 기반 플랫폼이기 때문에 기본적인 메커니즘은 비트코인과 아주 비슷하다. 하지만 이더리움을 2세대 블록체인으로 거듭나게 한 차이점이 존재하는데, 가장 큰 차이점은 스마트 컨트랙트 기능의 유무이다.

비트코인은 금융에 특화되어 화폐 기능을 하는 데 초점을 맞추고 있는 플랫폼이다. 그래서 비트코인 플랫폼에서는 스마트 컨트랙트가 블록체인에 저장되지 않고, 참여자들이 만들어내는 거래에는 비트코인(BTC)을 보내고 받는 내용만 있다. 반면에 이더리움에는 블록체인에 암호화폐인 이더(ETH)뿐만 아니라 스마트 컨트랙트도 저장될 수 있다. 그래서 참가자들이 만들어내는 거래(트랜잭션)에 암호화폐인 이더(ETH)뿐만 아니라 스마트 컨트랙트와 정보를 이용하기 위한 데이터 등 다양한 정보들이 포함되어 전달된다.

비트코인은 "사용했다 or 안 했다" 두 가지의 상태만 표현할 수 있는 반면, 이더리움은 스마트 컨트랙트를 통해서 여러 가지 상태를 만들어 낼 수 있다. 예를 들어서 "거래 중", "입금 확인", "거래 완료" 등의 상태로 더 세분화될 수 있는 것이다.

종합하자면 비트코인은 암호화폐를 주고받을 수 있는 화폐 기능에 초점을 맞추는 코인이라면, 이더리움은 암호화폐 기능을 포함해서 모든 산업 분야에서 스마트 컨트랙트를 활용할 수 있다는 것이다.

### (2) 이더리움의 역사와 현재 상황[27]

비트코인과 더불어 대표적인 암호화폐로 널리 알려져 있지만, 이더리움의 가장 큰 차이는 적용 범위에 있다. 비트코인이 결제나 거래 관련 시스템, 즉 화폐로서의 기능에 집중하는 반면, 이더리움은 핵심 기술인 블록체인(blockchain)을 기반으로 거래나 결제뿐 아니라 계약서, SNS, 이메일, 전자투표 등 다양한 애플리케이션을 투명하게 운영할 수 있게 확장성을 제공한다. 즉 화폐로서뿐 아니라 다른 용도, 줄여서 dApp(댑)이라고 부르는 분산 애플리케이션(Decentralized Application)을 누구나 만들고 사용할 수 있게끔 하는 플랫폼이다. C++, Java, 파이썬, Go 등 대부분의 주요 프로그래밍 언어를 지원해서 범용성도 갖추고 있다. 하지만 주류는 자바스크립트를 변형한 솔리디티를 기본 언어로 만든다.

이더리움의 높은 활용성 덕분에 다양한 이더리움 기반 토큰들이 만들어지게 되었다. 대표적으로 파이어폭스 창시자가 만든 베이직 어텐션 토큰(BAT, Basic Attention Token), 이더리움 초기 개발진이 만든 골렘(GOLEM), 예측시장 플랫폼 어거(AUGUR) 등이 있다. 모두 업비트와 같은 거래소에서 활발하게 거래되고 있는 유망 코인들이다.

2021년 12월엔 개당 무려 약 500만원에 거래되었던 것을 보아 추후 비트코인을 제칠 수 있는 높은 잠재성을 가지고 있는 가상화폐이다. 비록 인지도는 비트코인보다는 떨어지지만 다른 알트코인들과는 비교 불가능할 정도로 인지도가 높으며 범용성이 높기 때문이다. 시가총액 또한 다른 알트코인과는 비교불가 수준으로 비트코인과 함께 양강 체제를 굳혔다. 특히 최근 유행하는 NFT 거래가 대부분 이더리움으로 이루어지며 이더리움의 활용처는 점점 늘어가고 있다.

비탈릭 부테린의 말에 따르면 이더리움의 어원은 여러 SF 관련 용어들을 찾아보다가 ether라는 단어가 마음에 들어 지어진 것인데, 월드 오브 워크래프트 불타는 성전을 플레이한 적이 있으며 거기에 나오는 Ethereum이라는 단체와의 연관성은 우연이라고 한다.

이더리움은 개인이 채굴할 수 있는 가장 대표적인 암호화폐였다. 사실상 GPU 가격 상승과 품귀현상의 원인이었으나, 2022년 9월 PoS로 전환되고 나서는 더 이상의 채굴이 불가능하게 되었기 때문에 2022년 9월 이후로 채굴에 쓰인 그래픽카드들이 대거 중고시장으로 팔려나왔다.

### (3) 이더리움의 특징과 장단점[28]

이더리움은 가상화폐와 블록체인 기술을 결합한 플랫폼으로, 스마트 컨트랙트를 실행하고 분산 애플리케이션(DApp)을 구축하는 데 사용된다. 이더리움은 혁신적인 아이디어와 다양한 장점을 갖고 있지만, 동시에 몇 가지 단점도 가지고 있다.

### 1) 장 점

■ 스마트 컨트랙트

이더리움의 가장 큰 장점은 스마트 컨트랙트의 실행이다. 스마트 컨트랙트는 프로그래밍 가능한 계약으로, 조건이 충족되면 자동으로 실행되는 계약이다. 이더리움은 이러한 스마트 컨트랙트를 지원하므로, 중개인 없이도 신뢰할 수 있는 거래를 할 수 있다.

■ 분산 애플리케이션(DApp)

이더리움은 분산 애플리케이션의 개발과 실행을 가능하게 한다. 기존의 중앙 집중식 애플리케이션과는 달리, 분산 애플리케이션은 중앙 서버 없이도 동작하며, 사용자들 간에 직접 통신할 수 있다. 이는 개인정보 보호와 데이터 무결성 측면에서 큰 장점을 제공한다.

■ 유연성과 확장성

이더리움은 다양한 유형의 스마트 컨트랙트와 DApp을 실행할 수 있는 유연성을 제공한다. 개발자들은 다양한 분야에서 이를 활용하여 자신의 아이디어를 실현할 수 있다. 또한, 이더리움은 확장성 문제에 대한 다양한 개선을 시도하고 있어, 향후 대규모 애플리케이션의 실행에 대비할 수 있다.

### 2) 단 점

■ 보안 취약성

이더리움은 스마트 컨트랙트의 실행에 따른 보안 취약성을 가지고 있다. 스마트 컨트랙트는 코드로 작성되며, 버그나 취약점이 있다면 악용될 수 있다. 이더리움의 업그레이드 가능성과 관련된 복잡성으로 인해, 스마트 컨트랙트의 버그를 수정하거나 업데이트하는 것이 어려울 수 있다.

■ 에너지 소비

이더리움은 Proof of Work(PoW) 알고리즘을 사용하여 블록체인의 보안을 유지한다. PoW는 많은 양의 컴퓨팅 파워와 에너지를 요구하므로, 이더리움 네트워크는 많은 양의 전기 에너지를 소비한다. 이는 환경적인 측면에서 부정적인 영향을 미칠 수 있다.

■ 사용자 경험의 한계

이더리움은 기술적인 복잡성과 사용자 경험의 한계를 가지고 있다. 일반 사용자들이 이더리움을 이해하고 사용하기 위해서는 일정 수준의 기술적인 이해와 학습이 필요하다. 또한, 트랜잭션 처리 속도가 상대적으로 느리고, 수수료도 상승할 수 있어 사용자 경험이 저하될 수 있다.

### (4) 이더리움 기술 스마트 컨트랙트[29]

스마트 컨트랙트란 다양한 계약조건을 구현하여 특정 계약조건을 충족시키면 무조건적으로 코드가 실행되도록 하는 블록체인상의 계약이다. 예를 들어 비트코인의 경우에는 단순히 "A가 B에게 3BTC을 보낸다"라는 간단한 가치의 전달 계약을 실행시킨다면 이더리움은 튜링 완전한(Turing-complete) 스마트 컨트랙트 언어를 사용하여 "크라우드 펀딩을 통해 300이더(ether) 이상의 금액이 모이면 A, B에게 그 금액의 50%를 각각 지급한다"와 같은 복잡한 내용도 블록체인에 기록하여 중개인 없이 자동으로 실행시킬 수 있다. 혹은 오라클(oracle)을 사용하며 외부의 정보를 바탕으로 좀 더 다양한 계약조건을 설정할 수도 있다. 예를 들어 예측시장(prediction market)의 경우 "도널드 트럼프 미 대통령이 임기를 마치기 전에 탄핵당하면 A에게 50이더, 탄핵 당하지 않으면 B에게 50이더를 지급"하는 스마트 컨트랙트 또한 이더리움 플랫폼상에서 구현할 수 있다.

모든 이더리움 스마트 컨트랙트는 이더리움 블록체인상에 기록되어 있어 계약의 조건을 만족시키는 경우가 아니면 그 누구도 계약내용을 바꾸지 못한다. 반면 계약조건을 만족시키는 경우에는 1. 무조건적이고, 2. 자동적으로 계약이 실행되기 때문에 기존에 계약의 이행을 강제했던 중개인(intermediary) 없이 계약이 객관적이고 효율적으로 이루어질 수 있게 된다. 이더리움은 튜링 완전한 스마트 컨트랙트 언어를 사용하기 때문에 우리가 평소에 사용하던 많은 계약들의 내용을 컴퓨터 코드로 구현하여 계약의 효율성과 신뢰성을 높일 수 있다.

예를 들어 "미래의 시점 A에서 B라는 자산을 C라는 가격에 D만큼의 양을 구입하는" 선물(futures) 계약을 생각해보자. 선물 및 옵션(options)과 같은 파생상품(derivatives)을 거래하게 되면 거래소를 통하거나 장외시장(OTC: Over the Counter)을 통해 거래 상대방과 계약을 맺게 된다. 이때 크게 두 가지 리스크가 존재하는데 첫째는 거래 상대방 리스크(counter-party risk)로서 거래 상대방이 의도적으로 계약을 이행하지 않거나 이행할 여력이 없게 되는 경우이고 두 번째는 중개인(intermediary) 리스크로서 거래를 중개하는 기관 혹은 개인이 해킹을 당하거나 잠적할 경우 쌍방간 객관적으로 계약의 체결을 확인하고 이를 강제하기가 어려울 수 있다는 것이다. 이러한 리스크를 줄이기 위해 거래 당사자들은 예치금(deposit)을 맡기거나 다양한 법률적 장치들을 활용하게 되는데 이는 고스란히 거래비용의 증가로 이어진다. 만약 선물거래를 스마트 컨트랙트로 구현하게 되면 중개인 없이 블록체인에 기록된 컴퓨터 코드에 의해 자동으로 계약이 실행되기 때문에 거래 상대방 리스크와 중개인 리스크 없이 공정하게 계약이 이행될 수 있으며 비용도 크게 감소한다. 추가적으로 스마트 컨트랙트를 사용하면 디지털상에서 모든 계약이 이루어지기 때문에 국경과 상관없이 누구나 전 세계의 다양한 파생상품에 투자할 수 있게 된다.

금융은 블록체인과 스마트 컨트랙트의 응용 가능성 측면에서 가장 많은 주목을 받는 분야이긴 하지만 금융 이외에도 정부행정, 인터넷 서비스, IoT, 의료, 예술 및 엔터테이먼트에 이르기까지 다양한 분야에서 스마트 컨트랙트의 개념이 적용될 수 있다. 이와 더불어 스마트 컨트랙트의 개념을 확장시켜 이를 바탕으로 서비스 전체를 분산화, 자동화시키려는 시도가 있는데 이는 분산 어플리케이션(dapp: decentralized applications)을 통해 이루어진다.

### (5) 이더리움 기술 DApps(분산 어플리케이션)

분산 어플리케이션이란 중앙화된 어플리케이션 서버가 아닌 분산화된 방식으로 서비스를 제공하는 어플리케이션을 일반적으로 칭한다. 예를 들어 현재 매달 1억 7,000만 명이 사용하는 비트토렌트(bitTorrent)는 “파일 저장 및 공유” 서비스를 제공하는 분산 어플리케이션이다. 참가자들이 파일을 분산화시켜 저장하고 특정 파일이 필요한 사용자는 네트워크에 요청하여 다수의 참가자로부터 파일의 조각들을 받아 이들을 조합하여 원본 파일을 만들어내게 된다. 비트코인(Bitcoin)은 화폐(currency)가 제공하는 “가치의 저장, 가치의 척도, 가치의 교환”의 서비스를 제공하는 분산 어플리케이션이다. 중앙은행에서 발행되는 화폐와는 달리 그 어떤 중앙기관도 비트코인을 통제하지 않으며 네트워크 참가자들의 합의(consensus)를 통해 화폐가 발행되고 유통된다. 발행량을 비롯한 화폐 시스템에서의 중요한 의사결정 모두 분산화된 합의를 통해서 이루어진다.

이더리움을 포함한 다양한 블록체인 플랫폼상에서 스마트 컨트랙트를 바탕으로 한 금융, 정부행정, 인터넷, 예측시장, 의료, 예술 및 엔터테인먼트 등의 다양한 분야에서 많은 수의 분산 어플리케이션이 개발되고 있다. 아마존 웹 서비스(AWS), 구글 클라우드 플랫폼, 마이크로소프트 애저(Azure) 등이 각축을 벌이고 있는 클라우드 컴퓨팅 서비스를 분산화된 방식으로 개발하려고 하는 골렘(Golem), 스토지(Storj), 파일코인(Filecoin) 등은 분산화된 방식으로 연산력을 제공하거나 데이터 저장 서비스를 제공하는 분산 어플리케이션이다.

### (6) 이더리움 가상 머신(EVM)[30]

이더리움이 스마트 계약(스마트 컨트랙트)이라는 프로그램을 실행할 수 있는 플랫폼으로 기능할 수 있는 가장 핵심적인 이유는 'EVM(Ethereum Virtual Machine, 이더리움 가상머신)'이라는 가상의 컴퓨터가 있기 때문이다.

EVM은 스마트 컨트랙트를 처리(배포, 실행)하기 위한 이더리움 가상 머신이며 Turing complete state machine이라고 불린다. EVM은 이더리움이 정의한 규칙에 따라 스마트 계약 코드를 실행하고, 그 결과로 변화된 상태를 업데이트하는 작업을 수행해 준다. 또한 EVM은 위와 같은 과정에서 코드 실행이 성공적으로 완료됐을 때만 상태를 변경하여 스마트 계약이 직접적으로 블록체인에 영향을 미치지 않도록 보호하는 샌드박스(보호 영역)와 같이 역할을 한다.

이 아이디어는 이더리움의 수석 개발자인 비탈릭 부테린에게서 나왔고 개발자 Gavin Wood 및 Greg Colvin과 함께 그와 함께 구현되었다. 기본적으로 이더리움 가상 머신은 개발자가 누구나 액세스할 수 있는 변경 불가능하고 탈중앙화된 안전한 프로그램을 만들 수 있도록 하는 글로벌 컴퓨터이다.

### (7) 이더리움 계정과 트랜잭션[31]

#### 1) 이더리움 계정(Account)

이더리움 계정에는 20바이트의 주소와 정보를 직접 전달해주는 상태변환을 가지고 있으며 다음 네 개의 필드가 존재한다.

- nonce: 각 트랜잭션이 오직 한번만 처리되게 하는 카운터
- value: 계정의 현재 ether 잔고

► contract code: 계정의 컨트랙트코드(값이 없을 수 있음)

► storage: 계정의 저장공간(초기설정에는 비어 있음)

이더리움의 계정에는 외부 소유 계정(External Owned Account－EOA)과 계약 계정(Contract Account－CA)이 있다. EOA는 누군가가 소유하고 있는 지갑과 같은 계정이라고 생각하면 되고, CA는 배포된 코드와 저장공간이 추가로 존재하며 스마트 컨트랙트 역할을 할 수 있는 계정이다. 두 가지 계정 중 EOA가 상위 계정이고 새로 생성되는 트랜잭션은 모두 이 EOA에서 시작하게 된다.

EOA는 아무런 코드도 가지고 있지 않으며, 이 계정에서 메시지를 보내기 위해서는 새로운 트랜잭션을 만들고 서명을 해야 한다. CA는 이러한 메시지를 받을 때마다 자신의 코드를 활성화시키고 이 활성화된 코드에 따라 메시지를 읽거나 내부 저장공간에 기록하고 다른 메시지들을 보내거나 컨트랙트들을 차례로 생성하게 된다. 즉, CA는 컨트랙트를 생성할 수 없고 EOA가 만든 컨트랙트만 실행할 수 있다. 모든 컨트랙트에는 해당 컨트랙트가 참이라는 인증이 존재해야 하는데 인증을 담당하는 것은 개인키를 통한 서명이고, 서명을 할 수 있는 것은 EOA이기 때문이다.

이더리움에서 컨트랙트는 수행되거나 컴파일 되어져야 할 어떤 것이라기 보다는 이더리움의 실행 환경안에 살아있는 자율 에이전트로서 메시지나 트랜잭션이 도착하면 항상 특정한 코드를 실행하고 자신의 이더 잔고와 영속적인 변수들을 추적하기 위해 자신의 키/값 저장소를 직접적으로 통제하는 역할을 합니다. 이러한 개념을 스마트 컨트랙트(Smart Contract)라 부른다.

이더리움은 다양한 매개변수를 가지는 타원곡선암호(=ECC)를 사용하여 비대칭 암호키를 생성한다. 매개변수는 속도와 보안성을 조절하는 데 사용되며, 이더리움은 secp256k1을 사용한다. 이더리움의 개인키와 공개키는 256bit의 숫자이고, 모든 계정은 주소로 표현된다.

### (8) Solidity 언어 소개[32]

솔리디티(Solidity)는 계약 지향 프로그래밍 언어로 다양한 블록체인 플랫폼의 스마트 계약(Smart Contract) 작성 및 구현에 사용된다.

Gavin Wood, Christian Reitwiessner, Alex Beregszaszi, Liana Husikyan, Yoichi Hirai

와 이더리움 핵심 기여자들이 이더리움과 같은 블록체인 플랫폼상에 스마트계약을 작성할 수 있도록 개발하였다.

솔리디티는 2014년 8월에 Gavin Wood에 의해 처음으로 제안되었으며,[8][9] 제안 이후 이더리움 프로젝트의 Christian Reitwiessner가 이끄는 솔리디티팀에 의해 개발되었다. Ethereum Virtual Machine(EVM)[7]을 목표로 설계된 4가지 언어 중 하나이다(Serpent, LLL, Viper(실험용), Mutan(미사용)). 현재는 솔리디티가 이더리움의 주요 언어이며, 이더리움과 경쟁 중인 텐더민트를 합의알고리즘으로 사용하는 Monax나 Hyperledger 등 다른 Private 블록체인 플랫폼에서도 동작한다. SWIFT는 개념증명(Proof of Concept)에 솔리디티를 사용하기도 있다.

코넬 대학교의 한 연구원은 솔리디티(Solidity)가 부분적으로 2016년에 일어난 DAO 해킹에 책임이 있다고 했다. 이어 그는 "해킹사건은 실제로 DAO 계약 스스로의 결함이

```
contract GavCoin
{
mapping(address=>uint)balances;  uint constanttotalCoins = 100000000000;
/// Endows creator of contract with 1m GAV.
function GavCoin( ){ balances[msg.sender] = totalCoins;  }
/// Send $((valueInmGAV / 1000).fixed(0,3)) GAV from the account of
$(message.caller.address( )), to an account accessible only by $(to.address( )).
function send(address to,uint256 valueInmGAV) {
 if (balances[msg.sender] >= valueInmGAV) {
 balances[to] += valueInmGAV;
 balances[msg.sender] -= valueInmGAV;
 }
 }
 /// getter function for the balance
 function balance(address who)constant returns (uint256 balanceInmGAV) {
  balanceInmGAV = balances[who];
 }
 }
```

자료: 솔리디티, 위키백과(https://ko.wikipedia.org/wiki//솔리디티).

[그림 5-3] 솔리디티 프로그램 예시

나 부당이용이 아니며, 기술적으로 EVM은 의도대로 작동을 했습니다. 하지만 솔리디티가 보안 허점을 나타냈고, 이는 커뮤니티만의 실수가 아닌 언어 자체의 설계자들의 실수입니다."라고 밝혔다.

솔리디티는 정적타입(statically-typed)의 프로그래밍 언어로 EVM상에서 작동하는 스마트계약을 개발하기 위해 설계되었다. 솔리디티는 EVM에서 작동가능한 바이트코드로 컴파일 된다. 개발자는 솔리디티를 통해서 스스로 실행되는 비즈니스 로직을 스마트계약에 담아서 Application을 구현할 수 있다. 스마트계약에 기록된 사항은 부인(否認)할 수 없으며, 강권(強權)하게 수행된다. 솔리디티와 같은 구체적인 스마트계약용 언어를 사용한 스마트계약의 작성은 프로그래밍 기술을 보유한 사람들에게는 어렵지 않은 것으로 보인다.

솔리디티는 Gavin Wood의 설계대로 ECMAScript 문법을 기반으로 하였으며, 이는 기존 웹 개발자들로 하여금 친숙하게 만든다. 하지만 ECMAScript와 달리 정적입력과 지정 및 가변적인 반환 유형이 있다. Serpent와 Mutan 같은 당시의 다른 EVM 타기팅 언어와 비교할 때 Solidity에는 몇 가지 중요한 차이점이 있다. 임의의 계층적 매핑을 포함하는 계약을 지원하기 위한 복잡한 멤버 변수가 지원됐다. 또한 계약은 상속을 지원한다(C3 linearization 다중상속 포함).

하나의 계약 내에서 다중 타입의 안전한 함수가 가능하게 하는 응용이진인터페이스(application binary interface; ABI) 또한 솔리디티에 소개되었다. 메소드호출의 진행 상태에 대해서 사용자 중심으로 명세하기 위한 문서화 시스템과 관련된 내용이 Natural Language Specification로 제안서에 포함되었다.

### (9) 이더리움을 활용한 응용 사례[33]

#### 1) Stox

Stox는 오픈소스이고, 탈중앙화된 플랫폼 위에서 새로운 마켓을 구축하고 예측하고 사람들과 거래하고 수익을 올릴 수 있는 이더리움 기반의 예측 시장 플랫폼이다. 사용자는 이 플랫폼을 사용하여 그들의 예측이 지정된 이벤트에 대한 지분의 일부를 생성하도록 만들 수 있다.

또한, 군중의 지혜와 자신의 기술과 지식을 결합하여 사람들은 금융, 스포츠, 정치

심지어 날씨와 같은 상상할 수 있는 거의 모든 범주에서 사건의 결과를 예측할 수 있다. Stox의 파워는 Stx 디지털 토큰이며 이벤트 예측에서 도박의 화폐, 담보물, 수수료의 주요 형태이다. 유저 인터페이스를 보면 다수의 prediction들이 있고 사용자는 이를 클릭해서 자신이 예측하는 결과에 STX로 투표를 할 수 있다.

### 2) ForkDelta

탈중앙화된 거래소는 사용자들의 자금을 저장하고 거래를 가능하게 하기 위해서 중앙화된 기관에 의지하지 않는 거래소이다. Forkdelta는 탈중앙화된 Ethereum token exchange이며 모든 거래소들 중에서 ERC20 토큰 목록이 가장 많다. Forkdelta의 경우에는 자금들이 이더리움 네트워크 위에 호스팅된 smart contract 안에 저장되어 있다. 또한 거래들은 직접적으로 같은 smart contract를 이용해서 사용자들 간에 발생한다. 증권거래소와 비슷한 UI를 제공해준다.

### 3) Sonm

Sonm는 decentralized fog computing platform 이다. Sonm은 PC, 마이닝 장비 및 서버를 비롯한 분산된 사용자들의 하드웨어를 기반으로 클라우드 서비스를 제공한다. 그래서 사용자들은 하드웨어를 임대하거나 누군가의 컴퓨팅 능력을 그들의 요구에 맞추어 사용할 수 있다.

- 사용자는 이 플랫폼을 사용하여 기업 이윤 없이 전 세계 자원 풀에서 전 세계 사람들의 컴퓨팅 능력을 매우 저렴한 비용으로 빌릴 수 있다.
- 사용자들은 sonm을 이용해서 fog computing 풀의 부분이 될 수 있다. 사용자가 플랫폼에 합류할 하드웨어 공급업체이면 고객이 계산 집약적인 작업을 실행하도록 지원함으로써 수익을 얻을 수 있다.
- sonm은 사용자가 snm 토큰이라고 하는 내부 통화를 사용하여 컴퓨팅 성능을 교환할 수 있는 자립형 시장이다.

현재 sonm의 개발자들은 cgi 렌더링 작업 신경망 훈련 알고리즘 웹사이트 등 기타 애플리케이션을 수행할 수 있는 범용 IT 인프라를 개발하고 있다.

### 4) ENS(Ethereum Name Service)

ENS는 사람이 읽을 수 있는 단순한 이름을 사용하여 블록체인 안팎에서 자원을 해결할 수 있는 안전하고 분산된 방법을 제공한다. 그리고 ens를 사용하면 긴 주소를 복사하거나 입력할 필요가 없다. 예를 들어서 ens를 사용하면 대신하여 'aardvark.eth'의 친구에게 돈을 보낼 수 있다.

또한 좋아하는 contract와 상호 작용할 수 있고 swarm-hosted 사이트를 방문할 수 있다. ens는 안전(secure)하고 분산(truly distributed)되었다는 특징을 가지고 있다. secure의 경우 ens는 ethereum 블록체인에 있는 스마트 컨트랙트로 구축되어서 dns 시스템의 불안정성을 겪지 않는다.

사용자는 사용자가 입력한 이름들이 그들이 의도한 대로 작동하는 것을 신뢰할 수 있다. truly distributed에 대해서 ens는 기반 구조와 지배구조 모두를 위해서 분산된 방식으로 운영된다. 블록체인에 의해 중재된 경매 과정에 참여함으로써 누구든지 스스로 도메인 이름을 등록할 수 있다.

### 5) MakerDAO

makerdao는 stablecoin을 제공하는 회사입니다. stablecoin은 일반적인 암호화폐와는 달리 가격 변동이 심하지 않은 안정화된 암호화폐를 말한다. makerdao는 dai stablecoin을 제안했는데 이것은 tether와 같이 신용화폐를 담보로 한 stablecoin과는 달리 암호화폐를 담보로 한 stablecoin이다.

Dai는 1달러의 가치를 가지고 마이닝할 수 없다. 이러한 특성을 이용해서 가치변동으로부터 자유로워질 수 있다. 기존의 금융 서비스는 선택된 소수의 사람들에게만 개방된다. 하지만 maker는 모두에게 공평한 신용을 포함한 고품질 금융 서비스에 동등한 접근을 허용하는 개방형 플랫폼이다.

maker 플랫폼은 두 개의 코인을 가지고 있다. 첫째, makercoinmkr은 stablecoin이 아니고 maker platform을 통제하려는 목적을 가진 토큰이다. 나머지 하나는 Dai이며 구매, 저축, 담보에 적합한 stablecoin입니다. 앞에서 언급한 것에 덧붙여 dai를 얻기 위해서는 자신이 보유하고 있는 ether의 일부를 활용해서 담보로 잠가야 한다.

Makerdao와 상호작용할 때 사용자는 collateralized debt position cdp라는 스마트 컨트랙트 안에 사용자의 ether를 잠가 놓아야 한다. Dai를 통해 누구나 어디에서도 구매력을 유지하는 화폐를 선택할 수 있는 자유를 얻게 된다. 또한 dai는 가치 변동성에 믿을 수 있는 안정성을 가지고 있기 때문에 가치가 내려가거나 올라갈 걱정을 하지 않아도 된다.

### 6) Blockchain Cuties

blockchain cuties는 강아지, 도마뱀, 곰, 고양이 및 기타 실제 및 판타지 생물과 함께 놀 수 있는 새로운 수집 가능한 crypto game이다. 각 cutie는 독특하며 100% 사용자에게 소유된다. 즉, 이더리움이 유지되고 있는 한 영원히 사용자가 소유할 수 있다는 의미이다. 사용자들은 cutie들을 모으고 번식시키며 전투에서 그들의 기술을 시험하고 심지어 레벨을 증가시킨다. 게임 속 경제는 ethereum 블록체인에서 스마트 컨트랙트를 사용하여 cutie들을 교환할 수 있다. ERC-721 토큰인 각 cutie는 일반 암호화폐처럼 다른 사용자에게 전송하거나 판매할 수 있다.

### 7) Auctionity

Auctionity는 dapp으로 개발된 nftsnon-fungible tokens를 위한 세계에서 가장 큰 블록체인 경매장이다. 이를 통해 참가자들은 결제 및 배송 보증을 제공받는 동시에 글로벌 분산형 네트워크에서 실시간으로 자산을 경매 입찰 및 구매할 수 있다.

지불 보증은 판매자가 경매 후반부에 판매금액을 받을 것을 보장한다는 의미이다. 그리고 배달 보증은 구매자가 경매에서 구입한 자산을 수령할 것을 보증한다는 것을 의미한다. auctionity의 주요 특징은 다음과 같다.

- 사용자는 이제 자신의 계정으로 nft를 전송하고 auctionity의 스마트 컨트랙트에 대한 경매를 생성하여 가장 좋아하는 nft를 auctionity saleroom에서 직접 판매할 수 있다.
- 사용자는 자신의 계정에 있는 eth 잔액을 사용하여 기존 경매에 입찰할 수 있다.
- auctionity은 커뮤니티에 관한 것이다. 그래서 사용자는 경매인이 될 수 있다.
- 경매는 커뮤니티 덕분에 확산되고, 모든 사람들이 플랫폼에서 경매를 홍보함으로써 돈을 벌 수 있게 해준다.

## Q&A

# 이더리움 뭐가 궁금해?

■ 블록체인과 이더리움 차이점

**Q1.** 블록체인과 이더리움은 어떻게 다른가요?

**A** 이더리움은 블록체인 기술을 기반으로 하며, 분산 컴퓨팅 기능을 추가하여 스마트 컨트랙트와 DApp을 구축할 수 있는 환경을 제공합니다. 이더리움은 블록체인에서 스마트 컨트랙트를 실행하기 위한 가상 머신과 프로그래밍 언어인 Solidity를 제공하며, 사용자는 이를 이용하여 분산 애플리케이션을 구축할 수 있습니다. 블록체인은 단순히 데이터의 무결성과 안전성을 보장하기 위한 분산 시스템에 초점을 두고 있지만, 이더리움은 스마트 컨트랙트와 DApp을 실행하기 위한 분산 컴퓨팅 기능을 추가하여 블록체인 이상의 기능을 제공합니다. 또한, 이더리움은 블록체인에서 사용되는 코인인 이더리움(ETH)을 사용하여 스마트 컨트랙트를 실행할 수 있습니다.

■ 이더리움의 역사와 현재 상황

**Q1.** 이더리움이란 무엇인가요?

**A** 이더리움은 블록체인 기반 분산 컴퓨팅 플랫폼으로, 이더리움 네트워크상에서 스마트 컨트랙트와 분산 어플리케이션(DApp)을 개발할 수 있습니다. 비트코인과 같이 분산원장 기술을 기반으로 하고 있으며, 스마트 컨트랙트를 실행하기 위해 가상화폐인 이더(Ether)를 사용합니다.

**Q2.** 이더리움의 역사는 어떻게 되나요?

**A** 이더리움은 2013년 Vitalik Buterin이 제안한 백서에서 아이디어가 제시되었습니다. 이후 2014년 이더리움 재단이 설립되어 개발이 시작되었으며, 2015년 이더리움의 최초

버전인 'Frontier'가 출시되었습니다. 이후 계속해서 업그레이드가 이루어져 현재의 이더리움 2.0 버전까지 발전해왔습니다.

**Q3.** 이더리움의 특징은 무엇인가요?

**A** 이더리움의 가장 큰 특징은 스마트 컨트랙트와 분산 어플리케이션(DApp)을 개발할 수 있다는 점입니다. 또한, 이더리움은 가상화폐인 이더(Ether)를 사용하여 스마트 컨트랙트를 실행하고, 이더리움 네트워크상에서 탈중앙화된 애플리케이션을 개발할 수 있습니다.

**Q4.** 이더리움과 비트코인의 차이점은 무엇인가요?

**A** 이더리움과 비트코인은 모두 블록체인 기술을 기반으로 하고 있지만, 목적이 다릅니다. 비트코인은 단순히 가치 저장과 전송을 위한 가상화폐이지만, 이더리움은 스마트 컨트랙트와 분산 어플리케이션(DApp)을 위한 플랫폼입니다.

**Q5.** 이더리움은 어떻게 동작하나요?

**A** 이더리움은 블록체인 기술을 기반으로 하여 분산 네트워크상에서 동작합니다. 이더리움 블록체인은 여러 개의 블록으로 이루어져 있으며, 각 블록은 이전 블록의 해시 값을 포함합니다. 이더리움 블록체인은 계약 코드를 실행할 수 있는 가상 머신인 이더리움 가상 머신(Ethereum Virtual Machine, EVM)이 내장되어 있어서, 스마트 계약을 실행할 수 있습니다. 이더리움에서는 블록체인에 저장된 데이터를 변경할 수 없습니다. 따라서 블록체인에 저장된 거래 정보는 안전하게 보관됩니다. 이더리움 블록체인에서는 새로운 블록을 생성하기 위해 채굴 과정이 진행됩니다. 채굴 과정에서는 수학적인 문제를 해결하는 작업을 수행하고, 이 작업을 완료한 노드는 새로운 블록을 생성할 수 있습니다. 이렇게 생성된 블록은 이전 블록과 연결되어 블록체인상에 저장됩니다. 이더리움에서는 채굴자에게 보상으로 이더리움(ETH)이 지급됩니다.

■ 이더리움의 특징과 장단점

**Q1.** 이더리움은 어떤 특징이 있나요?

**A** ▸ 스마트 계약: 이더리움은 자체적으로 스마트 계약을 실행할 수 있는 기능을 갖추고

있습니다. 이를 통해 블록체인상에서 코드 실행이 가능하며, 따라서 기존의 중개자 없이 계약 체결 및 이행이 가능합니다.

- 가상화폐: 이더리움의 기본 토큰인 이더(ETH)는 가상화폐로서 거래와 송금에 사용됩니다. 이더리움 블록체인상에서 발행되는 다양한 가상화폐들도 이더리움 생태계 내에서 유통됩니다.
- 분산 어플리케이션(DApp): 이더리움은 분산 어플리케이션(DApp)을 개발하고 실행할 수 있는 환경을 제공합니다. 따라서 중앙 서버 없이도 어플리케이션을 실행할 수 있으며, 블록체인 기술의 특성상 안전하고 신뢰성 높은 서비스를 제공할 수 있습니다.
- 새로운 토큰 발행: 이더리움은 사용자가 자신의 토큰을 발행할 수 있는 기능을 제공합니다. 이를 통해 사용자는 자신만의 가상화폐를 발행하거나 자신의 프로젝트를 위한 토큰을 발행할 수 있습니다.
- 이더리움 기반 블록체인: 이더리움은 자체 블록체인을 갖추고 있습니다. 이더리움 기반의 블록체인에서는 이더리움 스마트 계약과 토큰 발행 등의 기능이 사용 가능합니다. 또한 이더리움 블록체인은 다른 블록체인과 연결될 수 있는 기능을 갖추고 있습니다.

## Q&A

### 이더리움 기술 뭐가 궁금해?

■ 이더리움 기술 스마트 컨트랙트

**Q1.** 이더리움에서 스마트 컨트랙트란 무엇인가요?

A 이더리움에서 스마트 컨트랙트는 계약 조건을 프로그래밍으로 정의하고 이를 이행하는 컴퓨터 프로그램입니다. 스마트 컨트랙트는 이더리움 가상 머신(VM)에서 실행되며, 블록체인 네트워크상의 모든 노드에 의해 검증됩니다. 이더리움의 스마트 컨트랙트는 탈중앙화된 어플리케이션(dApp)을 개발하고 운영하는 데 중요한 역할을 합니다.

**Q2.** 스마트 컨트랙트는 어떻게 작동하나요?

A 스마트 컨트랙트는 블록체인상에 존재하며, 특정 조건이 충족될 때만 실행됩니다. 이때, 스마트 컨트랙트를 실행하려면 일정량의 가스(Gas)라는 수수료를 지불해야 합니다. 가스는 블록체인상의 작업 수행을 위해 필요한 에너지를 나타냅니다. 가스 수수료를 지불한 후, 스마트 컨트랙트는 프로그램된 조건에 따라 실행되며, 결과는 블록체인상에 기록됩니다.

**Q3.** 스마트 컨트랙트는 어떤 용도로 사용되나요?

A 스마트 컨트랙트는 자동화된 계약, 투표, 분산 애플리케이션 등 다양한 용도로 사용됩니다. 예를 들어, 스마트 컨트랙트를 사용하여 조건이 충족될 때만 자동으로 결제가 이루어지는 계약을 체결할 수 있습니다. 또한, 스마트 컨트랙트를 사용하여 블록체인 기반의 투표 시스템을 구현할 수 있습니다.

**Q4.** 스마트 컨트랙트의 장점은 무엇인가요?

A 스마트 컨트랙트는 기존의 중앙 집중식 시스템에 비해 더욱 안전하고 투명합니다. 스마트 컨트랙트는 블록체인상에 존재하며, 블록체인상의 모든 노드에 의해 검증되기 때문에 데이터의 위변조나 조작이 불가능합니다.

■ 이더리움 기술 DApps(분산 어플리케이션)

**Q1.** DApps란 무엇인가요?

A DApps는 분산 어플리케이션(Distributed Applications)의 약어로, 블록체인 기술을 기반으로 하여 중앙 집중형 서버가 없이 분산된 네트워크에서 동작하는 어플리케이션을 의미합니다.

**Q2.** 이더리움에서 DApps를 개발할 때 어떤 언어를 사용하나요?

A 이더리움에서 DApps를 개발할 때는 Solidity라는 언어를 사용합니다. Solidity는 이더리움 가상머신에서 동작하는 스마트 컨트랙트를 작성하는 데 사용되며, C++ 언어를 기반으로 합니다.

**Q3.** DApps를 실행하기 위해 필요한 것은 무엇인가요?

A DApps를 실행하기 위해서는 이더리움 노드, 즉 이더리움 네트워크에 연결되어 있어야 합니다. 이더리움 노드를 실행하면 DApps를 실행할 수 있습니다. 노드는 이더리움 블록체인의 전체 복사본을 저장하고 유지합니다. 따라서 DApps를 실행하려면 이더리움 노드를 설치하고 블록체인의 최신 버전을 동기화해야 합니다.

**Q4.** DApps를 개발하려면 어떤 도구를 사용해야 하나요?

A DApps를 개발하기 위해서는 이더리움 개발 도구인 Truffle, Remix 등의 도구를 사용할 수 있습니다. Truffle은 이더리움의 스마트 컨트랙트를 더 쉽게 개발할 수 있도록 해주는 프레임워크입니다. Truffle은 스마트 컨트랙트를 컴파일하고 배포하는 등의 작업을 자동화해주며, 테스트를 수행할 수 있는 환경을 제공합니다. Remix는 브라우저에서 스마트 컨트랙트를 개발하고 디버깅할 수 있는 온라인 IDE입니다.

**Q5.** DApps를 개발할 때 이더리움의 특징을 고려해야 할까요?

**A** DApps를 개발할 때는 이더리움의 특징인 스마트 컨트랙트, 분산 네트워크, 탈중앙화 등을 고려해야 합니다. 특히, 스마트 컨트랙트를 이용한 자동화된 거래 시스템을 구현하거나, 분산 네트워크에서 데이터를 처리하고 저장하는 기능을 구현할 때 이더리움의 특징을 고려해야 합니다.

**Q6.** DApps를 개발할 때 주의해야 할 보안적인 측면은 무엇인가요?

**A** DApps를 개발할 때 가장 주의해야 할 것은 보안적인 측면입니다. 스마트 컨트랙트에서 발생하는 보안 취약점으로 인한 해킹 사례가 있기 때문입니다. 예를 들어, DAO 해킹 사건이 있었는데 이는 스마트 컨트랙트에서 발생한 보안 취약점으로 인한 것입니다. 따라서 DApps를 개발할 때는 보안적인 측면을 고려하여 스마트 컨트랙트를 작성해야 합니다.

**Q7.** DApps를 개발하고 배포하는 과정은 어떻게 이루어지나요?

**A**

- 이더리움 개발환경 구축: Solidity 언어로 스마트 컨트랙트를 작성하고, Truffle과 같은 프레임워크를 사용하여 이더리움 네트워크와 상호작용할 수 있는 개발환경을 구축합니다.
- 스마트 컨트랙트 작성: Solidity 언어를 사용하여 DApp에서 필요한 스마트 컨트랙트를 작성합니다.
- 스마트 컨트랙트 컴파일: 작성한 스마트 컨트랙트를 컴파일하여 바이트코드 형태로 변환합니다.
- 스마트 컨트랙트 배포: 바이트코드를 이더리움 블록체인상에 배포합니다.
- DApp 개발: 이더리움 블록체인과 상호작용하여 DApp을 개발합니다. 이더리움 블록체인과 상호작용하는 것은 Web3.js와 같은 라이브러리를 사용하여 구현할 수 있습니다.
- DApp 배포: 개발한 DApp을 웹사이트나 앱 등에서 배포합니다. DApp 사용자는 이더리움 지갑을 통해 DApp과 상호작용할 수 있습니다.
- DApps를 개발하고 배포하는 과정은 복잡하고 기술적인 지식이 필요합니다. 하지만 이더리움을 사용하여 DApps를 개발하고 배포하는 것은 이더리움 생태계에서 큰 가

치를 창출할 수 있는 기회입니다.

■ 이더리움 가상 머신(EVM)

**Q1.** 이더리움 가상 머신(EVM)이란 무엇인가요?

A 이더리움 가상 머신(Ethereum Virtual Machine, EVM)은 이더리움 플랫폼에서 실행되는 스크립트 언어로 작성된 스마트 컨트랙트나 DApps를 실행하기 위한 가상 컴퓨터입니다. EVM은 이더리움의 핵심 요소 중 하나로, 이더리움 블록체인상에서 실행되는 스마트 컨트랙트의 코드를 분석하고 처리하기 위해 사용됩니다.

**Q2.** EVM은 어떻게 동작하나요?

A EVM은 이더리움 블록체인에 저장된 스마트 컨트랙트의 코드를 읽어들여, 스택 기반의 가상 머신에서 실행됩니다. 이때, 스마트 컨트랙트의 코드는 EVM이 이해할 수 있는 바이트코드 형태로 컴파일되어야 합니다. 스마트 컨트랙트의 코드가 실행되면서 발생하는 결과는 이더리움 블록체인에 반영되며, 이로써 이더리움상에서 실행되는 DApps 및 스마트 컨트랙트가 동작할 수 있습니다.

**Q3.** EVM의 장점은 무엇인가요?

A EVM은 블록체인 기술을 기반으로 하여, 코드의 안전성과 무결성을 보장합니다. 또한, 스택 기반의 가상 머신을 사용하기 때문에 안전한 코드 실행 환경을 제공하며, 분산 컴퓨팅 환경에서도 일관된 실행 결과를 보장합니다. 이러한 특징은 이더리움 플랫폼에서 실행되는 DApps 및 스마트 컨트랙트의 안정성과 신뢰성을 보장하는데 중요한 역할을 합니다.

■ 이더리움 계정과 트랜잭션

**Q1.** 이더리움 계정이란 무엇인가요?

A 이더리움 계정은 이더리움 블록체인에서 특정 사용자나 스마트 컨트랙트가 소유하고 있는 잔액과 상태 정보를 저장하는 데 사용되는 식별자입니다. 이더리움 계정은 두 가지 유형이 있습니다.

► 일반적인 계정: 이더리움 사용자가 생성하며, 20바이트 길이의 고유 주소와 연결된

개인키를 사용하여 제어할 수 있습니다. 이더리움의 일반적인 계정은 이더를 보유하고, 이더리움 블록체인에서 특정한 스마트 컨트랙트를 실행하기 위해 필요한 가스 비용을 지불할 수 있습니다.

- 스마트 계정: 스마트 컨트랙트가 생성한 계정으로, 코드로 작성된 로직에 따라 자동으로 실행됩니다. 스마트 계정은 컨트랙트 계정(Contract Account) 또는 계정 계약(Account Contract)으로도 알려져 있습니다.

**Q2.** 이더리움 트랜잭션이란 무엇인가요?

**A** 이더리움 트랜잭션은 이더리움 블록체인에서 상태를 변경하는 데 사용되는 작업 단위입니다. 이더리움 트랜잭션은 일련의 입력과 출력으로 구성됩니다. 일반적으로 이더리움 트랜잭션은 다음과 같은 정보를 포함합니다.

- 수신자 주소: 이더리움 계정 주소
- 송신자 주소: 이더리움 계정 주소
- 이더 수량: 이더리움 계정으로 전송되는 이더의 양
- 데이터: 추가적인 정보나 명령을 전송하기 위한 데이터
- 가스 수수료: 이더리움 블록체인에서 트랜잭션 처리를 위해 필요한 가스 비용

이더리움 트랜잭션은 블록체인에 기록되어 블록체인의 상태를 변경합니다. 이더리움 트랜잭션은 비트코인과 같이 블록체인의 일부가 아닌 블록체인에 직접 포함되므로, 거래가 더 빠르고 안정적입니다.

## ■ Solidity 언어 소개 및 개발

**Q1.** Solidity란 무엇인가요?

**A** Solidity는 이더리움에서 스마트 컨트랙트를 작성하기 위해 사용되는 고급 언어입니다. Solidity는 C++ 및 JavaScript의 구문적 특성을 기반으로 합니다. Solidity는 이더리움 가상 머신(EVM)에서 작동하기 때문에 EVM에 대한 이해가 있어야 합니다.

**Q2.** Solidity의 특징은 무엇인가요?

**A**
- 블록체인 스마트 컨트랙트에 적합한 안전하고 강력한 언어입니다.
- 객체 지향 언어로 이더리움 기반 애플리케이션에 적합합니다.

- 컨트랙트 코드는 모두 공개되며 블록체인상에 저장되기 때문에 보안이 매우 중요합니다.
- 다양한 자료형과 구조체, 함수, 상속 등 다양한 기능을 제공합니다.

**Q3.** Solidity 언어를 사용하여 어떻게 스마트 컨트랙트를 개발하나요?

A
- Solidity 소스 코드 작성: 스마트 컨트랙트의 동작 방식과 규칙을 정의하는 Solidity 소스 코드를 작성합니다.
- 컴파일: 작성한 소스 코드를 이더리움 가상 머신(EVM)에서 실행될 수 있는 컴파일된 바이트코드로 변환합니다.
- 배포: 컴파일된 바이트코드를 이더리움 블록체인상에 배포합니다.
- 실행: 배포된 스마트 컨트랙트는 이제 블록체인상에서 실행됩니다.

### ■ 스마트 컨트랙트 프로그래밍

**Q1.** 빨강색, 노랑색, 파랑색 중에 빨강색을 선택하면 이더 100개를, 노랑색을 선택하면 이더 50개를, 파랑색을 선택하면 이더 10개를 지불하는 스마트 컨트랙트 프로그램의 Solidity 코드로 나타내면?

```
pragma solidity ^0.8.0;

contract ColorChoice {
    address payable public owner;
    uint public redPrice = 100;
    uint public yellowPrice = 50;
    uint public bluePrice = 10;

    constructor() {
        owner = payable(msg.sender);
    }

    function buyRed() public payable {
        require(msg.value == redPrice, "Invalid amount");
        owner.transfer(msg.value);
    }
```

```
    function buyYellow() public payable {
        require(msg.value == yellowPrice, "Invalid amount");
        owner.transfer(msg.value);
    }

    function buyBlue() public payable {
        require(msg.value == bluePrice, "Invalid amount");
        owner.transfer(msg.value);
    }
}
```

위의 코드에서, ColorChoice라는 스마트 컨트랙트는 owner 변수를 포함하고 있습니다. 이 변수는 컨트랙트를 배포한 계정의 주소를 저장합니다. redPrice, yellowPrice, bluePrice 변수는 각 색상에 대한 가격을 저장합니다.

buyRed, buyYellow, buyBlue 함수는 각 색상에 대한 구매 함수입니다. 각 함수는 require 문으로 구매 금액이 올바른지 확인하고, 구매 금액이 올바른 경우에만 owner 주소로 구매 금액을 전송합니다.

위의 코드를 컴파일하고 배포하면, 사용자는 buyRed, buyYellow, buyBlue 함수를 호출하여 해당 색상을 구매할 수 있습니다. 각 함수는 구매자가 지정된 이더를 지불한 경우에만 실행되며, 지불된 이더는 컨트랙트의 소유자에게 전송됩니다.

- 프론트엔드와 백엔드의 역할

**Q1.** 프론트엔드란 무엇인가요?

**A** 프론트엔드는 웹 사이트나 애플리케이션의 사용자 인터페이스(UI)를 구현하는 역할을 담당합니다. 즉, 사용자가 직접 보는 부분을 개발하는 것이 프론트엔드의 역할입니다. HTML, CSS, JavaScript 등의 웹 기술을 사용하여 UI를 구성하고, 사용자와 상호작용하는 기능을 개발합니다.

**Q2.** 백엔드란 무엇인가요?

**A** 백엔드는 프론트엔드와는 달리 웹 서버, 데이터베이스, API 등의 서버 사이드 기술을

이용하여 애플리케이션의 핵심 기능을 개발하는 역할을 담당합니다. 즉, 백엔드는 데이터 처리, 비즈니스 로직, 보안 등 애플리케이션의 핵심 기능을 개발하는 역할을 합니다. 백엔드 개발에서는 PHP, Python, Java, Ruby 등의 언어와 데이터베이스 등의 기술이 사용됩니다.

**Q3.** 프론트엔드와 백엔드는 어떻게 협업하나요?

A 프론트엔드와 백엔드는 서로 다른 기술과 역할을 담당하기 때문에, 협업이 매우 중요합니다. 보통은 프론트엔드 개발자가 UI를 설계하고 구현한 후, 백엔드 개발자는 API를 개발하여 프론트엔드에서 요청한 데이터를 처리하고 응답합니다. 이러한 과정에서 프론트엔드와 백엔드는 API 문서와 스펙을 정확히 공유하고, 서로의 코드를 이해할 수 있도록 협력해야 합니다. 또한, 프로젝트 관리 도구나 버전 관리 시스템 등의 협업 도구를 사용하여 서로의 작업을 관리하고, 문제를 해결하는 데 도움을 줄 수 있습니다.

■ 이더리움 생태계 구성 요소

**Q1.** 이더리움 생태계에는 어떤 구성 요소가 있나요?

A
- 이더리움 블록체인: 이더리움의 핵심 기술로, 블록체인을 기반으로 스마트 컨트랙트를 실행합니다.
- 이더: 이더리움 블록체인에서 사용되는 암호화폐입니다. 이더리움 블록체인상에서 스마트 컨트랙트 실행 등을 위해 사용됩니다.
- 스마트 컨트랙트: 블록체인상에서 실행되는 프로그램으로, 약속된 규칙에 따라 자동으로 실행됩니다. 이더리움에서는 Solidity 언어를 이용하여 스마트 컨트랙트를 작성합니다.
- 이더리움 클라이언트: 이더리움 블록체인에 접속하기 위한 소프트웨어입니다. 대표적인 클라이언트로는 Geth, Parity 등이 있습니다.
- dApp: 분산 어플리케이션으로, 이더리움 블록체인상에서 실행되는 애플리케이션입니다. 스마트 컨트랙트를 이용하여 자동으로 실행되며, 블록체인상에 저장된 데이터를 이용합니다.
- ICO: Initial Coin Offering의 약어로, 이더리움 블록체인상에서 진행되는 새로운 암호화폐 발행 방식입니다.

- DEX: 분산형 거래소로, 이더리움 블록체인상에서 자동화된 거래가 이루어집니다.
- 블록체인 탐색기: 이더리움 블록체인상에서 발생하는 트랜잭션과 블록 정보 등을 조회할 수 있는 웹 기반 인터페이스입니다. Etherscan 등이 대표적인 블록체인 탐색기입니다.

Q&A

# 이더리움 활용 및 미래 뭐가 궁금해?

■ 이더리움을 활용한 응용 사례(예: ICO, 블록체인 게임)

**Q1.** 이더리움을 활용한 응용 사례는 어떤 것들이 있나요?

A 이더리움은 분산 어플리케이션(DApps) 개발을 지원하므로, 다양한 응용 사례가 있습니다. 일부 예시는 다음과 같습니다.

- 탈중앙화된 금융 서비스(DeFi): 이더리움을 기반으로 하는 DeFi 플랫폼은 중앙화된 금융서비스와는 달리 개인의 자산을 안전하게 보호하고 투명한 거래를 보장합니다.
- 게임: 이더리움을 기반으로 하는 게임은 블록체인을 활용하여 게임 아이템의 소유권을 분산화하고 거래할 수 있습니다.
- 스마트 컨트랙트: 이더리움의 스마트 컨트랙트 기능은 자동화된 계약 체결을 가능하게 하여 비즈니스 프로세스를 간소화하고 비용을 절감합니다.
- 공급망 관리: 이더리움을 활용하여 공급망 관리를 개선할 수 있습니다. 블록체인을 활용하면 제품의 원산지, 생산 과정, 운송 정보 등을 투명하게 공개할 수 있습니다.
- 탈중앙화된 앱: 이더리움을 기반으로 하는 탈중앙화된 앱은 중앙화된 앱과는 달리 개인정보의 안전성과 사용자의 자유로운 참여를 보장합니다.
- 거버넌스: 이더리움을 활용하여 탈중앙화된 거버넌스를 구현할 수 있습니다. 이를 통해 결정 과정이 투명하고 공정하게 이루어질 수 있습니다.
- 블록체인 기반 식별: 이더리움을 활용하여 개인의 신원 정보를 안전하게 보호하고 공유할 수 있습니다.

이 외에도, 이더리움을 활용하여 다양한 분야에서 블록체인 기술을 적용할 수 있습니다.

■ 보안과 이더리움

**Q1.** 이더리움에서 보안은 어떻게 관리되나요?

A 이더리움에서 보안은 스마트 컨트랙트를 프로그래밍할 때, 안전한 코드 작성을 위해 고려해야 하는 다양한 요소들이 있습니다. 스마트 컨트랙트는 프로그래밍 실수나 악의적인 코드 등으로 인해 취약점을 가지고 있을 수 있습니다. 이러한 취약점은 해커들에 의해 이용될 수 있으며, 이로 인해 이더리움 네트워크의 보안이 위협받을 수 있습니다.

이를 방지하기 위해 이더리움 생태계에서는 스마트 컨트랙트의 보안 검토 및 강화를 위한 다양한 도구들을 제공하고 있습니다. 예를 들어, 스마트 컨트랙트 작성 전에는 Solidity와 같은 안전한 스마트 컨트랙트 언어를 사용하고, 스마트 컨트랙트 배포 전에는 다양한 검증 도구들을 사용하여 취약점을 찾아내고 보완합니다.

또한, 이더리움 생태계에서는 보안과 관련된 이슈가 발생할 경우, 보안 전문가들이 이를 신속하게 처리할 수 있도록 빠른 대응 시스템을 마련하고 있습니다. 이를 통해 이더리움 네트워크의 보안을 유지하고 안정적으로 운영할 수 있습니다.

**Q2.** 이더리움에서 해킹이 일어났을 경우 대처 방법은 무엇인가요?

A 이더리움 네트워크에서 해킹이 일어났을 경우, 이더리움 생태계에서는 즉각적인 조치를 취하여 네트워크를 안전하게 유지하고 사용자의 자산을 보호합니다. 예를 들어, 최근 발생한 디오르 DAO 사건에서는 해커의 공격으로 인해 사용자들이 자산을 상실하게 되었지만, 이후 이더리움 커뮤니티에서는 하드 포크를 통해 네트워크를 복구하고 피해를 보상하였습니다.

- 해킹 발생 후 즉시 상황을 파악하고 영향을 받은 계정과 트랜잭션을 확인합니다.
- 취약점을 해결하고 추가 보안 조치를 취하며, 해당 취약점으로 인해 생긴 손실을 회복할 계획을 세웁니다.
- 이후 업데이트된 클라이언트를 배포하고, 이전 버전의 클라이언트를 사용하는 사용자들에게 업데이트를 권장합니다.
- 추가적인 검증 절차를 거친 블록체인 분기가 발생했을 경우, 이전 블록체인 분기와의 호환성을 유지하며 분기를 해결합니다.
- 이러한 대처 방안 외에도, 이더리움 개발자들은 이더리움의 보안 강화와 안정성을 위해 지속적인 연구와 개발을 진행하고 있습니다.

물론, 해킹으로 인한 피해는 사후 대처만으로 해결되지 않습니다. 이더리움을 사용하는 사용자들은 개인정보와 자산을 안전하게 보호하기 위해 보안 조치를 강화하고, 신뢰할 수 있는 지갑을 사용하며, 이더리움 생태계 내에서 안전한 거래와 활동을 지속적으로 유지해야 합니다.

■ 이더리움의 미래와 전망

**Q1.** 이더리움은 미래에 어떻게 발전할 것인가요?

A 이더리움은 현재도 빠르게 발전하고 있으며, 앞으로도 지속적인 개발과 업그레이드가 이루어질 것으로 예상됩니다. 블록체인 기술이 적용되는 다양한 산업 분야에서 이더리움의 스마트 컨트랙트 기능을 활용하는 사례가 더욱 늘어날 것으로 예상되며, 이를 통해 블록체인 기술의 보급과 사용이 확대될 것입니다. 또한, 이더리움 2.0 버전이 출시되어 블록체인의 성능과 보안 등이 개선될 것으로 예상되며, 이더리움 기술이 더욱 널리 활용될 것입니다.

**Q2.** 이더리움은 어떤 산업 분야에서 미래에 발전할 것인가요?

A 이더리움은 현재 다양한 산업 분야에서 활용 가능한 기술로 주목받고 있습니다. 특히, 금융, 의료, 에너지, 게임, 부동산 등 다양한 분야에서 스마트 컨트랙트를 활용한 안전하고 효율적인 거래 시스템을 구축하는 데 이용될 것으로 예상됩니다. 또한, 블록체인을 활용한 분산형 앱(DApp)과 디지털 자산 등 새로운 비즈니스 모델이 이루어질 것으로 예상되며, 이러한 기술과 시장의 발전은 이더리움 생태계의 성장을 촉진할 것입니다.

**Q3.** 이더리움의 전망은 어떠한가요?

A 이더리움은 현재 다양한 산업 분야에서 활용되고 있으며, 블록체인 생태계의 중심적 역할을 담당하고 있습니다. 이더리움의 핵심 기술인 스마트 컨트랙트와 DApps를 통해 블록체인 기술이 더욱 발전하면서, 이더리움은 더욱 성숙하고 안정적인 플랫폼으로 발전할 것으로 예상됩니다.

또한, 이더리움은 다양한 프로젝트와 커뮤니티를 유치하며, 기존 블록체인 생태계에서 높은 수준의 개발자와 사용자들이 이더리움 플랫폼에 참여하고 있습니다. 이러한 활발한 생태계와 높은 수준의 개발자들의 참여는 이더리움의 미래적인 가능성을 더욱 높여줍니다.

하지만 이더리움 역시 보안과 확장성 문제를 해결해야 하는 등의 과제를 안고 있으며, 블록체인 생태계의 발전과 함께 경쟁 역시 심화될 것으로 예상됩니다. 이러한 과제와 경쟁 속에서도 이더리움은 지속적인 개선과 발전을 이어 나갈 것으로 예상됩니다.

■ 이더리움 2.0의 개발 현황

**Q1.** 이더리움 2.0은 무엇인가요?

A 이더리움 2.0은 이더리움 블록체인의 최신 버전으로, 더욱 빠르고 안정적인 기능과 확장성을 제공합니다. 이더리움 2.0은 두 가지 주요 업그레이드인 '세레니티'와 '샤딩'을 포함하고 있습니다.

**Q2.** '세레니티' 업그레이드란 무엇인가요?

A '세레니티' 업그레이드는 이더리움 블록체인에서 사용되는 합의 알고리즘을 변경하는 업그레이드입니다. 기존의 '작업 증명(Proof of Work)' 방식 대신 '지분 증명(Proof of Stake)' 방식을 도입하여 블록 생성 속도를 높이고, 보안성을 향상시키며, 에너지 소모를 줄일 수 있습니다.

**Q3.** '샤딩' 업그레이드란 무엇인가요?

A '샤딩' 업그레이드는 이더리움 블록체인의 확장성 문제를 해결하기 위한 방법 중 하나입니다. 이전에는 모든 노드가 모든 트랜잭션을 처리해야 했지만, '샤딩' 업그레이드를 통해 블록체인을 여러 조각으로 분할하고, 각 조각을 별도의 그룹으로 처리함으로써 처리 속도를 높일 수 있습니다.

**Q4.** 이더리움 2.0 개발 현황은 어떻게 되나요?

A 이더리움 2.0은 현재 개발 중이며, 2021년 12월 기준으로 6개의 테스트넷이 운영 중입니다. 이더리움 개발팀은 이더리움 2.0 출시를 위해 노력하고 있으며, 새로운 업그레이드가 출시될 때마다 이전 버전과 호환성을 유지하기 위해 노력하고 있습니다. 이더리움 2.0의 출시는 이더리움 생태계의 발전과 미래를 기대할 수 있는 큰 이벤트 중 하나입니다.

# 6

# 이더리움-블록체인 기반 암호화폐 지갑(Wallet) 시스템

# 06

# 이더리움-블록체인 기반 암호화폐 지갑(Wallet) 시스템

## 6-1 이더리움-블록체인 기반 암호화폐 지갑(Wallet)[35]

암호화폐 지갑은 블록체인 네트워크와 상호작용하는 수단 중 하나이다. 지갑의 종류는 매우 다양하고, 소프트웨어, 하드웨어, 종이 지갑의 세 가지 그룹으로 나눌 수 있으며, 작동 메커니즘에 따라 핫 월렛, 콜드 월렛으로도 나눌 수 있다.

대부분 암호화폐 지갑 공급업체들은 소프트웨어 기반이며, 이는 하드웨어 지갑보다 간편하지만, 가장 안전한 건 하드웨어 지갑이다. 종이 지갑은 종이에 프린트된 지갑으로 구성되는데, 이건 구식이며 신뢰성이 낮다.

### (1) 공개키, 개인키

공개키 및 개인키는 공개키 암호 방식(PKC) 또는 비대칭 암호화라고 알려진, 한층 광범위한 암호학 영역의 일부인 블록체인 네트워크에 구축된 암호화폐의 통합 구성요소이다. PKC의 목표는 프로세스의 역전을 거의 불가능하게 만드는 동시에 한 상태에서 다른 상태로 간편하게 전환하는 것이다. 또한, 이 과정에서 시크릿을 누설하지 않고도 시크릿을 보유했음을 증명한다. PKC는 단방향 수학 함수이다. 이는 위조가 불가능하여 어떤 대상(즉, 트랜잭션)의 대하여 진위를 검증하는 데 적절하다. PKC는 공개키와 개인키, 두 가지 키로 구성되는 모델을 사용한다. 여기서 흔히 공개키는 자물쇠로 묘사되고, 개인키는 해당 자물쇠를 여는 열쇠로 묘사된다.[34]

### (2) 핫 월렛/콜드 월렛

#### 1) 핫 월렛: 인터넷과 연결된 것.

예를 들어 바이낸스에 계좌를 만들고, 내 지갑으로 자금을 전송하면 바이낸스 핫 월렛에 입금한 것이 된다.

- ► 설정이 간편, 손쉽게 자금에 접근할 수 있어 트레이더와 사용 빈도가 높은 사용자에게 용이하다.
- ► 일반적으로 네트워크에 연결되어 있으며, 실시간으로 사용할 수 있는 간편한 월렛이다.
- ► 온라인 해킹으로부터 취약하기에, Private Key 보안에 주의해야 한다.

#### 2) 콜드 월렛: 인터넷과 연결되지 않은 것

예를 들어 바이낸스는, 자금을 보호하기 위해 일부의 코인만 핫 월렛에 보유하고 나머지는 콜드 스토리지에 저장하고 있다.

- ► 인터넷과 연결되어 있지 않은 오프라인 상태로, 주로 하드웨어 모습을 하고 있어 하드웨어 월렛이라고 부른다.
- ► 오프라인으로 키를 저장하기 위해 물리적 매개체를 사용해서, 온라인 해킹 시도를 방어할 수 있다.
- ► 콜드 스토리지라고도 하며, 장기 투자자에게 적합하다.

### (3) 소프트웨어 지갑

대부분은 어떤 식으로든 인터넷과 연결(핫 월렛)된다.

#### 1) 웹 지갑

블록체인에 접근하기 위해 웹 지갑을 사용할 수 있고, 다운로드나 설치 없이 브라우저 인터페이스를 사용한다. 거래소 지갑과 기타 브라우저 기반 지갑 공급자가 여기에 해당한다. 보통 새 지갑을 만들고 개인키를 설정할 수 있다. 그러나 일부 서비스 공급자는, 사용자 대신 개인키를 보관하고 관리해주기도 한다. 이건 입문자에게는 편리하겠지만, 매우 위험한 일이다. 나의 개인키를 내가 보유하고 있지 않으면, 다른 사람(서비스 공급자)에게 내 자금을 신탁한 것과 같다. 이 문제를 해결하기 위해 웹 지갑들은 사용자가 자신들의 개인키를 전적으로, 혹은 공동(다중서명 지갑)을 통해 관리할 수 있게 한다.

2) 데스크톱 지갑

내 컴퓨터에 다운로드하고 실행하는 소프트웨어를 말한다. 웹 기반 버전과 달리, 내 키와 자금을 전적으로 관리할 수 있고, 새로운 데스크톱 지갑을 생성하면 컴퓨터에 wallet.dat 파일이 생성된다. 이 파일은 암호화폐 지갑에 접근하는 개인키 정보를 포함하고 있기 때문에, "개인 비밀번호"로 해당 파일을 암호화해야 한다.

데스크톱 지갑을 암호화하면, 소프트웨어를 실행할 때마다 비밀번호를 입력해야 wallet.dat 파일을 읽을 수 있다. 파일을 잃어버리거나 비밀번호를 잊어버리면 자금에 접근하지 못한다. 따라서 wallet.dat 파일을 백업하고 안전한 곳에 보관해야 한다(또는 상응하는 개인키 또는 시드 문구를 내보내 다른 장치에서 자금에 접근할 수 있도록 할 수 있다). 일반적으로 웹 버전보다는 더 안전한 것으로 간주되지만, 암호화폐 지갑을 설정하고 사용하기 전에 컴퓨터가 바이러스에 감염되지 않았는지 필수적으로 확인해야 한다.

3) 모바일 지갑

데스크톱 지갑과 유사하지만, 스마트폰 애플리케이션으로 특히 디자인된 지갑이다. 일상적 거래와 결제를 처리하는데 적합하고, 현실에서 암호화폐를 사용할 수 있게 하는 매우 실용적인 옵션이며, 트러스트 월렛이 그 예시이다.

- QR 코드로 암호화폐를 주고받을 수 있어 편리하다.
- 데스크톱과 모바일 기기는 악성 앱과 맬웨어 감염에 매우 취약하다.
- 스마트폰 분실/파손을 대비해 "비밀번호"로 모바일 지갑을 암호화하고, 개인키(또는 시드문구)를 백업하는 것이 좋다.

### (4) 하드웨어 지갑

공개키와 개인키를 생성하기 위해 난수 생성기(RNG: Random Number Generation)를 사용하는 물리적 전자 장치를 말하며, 이것으로 생성된 키는 인터넷과 연결되지 않은 장치 안에 저장된다. 따라서 하드웨어 저장소는 콜드 월렛의 일종으로 구성되고, 가장 안전한 방법으로 여겨진다. 암호화폐를 장기간 보관하거나, 많은 양의 암호화폐를 보유하고 있는 경우 하드웨어 지갑의 사용을 고려해야 한다.

온라인 공격을 방어하는 높은 수준의 보안을 제공하지만, 펌웨어 구현이 제대로 이루어지지 않은 경우 위험할 수 있다. 하드웨어 지갑은 사용이 어렵고, 핫 월렛과 비교했을 때 자금에 접근하기 어렵다.

### (5) 종이 지갑

QR코드 형태로 공개주소와 개인키가 실제로 프린트된 종를 말하며, 암호화폐 트랜잭션을 위해 이를 스캔할 수 있다. 일부 종이 지갑은 웹사이트에서 코드를 다운로드한 후 오프라인 상태에서 새로운 주소와 키를 생성할 수 있다. 이런 지갑은 해킹에 매우 안전하고, 콜드 스토리지의 대안이 될 수 있다. 하지만 종이 지갑은 전체 자금을 한 번에 전송하기 때문에 부분 전송엔 적합하지 않다. 부분 전송을 위해 일부를 데스크톱 지갑 등에 전송한 뒤에 종이 지갑에 남아있는 전부를 전송하고, 다시 데스크톱 지갑에서 종이 지갑으로 옮길 수는 있지만, 데스크톱 지갑에 종이 지갑의 개인키를 불러오고 자금의 일부를 사용하면, 잔여 코인은 비트코인 프로토콜을 따라 자동으로 생성된 변경주소로 전송된다. 이 변경주소를 직접 설정하지 않는다면, 자금을 잃을 수도 있다. 대부분의 소프트웨어 지갑은, 잔여 코인을 지갑의 일부인 주소로 전송하는 해당 변경을 대신 처리해준다. 그러나 종이 지갑은 첫 번째 전송 이후 지갑이 텅 비어버리는 것을 명심해야 한다.

## 6-2 기존 암호화폐 지갑의 장·단점과 암호화폐 보안

### (1) 암호화폐 지갑의 장·단점[35]

#### 1) 장 점

- 보안: 블록체인 지갑은 높은 수준의 보안을 제공한다. 소프트웨어 지갑은 일반적으로 인터넷에 연결되어 있어 보안이 취약하다고 여겨지지만, 2단계 인증과 암호화와 같은 사이버 보안 조치로 보호된다. 이러한 보안 기능은 일반적으로 해커가 암호화폐를 훔치기 어렵게 만든다.
- 편리한 액세스: 블록체인 지갑을 사용하면 모든 암호화폐를 한 곳에 보관할 수 있다. 소프트웨어 지갑은 이미 인터넷에 연결되어 있어 자금에 쉽게 액세스할 수 있다. 하드웨어 지갑은 조금 덜 편리할 수 있지만, 작동 방식만 익히면 비교적 쉽게 사용할 수 있다.
- 독점 소유권: 암호화폐 지갑에 개인키를 보관하면 암호화폐를 나만이 소유할 수 있는 온전한 소유권을 갖게 된다. 반대로 은행에 돈을 보관하는 경우, 암호화폐는 엄밀히 말해 은행의 자산이 된다.

#### 2) 단 점

- 사용자 책임: 블록체인 지갑에 개인키를 보관할 때, 개인키를 안전하게 보관할 책임은 사용자에게 있다. 이러한 책임은 개인키를 도난당했을 때 사용자가 할 수 있는 일이 많지 않다는 것을 의미한다.
- 높은 기술적 진입장벽: 대부분의 소프트웨어나 하드웨어와 마찬가지로, 블록체인 지갑의 작동 방식을 배워야 한다. 대부분의 소프트웨어 지갑은 사용자 친화적인 것을 목표로 하지만, 특히 초보자에게는 다소 복잡할 수 있다. 하드웨어 지갑은 소프트웨어 지갑보다 훨씬 더 복잡한 경향이 있으므로 거래와 거래 확인에 사용하는 방법을 배워야 한다.
- 악용 가능성: 블록체인은 새로운 기술이며, 모든 디지털 혁신과 마찬가지로 해커를 끌어들인다. 블록체인 지갑은 중앙집중식 계정보다 안전하다고 여겨지지만, 해킹으로부터 완전히 안전하지는 않다. 악의적인 당사자는 피싱 이메일부터 업그레이

드 사기에 이르기까지 다양한 방법으로 암호화폐를 탈취할 수 있다. 특히 핫 월렛의 경우, 최근 온라인에 '블록체인 지갑 개발' 또는 '블록체인 지갑 만들기' 등의 검색어가 유행할 정도로 개인이 쉽게 만들어 무책임하게 운영할 수도 있기 때문에 더욱 주의가 요구된다. 돈을 보장하는 기존 은행과 달리 암호화폐는 그러한 수준의 보호 기능을 제공하지 않기 때문에 블록체인 지갑을 사용할 때 경계를 늦추지 않는 것이 중요하다.

### (2) 암호화폐 지갑의 보안[36]

암호화폐에 대한 관심이 늘어남에 따라, 암호화폐를 올바르게 사용하는 방법을 배우는 것 또한 필수 사항이 되었다. 암호화폐는 재미있고 흥미로울 수 있지만, 상당한 위험도 따른다. 사용에 앞서 작은 준비만 한다면, 이러한 위험을 줄일 수 있다.

#### 1) 강력한 비밀번호 사용

80% 이상의 계정이 비밀번호가 취약하기 때문에 해킹된다(opens in a new tab). 문자, 숫자, 특수 문자를 조합한 긴 비밀번호를 사용하면 계정을 안전하게 보호할 수 있다. 일반 사용자들이 비밀번호를 만들 때 많이 하는 실수 중 하나는 일반적으로 쓰이고 서로 관련된 단어 2~3개의 조합을 사용하는 것이다. 이러한 비밀번호는 흔한 해킹 기술인 사전 공격(opens in a new tab)에 취약하다. 또 다른 흔한 실수는 쉽게 추측이 가능하거나 사회공학(opens in a new tab) 해킹을 통해 짐작하기 쉬운 비밀번호를 사용하는 것이다. 어머니, 자녀 또는 애완동물의 이름이나 자신의 생일을 포함해서 만든 비밀번호는 보안에 취약하고 해킹의 위험을 높인다.

► 강력한 비밀번호를 만드는 방법

- 비밀번호 생성기 및 작성하는 양식에 최대한 긴 비밀번호를 사용한다.
- 비밀번호에 대소문자, 숫자 및 특수 문자를 조합한다.
- 비밀번호에 가족 이름 등의 개인정보를 사용하지 않는다.
- 비밀번호에 일반적으로 자주 쓰이는 단어를 사용하지 않는다.

#### 2) 서로다른 비밀번호 사용

아무리 강력한 비밀번호라도 한 번 유출된 이후에는 보안에 도움이 되지 않는다. 웹

사이트에서 계정 비밀번호가 유출되어 해커의 데이터베이스에 존재하는지 여부를 확인할 수 있으며, 존재하는 경우엔 해당 비밀번호를 즉시 변경해야 한다. 계정마다 고유한 비밀번호를 사용하면 한 계정의 비밀번호가 유출되었을 때 다른 계정을 보호할 수 있는 방법이 된다.

### 3) 2단계 인증 사용

본인 인증에는 다양한 증명 방법을 사용할 수 있다. 이를 요소(factor)라고 하며, 다음과 같은 3가지 대표적인 요소가 있다.

- ▶ 지식 기반(비밀번호 혹은 보안 질문 등)
- ▶ 속성 기반(지문, 홍채, 얼굴 인식 등)
- ▶ 소유 기반(스마트폰의 보안키 또는 인증 앱)

2개 요소 인증(2FA) 또는 2단계 인증이란 온라인 계정에 추가 보안 요소를 제공함으로써 로그인 시 비밀번호를 아는 것(지식 기반) 이외에도 1가지를 더 증명하도록 한 것을 말한다. 가장 흔한 두 번째 요소는 6자리의 무작위 숫자 코드인 시간 기반 일회성 비밀번호(TOTP)를 사용하는 것으로, Google Authenticator 또는 Authy과 같은 인증 앱을 통해 액세스할 수 있다. 시간 기반 코드를 생성하는 시드는 스마트폰에 저장되기 때문에 "소유 기반" 요소로 작동한다.

### 4) 보안키

더 강도 높은 2단계 인증을 사용하시려면 보안키 사용이 필요하다. 보안키는 인증 앱과 동일한 방식으로 작동하는 물리적 하드웨어 인증 기기이다. 보안키는 가장 강력한 보안을 제공하는 2단계 인증 수단이다. 사용되는 키의 대부분은 FIDO Universal 2nd Factor(U2F) 표준이다.

### 5) 브라우저 확장 프로그램 삭제

Chrome 확장 프로그램 또는 Firefox 애드온과 같은 브라우저 확장 프로그램은 유용한 브라우저 기능을 확장하고 사용자 환경을 향상하지만, 일정 위험을 수반한다. 기본적으로 대부분의 브라우저 확장 프로그램은 '사이트 데이터의 읽기 및 변경' 권한을 요청하기 때문에 귀하의 데이터를 마음대로 활용할 수 있다. Chrome 확장 프로그램은 항상 자동으로 업데이트되기 때문에 이전에는 안전했던 확장 프로그램에 나중에 보안에 위험한 코드가 추가될 수 있다. 대부분의 확장 프로그램은 데이터를 훔치려고 시도하지 않지만, 항상 리스크가 있다는 것을 인식하고 있어야 한다.

# Q&A

## 암호화폐 지갑(Wallet) 시스템 뭐가 궁금해?

**Q1.** 암호화폐 지갑 시스템은 어떤 구조로 되어 있나요?

**A** 암호화폐 지갑 시스템은 크게 소프트웨어 지갑과 하드웨어 지갑으로 나뉩니다. 소프트웨어 지갑은 인터넷 브라우저나 앱 등에서 사용할 수 있는 지갑으로, 온라인 지갑과 오프라인 지갑으로 구분됩니다. 하드웨어 지갑은 USB나 스마트폰 등의 하드웨어 장치에 저장되는 지갑으로, 오프라인 지갑으로 분류됩니다.

**Q2.** 암호화폐 지갑 시스템은 어떤 기능을 제공하나요?

**A**
- 암호화폐의 송수신: 암호화폐 지갑 시스템은 암호화폐의 송수신 기능을 제공합니다.
- 잔액 조회: 암호화폐 지갑 시스템은 보유한 암호화폐의 잔액을 조회할 수 있습니다.
- 거래 내역 조회: 암호화폐 지갑 시스템은 송금, 수령, 환불 등의 거래 내역을 조회할 수 있습니다.
- 보안 기능: 암호화폐 지갑 시스템은 암호화폐 보안을 위한 다양한 기능을 제공합니다.

**Q3.** 암호화폐 지갑 시스템의 보안은 어떻게 되나요?

**A** 암호화폐 지갑 시스템의 보안은 중요한 이슈 중 하나입니다. 지갑은 개인키를 저장하고 암호화폐를 보내고 받는데 필요한 서명 작업을 수행하기 때문에, 지갑이 해킹되거나 분실되면 암호화폐 자산이 손실될 수 있습니다. 따라서 지갑 시스템은 강력한 보안 기술을 사용하여 안전하게 유지해야 합니다.

일반적으로 암호화폐 지갑 시스템의 보안은 다음과 같은 기술적인 방법들을 사용합니다.

- 강력한 암호화 기술: 지갑의 개인키는 AES-256 같은 강력한 암호화 기술로 암호화됩니다.

- 다중 서명: 다중 서명은 여러 사용자가 서명해야 하는 기능으로, 지갑에서 암호화폐를 보내기 전에 두 개 이상의 서명이 필요합니다. 이를 통해 개인키가 유출되더라도 암호화폐를 보호할 수 있습니다.
- 핫 월렛과 콜드 월렛: 핫 월렛은 인터넷에 연결된 지갑으로, 암호화폐를 보내고 받을 때 사용됩니다. 콜드 월렛은 오프라인에서 작동하는 지갑으로, 보안성이 높아 암호화폐를 장기간 보관할 때 사용됩니다.
- 보안 검사: 암호화폐 지갑 시스템은 보안 검사를 통해 취약점을 찾고 보안을 강화합니다.
- 보안 업데이트: 암호화폐 지갑 소프트웨어는 보안 업데이트를 통해 취약점을 수정하고 보안을 강화합니다.
- 물리적 보안: 지갑의 개인키는 물리적으로 안전한 장소에 보관하고, 지갑을 사용할 때는 안전한 컴퓨터나 스마트폰을 사용합니다.

암호화폐 지갑 시스템의 보안은 지갑 사용자의 책임이기도 합니다. 지갑 사용자는 강력한 비밀번호를 설정하고, 개인키를 안전한 장소에 보관하고, 지갑 소프트웨어와 운영체제를 최신 버전으로 유지해야 합니다.

**Q4.** 콜드 월렛의 종류는 어떤 것이 있나요?

**A** 콜드 월렛은 종류에 따라 하드웨어 지갑과 종이 지갑으로 나뉩니다.

**Q5.** 하드웨어 지갑이란 무엇인가요?

**A** 하드웨어 지갑은 USB와 같은 디지털 저장장치 형태로, 지갑에 저장된 개인키를 오프라인으로 안전하게 보관하고 암호화폐 거래를 수행할 수 있는 장치입니다. 대표적으로는 Ledger Nano 시리즈, Trezor 시리즈 등이 있습니다.

**Q6.** 종이 지갑이란 무엇인가요?

**A** 종이 지갑은 개인키를 종이에 출력하여 저장하는 방식으로, 인터넷과 연결되지 않은 컴퓨터에서 생성된 개인키를 안전하게 보관할 수 있습니다. 하지만 종이가 물리적 손상이나 분실될 경우 개인키에 대한 완전한 소멸이 발생할 수 있으므로 주의가 필요합니다.

**Q7.** 콜드 월렛을 사용하는 이유는 무엇인가요?

A 콜드 월렛은 인터넷과 연결되지 않은 안전한 환경에서 개인키를 보관할 수 있어 해킹이나 악성 코드에 의한 도난을 방지할 수 있습니다. 따라서 보안성이 높으며, 큰 금액의 암호화폐를 보유하고 있는 경우에는 적극적으로 사용하는 것이 좋습니다.

**Q8.** 암호화폐 지갑 시스템의 보안 유지는 어떻게 되나요?

A
- 암호화폐 지갑 주소 생성 시, 무작위성이 보장되도록 하기 위해 난수 생성기를 이용합니다. 이를 통해 예측이 불가능한 주소가 생성되어, 개인키를 추측하는 것이 어렵게 됩니다.
- 암호화폐 지갑은 보통 비밀번호로 암호화되어 있으며, 이를 입력하지 않으면 지갑에 접근할 수 없습니다. 따라서 안전한 비밀번호를 설정하고, 외부에 유출되지 않도록 주의해야 합니다.
- 하드웨어 지갑을 사용하는 경우, 지갑에 저장된 개인키를 인터넷에 연결되지 않은 오프라인 상태에서 보관할 수 있어 보안성이 높습니다.
- 2단계 인증 기능을 활용하여, 로그인 시 사용자 인증을 더욱 강화할 수 있습니다.
- 스마트 컨트랙트를 사용한 암호화폐 거래 시, 코드상의 버그나 취약점이 발견될 수 있습니다. 따라서 개발자들은 코드 검증을 철저하게 진행하고, 취약점이 발견될 경우 신속하게 대응해야 합니다.
- 암호화폐 거래소에서는 보통 취약점 검사와 모의해킹 등의 보안 검증을 진행하며, 보안 업체와 협력하여 보안성을 높이고 있습니다.
- 암호화폐 사용자들은 보안을 위해 불필요한 정보를 제공하지 않고, 안전한 인터넷 연결을 유지하는 등 사용자 측에서도 보안에 주의해야 합니다.

암호화폐 지갑 시스템은 지속적인 보안 강화가 필요하며, 사용자들도 보안에 대한 인식과 주의를 기울여야 합니다.

# 7

# 궁금해! 더 알려줘!

# 07

# 궁금해! 더 알려줘!

**Q1.** 비트코인과 피자에 대한 이야기를 알려줘.

**A** 2010년 5월, 프로그래머 라슬로 하니체즈(Laszlo Hanyecz)는 비트코인 포럼에 글을 올리며 파파 존스 피자 두 판을 구입하겠다는 제안을 했습니다. 당시 비트코인 가격은 1비트코인에 대해 0.0041달러로 평가되었습니다. 하니체즈는 두 판의 피자를 위해 10,000비트코인을 제시했습니다. 이 제안에 대해 놀라운 일이 벌어졌습니다. 누군가가 비트코인을 받고 피자를 전달해 주었습니다. 이 이벤트는 이후 "비트코인 피자 데이"로 불리며 매년 5월 22일에 기념합니다. 지금의 비트코인 가격으로 따지면, 그 10,000비트코인은 수백만 달러 가치를 지니고 있습니다.

**Q2.** 암호화폐를 잃어버리는 사례를 알려줘.

**A**
- 개인키 분실: 암호화폐 지갑의 개인키를 분실하면 해당 암호화폐를 영구적으로 잃어버립니다. 개인키는 지갑에서 암호화폐를 사용하거나 전송하는 데에 필요한 중요한 정보이므로, 분실하면 복구할 수 없습니다.
- 해킹: 암호화폐 거래소나 지갑 등이 해킹되어 암호화폐를 탈취당하는 경우도 있습니다. 이 경우에도 잃어버린 암호화폐를 되찾기는 매우 어렵습니다.
- 인터넷 연결 오류: 암호화폐를 전송할 때 인터넷 연결이 끊기거나 오류가 발생하는 경우에도 암호화폐를 잃어버릴 수 있습니다. 이 경우에는 대부분의 암호화폐가 블록체인 기술을 사용하기 때문에, 전송된 암호화폐는 되돌릴 수 없습니다.

암호화폐 분실 관련 뉴스 중에서는 다음과 같은 기사가 있습니다.

- "바이낸스, 해킹으로 6천 600억원 상당 암호화폐 분실"(2021년 5월 10일, 출처: 이데일리)

- “러시아 블록체인 회사, 18억 달러 상당의 비트코인 분실”(2021년 4월 28일, 출처: 블로터닷넷)
- “미국 남부주의 도시, 비트코인 50만 달러 분실”(2021년 4월 6일, 출처: 뉴스)

암호화폐를 잃어버리지 않기 위해서는 안전한 보관 방법과 정확한 거래 과정을 준수하는 것이 중요합니다. 또한, 암호화폐 지갑에 대한 백업과 복구 방법을 항상 준비해 두는 것이 좋습니다.

**Q3.** 암호화폐 정보를 알수 있는 사이트를 종류별로 분류해서 알려줘.

A 1) 시세 정보 사이트

- CoinMarketCap(https://coinmarketcap.com)
- CoinGecko(https://www.coingecko.com)
- LiveCoinWatch(https://www.livecoinwatch.com)

2) 뉴스 및 이벤트 정보 사이트

- CoinDesk(https://www.coindesk.com)
- CryptoSlate(https://cryptoslate.com)
- CryptoPotato(https://cryptopotato.com)

3) 암호화폐 거래소

- Binance(https://www.binance.com)
- Upbit(https://upbit.com)
- Coinbase(https://www.coinbase.com)

**Q4.** 암호화폐 거래소를 국가별로 알려줘.

A

| 미 국 | 한 국 | 일 본 | 중 국 | 싱가포르 |
|---|---|---|---|---|
| • Coinbase | • Upbit | • bitFlyer | • Huobi | • Binance Singapore |
| • Kraken | • Bithumb | • Coincheck | • OKEx | • Coinut |
| • Gemini | • Coinone | • Liquid | • Binance | • Liquid |
| • Bittrex | • Korbit | • Quoine | • Bit－Z | • BitMax |
| • Binance.US | • Gopax | • Zaif | • BitForex | • Luno |

**Q234.** 내가 들어본 바로는 암호화폐를 채굴도 할 수 있다던데 그건 어떻게 하는 거야?

A 암호화폐를 채굴하는 것은 암호화폐의 분산원장인 블록체인을 유지하는 과정입니다. 채굴자들은 암호화폐 거래를 검증하고 새로운 블록을 생성하는 작업을 수행하면서 암호화폐를 얻을 수 있습니다.

일반적으로 채굴에는 고사양의 컴퓨터와 전기를 많이 소모하는 특수한 하드웨어가 필요합니다. 이러한 하드웨어는 채굴 과정에서 수학적인 문제를 해결하면서 새로운 블록을 생성합니다. 이러한 작업을 통해 채굴자는 보상으로 암호화폐를 받게 됩니다.

하지만 최근에는 대부분의 암호화폐가 채굴에 사용되는 특수한 하드웨어인 ASIC을 사용하기 때문에 일반적인 PC로 채굴을 하기는 어려울 수 있습니다. 따라서 채굴을 하려면 많은 자본과 전문적인 장비가 필요합니다.

**Q5.** 암호화폐를 거래할 수 있는 곳인지는 어떻게 확인해?

A 암호화폐 거래를 할 수 있는 곳은 암호화폐 거래소라는 플랫폼을 통해 이루어집니다. 그러나 모든 암호화폐 거래소가 안전하고 신뢰할 수 있는 것은 아닙니다. 따라서 암호화폐 거래소를 선택할 때는 다음과 같은 사항을 고려해야 합니다.

- 정품 인증: 거래소가 정식으로 등록되었는지 확인하십시오. 대부분의 국가에서는 암호화폐 거래소가 등록되어 있어야 합니다. 이를 확인하려면 해당 국가의 금융감독당국 웹사이트를 방문하십시오.
- 거래 수수료: 거래소마다 거래 수수료가 다릅니다. 거래소가 매우 저렴하거나 무료 거래를 제공하면 이상하게 보일 수 있습니다. 이러한 경우에는 다른 사용자들의 후기 및 리뷰 등을 참고하십시오.

**Q6.** 암호화폐의 가치가 정해지는 기준이 무엇일까?

A 암호화폐의 가치는 시장에서의 수요와 공급에 따라 결정됩니다. 즉, 사람들이 암호화폐를 원하는 만큼 많이 구매하고 판매하는 것에 따라 가격이 결정됩니다. 이는 전통적인 주식이나 외환 시장과 동일한 원리입니다.

하지만 암호화폐의 경우, 정부나 중앙 기관이 개입하지 않기 때문에 가격 변동이 더욱 심합니다. 뉴스나 소문에 따라서 가격이 급격하게 오르거나 내려갈 수 있습니다. 또한, 일부 암호화폐는 특정 기술 또는 프로젝트와 관련되어 있어서 해당 기술이나 프로젝트의 성공 가능성에 따라 가격이 결정될 수도 있습니다.

그리고 암호화폐의 발행량에 따라 가격이 결정될 수도 있습니다. 일부 암호화폐는 발행량이 제한되어 있어서 수요가 많아지면 가격이 급등하기도 합니다.

마지막으로, 일부 대형 투자자나 기관이 암호화폐를 매입하면서 가격이 크게 올라갈 수도 있습니다. 이러한 요인들이 모여서 암호화폐의 가격을 결정합니다.

**Q7.** 암호화폐는 매우 높은 보안 수준을 자랑하는 것으로 알고 있는데 해킹으로 인한 암호화폐의 탈취는 불가능한 걸까?

**A** 암호화폐는 블록체인 기술을 이용하여 분산 원장으로 거래 내역을 기록하고, 암호학 기술을 이용하여 보안을 유지하는 등 매우 높은 보안 수준을 가지고 있습니다. 하지만 해킹으로 인한 암호화폐 탈취는 완전히 불가능한 것은 아닙니다.

해커들은 암호화폐 거래소나 지갑 등에서 암호화폐를 탈취하기 위해 다양한 방법을 시도합니다. 이들은 피싱(Phishing), 악성 코드, 스미싱(Smishing) 등 다양한 기술을 이용하여 사용자의 개인정보나 암호화폐를 탈취하려고 합니다.

또한, 암호화폐는 분산원장 기술을 이용하여 거래 내역을 기록하기 때문에, 해당 거래소의 보안에 취약점이 발생하면 전체 거래 내역이 위협받을 수 있습니다. 이러한 경우에는 해커들이 거래 내역을 조작하여 암호화폐를 탈취할 수 있습니다.

하지만 암호화폐의 분산원장 기술과 암호학 기술을 이용한 보안 수준이 매우 높기 때문에, 탈취된 암호화폐를 되찾는 것은 매우 어렵습니다. 따라서 사용자는 암호화폐를 안전하게 보호하기 위해 보안 수준을 높이는 등의 보안 조치를 취해야 합니다.

**Q8.** 암호화폐는 가격 변동성이 매우 큰걸로 알고 있어 그런데 암호화폐로 거래가 이루어지는 식당이나 가게가 있는걸로 알고 있는데 그럼 암호화페의 시세를 적용하여 그날 계산을 했는데 다음날 코인의 가치가 떨어지면 가게 주인은 손해를 볼 수밖에 없는데 가격 변동이 큰 암호화폐가 거래의 수단으로 적절할까?

**A** 맞습니다. 암호화폐의 가격 변동성이 매우 크기 때문에, 암호화폐를 이용한 거래가 가격 변동에 영향을 받는다는 것은 사실입니다. 그러나 이에 대한 대응 방법이 있습니다.

먼저, 암호화폐로 결제를 받는 가게나 식당 등은 암호화폐의 가격 변동성을 고려하여 다양한 대응책을 마련하고 있습니다. 가장 일반적인 대응책은 암호화폐를 즉시 환전하여 현금으로 바꾸는 것입니다. 이렇게 하면 암호화폐의 가격 변동에 영향을 받지 않기 때문에 안정적인 거래가 가능합니다.

또 다른 대응책으로는 암호화폐의 가격을 즉시 확정하는 결제 시스템을 도입하는 것입니다. 이러한 시스템은 결제 시점에서 암호화폐의 가격을 확정하고, 이를 기준으로 결제를 진행합니다. 이 경우, 암호화폐의 가격 변동과 무관하게 거래가 이루어지기 때문에 안정적인 거래가 가능합니다.

또한, 일부 암호화폐는 가격 변동성이 상대적으로 낮은 스테이블코인(Stablecoin)이라는 종류가 있습니다. 이러한 스테이블코인을 이용하여 거래를 진행하면 가격 변동성에 대한 영향을 최소화할 수 있습니다.

따라서, 암호화폐를 거래의 수단으로 이용하는 경우에도 가격 변동성에 대한 대응책을 마련하여 안정적인 거래가 가능하도록 하는 것이 중요합니다.

**Q9.** 암호화폐를 국가 화폐로 지정하면 여러 장단점이 생길텐데 나는 암호화폐를 국가 화폐로 지정하면 장점보다는 단점이 더 많을 것 같거든? 예를 들어 모든 사람들이 휴대폰이나 컴퓨터를 가지고 있는 것은 아니잖아? 그런 사람들은 암호화폐를 이용한 거래에 어려움이 있을것 같아 그리고 어린아이들이 암호화폐를 사용하기에도 어려움이 있을 것 같고 혹시 암호화폐를 국가 화폐로 지정하는 것에 대해 어떻게 생각해?

**A** 암호화폐를 국가 화폐로 지정하는 것은 여러 가지 이점과 함께 단점도 존재합니다. 암호화폐가 국가 화폐로 인정된다면, 암호화폐를 보유하고 있는 개인이나 기업은 국가에서 인정하는 범위 내에서 더욱 쉽게 암호화폐를 사용할 수 있게 됩니다. 따라서 암호화폐의 유통성이 향상될 수 있고, 이는 암호화폐의 가치 상승에 기여할 수 있습니다.

하지만, 암호화폐를 국가 화폐로 지정하는 것은 여러 가지 문제점도 동반됩니다. 예를 들어, 모든 국민이 암호화폐를 보유하고 있지 않은 경우 암호화폐를 사용하는데 어려움이 있을 수 있습니다. 또한, 암호화폐를 이용한 거래에 대한 보안 이슈와 범죄 예방에 대한 고민도 필요합니다. 또한, 암호화폐는 가격 변동성이 높은 자산으로 알려져 있기 때문에, 국가 화폐로 지정하면서도 가격 변동에 대한 대응책을 마련해야 할 것입니다.

따라서, 암호화폐를 국가 화폐로 지정하는 것은 장단점을 고려해야 합니다. 그러나 암호화폐는 블록체인 기술을 바탕으로 분산형 거래 시스템을 구축하는 등 혁신적인 가능성을 가지고 있기 때문에, 적극적인 검토와 논의가 필요한 문제입니다.

**Q10.** 내가 듣기로는 장난으로 만든 코인도 있다고 들었는데 그런 코인들도 가치에 비해 거래가 활발하게 일어난다고 들었어. 그 이유가 뭘까?

A 맞아요. 장난으로 만들어진 암호화폐도 있습니다. 이런 종류의 암호화폐는 일반적으로 "머메" 또는 "도지코인"과 같은 이름을 가지고 있습니다. 이런 암호화폐들이 인기를 끌게 된 이유는 다양합니다.

첫째, 이러한 암호화폐들은 보통 매우 저렴한 가격으로 거래되기 때문에 많은 사람들이 쉽게 접근할 수 있습니다.

둘째, 이러한 암호화폐들은 대부분 커뮤니티 지원을 받고 있어서 사용자들이 적극적으로 홍보하고 이용하려는 경향이 있습니다.

셋째, 이러한 암호화폐들은 가치의 상승에 대한 기대감이 있어서 많은 투자자들의 관심을 받게 됩니다.

하지만 이러한 암호화폐들은 대부분 투기적인 요소가 강하게 작용하기 때문에, 투자에 있어서 매우 위험한 요소를 내포하고 있다는 점을 인지해야 합니다. 따라서 이러한 암호화폐를 구매하기 전에 충분한 조사와 심사숙고가 필요합니다.

# 8

## 존버 가즈아~! SNS(2017)

# 08

# 존버 가즈아~! SNS(2017)

**세계 가상화폐 거래소 순위**

※빗썸과 코인원은 국내 거래소
자료: 코인힐스(9월1일 14시 기준)

| 순위 | 거래소명 | 점유율(%) |
|---|---|---|
| 1 | 빗썸 | 13.51 |
| 2 | 비트렉스 | 11.14 |
| 3 | 비트플라이어 | 10.64 |
| 4 | 폴로닉스 | 7.01 |
| 5 | 비트피넥스 | 6.55 |
| 6 | 오케이코인 | 5.48 |
| 7 | 지닥스 | 4.55 |
| 8 | 후오비 | 4.06 |
| 9 | 크라켄 | 3.59 |
| 10 | 코인원 | 3.41 |

자료: '가상화폐 하루 거래액, 작년 1년치 맞먹는다', 한겨레신문, 2017. 9.

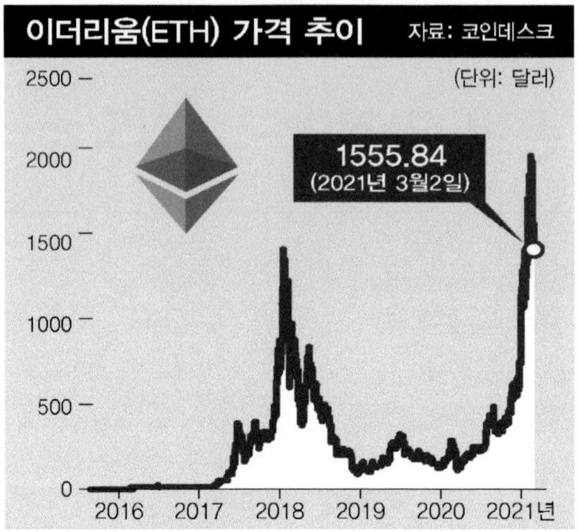


자료: '이더리움, 비트코인보다 더 오른 이유는?', 한겨레신문, 2021. 3.

2017년 8월 4일 금요일 이더리움이 25만원이었으며, 신흥 부자들이 생겨나고 재산을 탕진하고 한마디로 불장이었다. 이 시기에 유명했던 카톡방의 이야기를 통해 암호화폐 시장을 들여다보자.

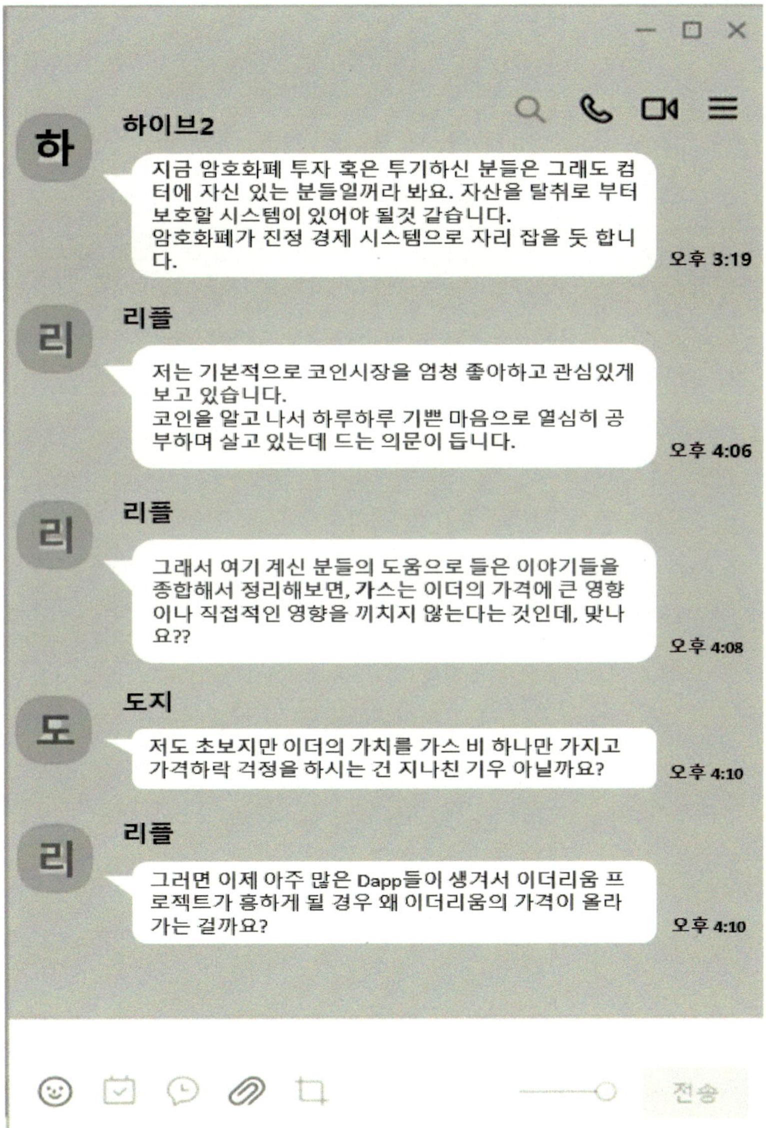

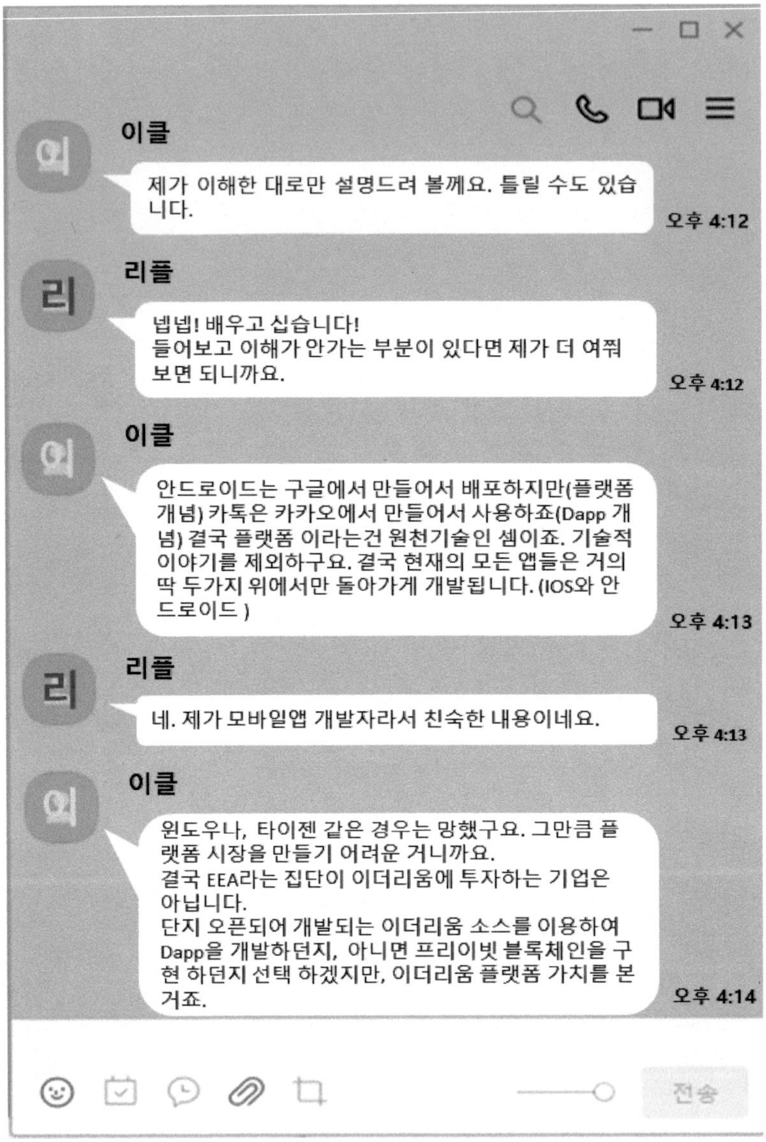
이클
제가 이해한 대로만 설명드려 볼께요. 틀릴 수도 있습니다.
오후 4:12
리플
넵넵! 배우고 싶습니다!
들어보고 이해가 안가는 부분이 있다면 제가 더 여쭤보면 되니까요.
오후 4:12
이클
안드로이드는 구글에서 만들어서 배포하지만(플랫폼 개념) 카톡은 카카오에서 만들어서 사용하죠(Dapp 개념) 결국 플랫폼 이라는건 원천기술인 셈이죠. 기술적 이야기를 제외하구요. 결국 현재의 모든 앱들은 거의 딱 두가지 위에서만 돌아가게 개발됩니다. (IOS와 안드로이드 )
오후 4:13
리플
네. 제가 모바일앱 개발자라서 친숙한 내용이네요.
오후 4:13
이클
윈도우나, 타이젠 같은 경우는 망했구요. 그만큼 플랫폼 시장을 만들기 어려운 거니까요.
결국 EEA라는 집단이 이더리움에 투자하는 기업은 아닙니다.
단지 오픈되어 개발되는 이더리움 소스를 이용하여 Dapp을 개발하던지, 아니면 프리이빗 블록체인을 구현 하던지 선택 하겠지만, 이더리움 플랫폼 가치를 본거죠.
오후 4:14
전송

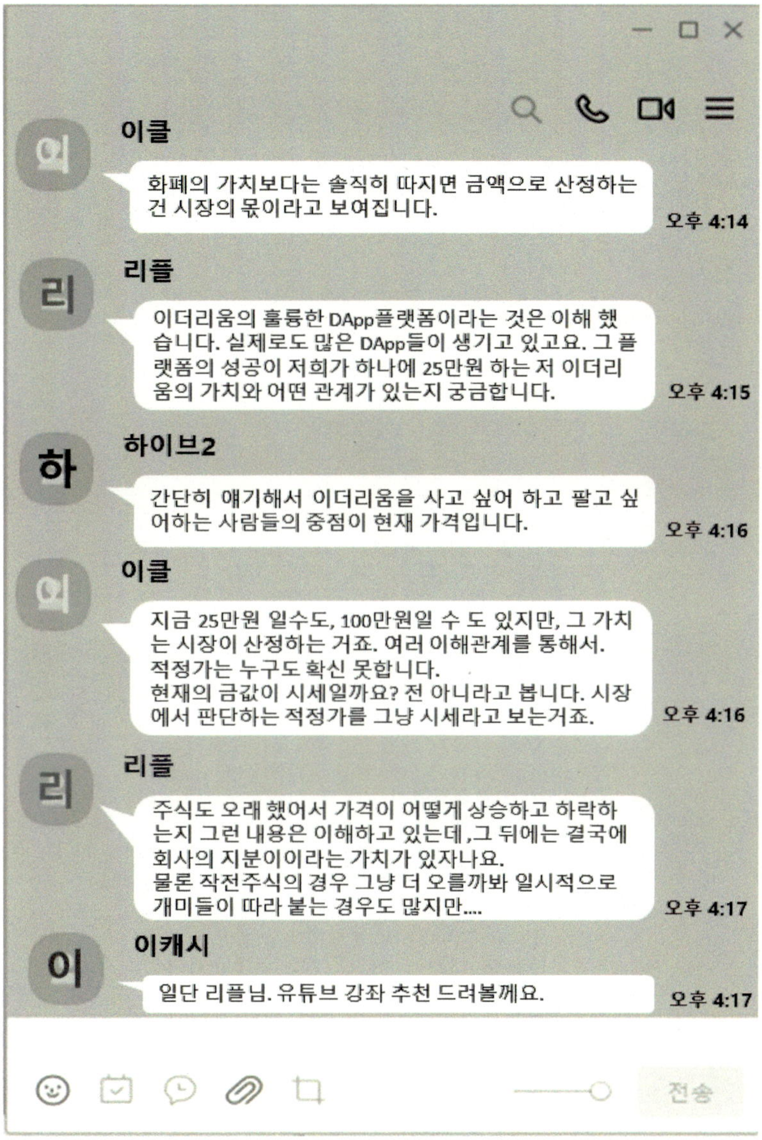
이클
화폐의 가치보다는 솔직히 따지면 금액으로 산정하는 건 시장의 몫이라고 보여집니다.
오후 4:14
리플
이더리움의 훌륭한 DApp플랫폼이라는 것은 이해 했습니다. 실제로도 많은 DApp들이 생기고 있고요. 그 플랫폼의 성공이 저희가 하나에 25만원 하는 저 이더리움의 가치와 어떤 관계가 있는지 궁금합니다.
오후 4:15
하이브2
간단히 얘기해서 이더리움을 사고 싶어 하고 팔고 싶어하는 사람들의 중점이 현재 가격입니다.
오후 4:16
이클
지금 25만원 일수도, 100만원일 수 도 있지만, 그 가치는 시장이 산정하는 거죠. 여러 이해관계를 통해서.
적정가는 누구도 확신 못합니다.
현재의 금값이 시세일까요? 전 아니라고 봅니다. 시장에서 판단하는 적정가를 그냥 시세라고 보는거죠.
오후 4:16
리플
주식도 오래 했어서 가격이 어떻게 상승하고 하락하는지 그런 내용은 이해하고 있는데,그 뒤에는 결국에 회사의 지분이이라는 가치가 있자나요.
물론 작전주식의 경우 그냥 더 오를까봐 일시적으로 개미들이 따라 붙는 경우도 많지만....
오후 4:17
이캐시
일단 리플님. 유튜브 강좌 추천 드려볼께요.
오후 4:17
전송

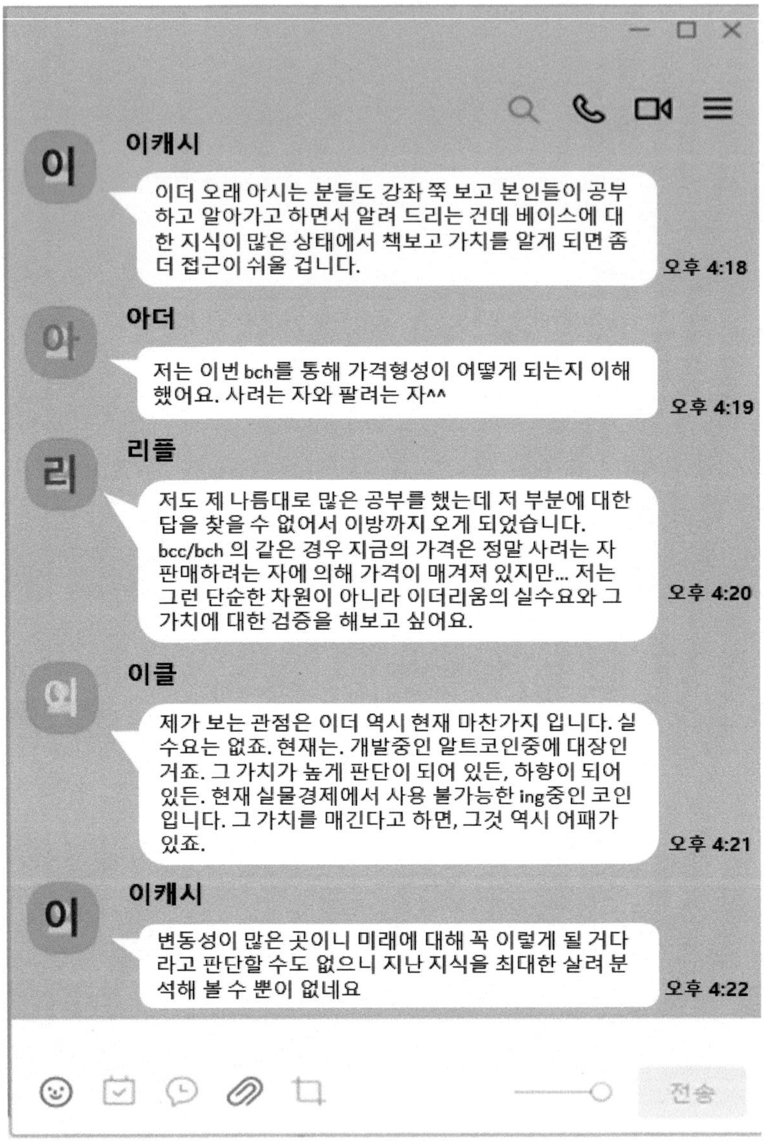
이캐시
이더 오래 아시는 분들도 강좌 쭉 보고 본인들이 공부하고 알아가고 하면서 알려 드리는 건데 베이스에 대한 지식이 많은 상태에서 책보고 가치를 알게 되면 좀 더 접근이 쉬울 겁니다.
오후 4:18
아더
저는 이번 bch를 통해 가격형성이 어떻게 되는지 이해했어요. 사려는 자와 팔려는 자^^
오후 4:19
리플
저도 제 나름대로 많은 공부를 했는데 저 부분에 대한 답을 찾을 수 없어서 이방까지 오게 되었습니다.
bcc/bch 의 같은 경우 지금의 가격은 정말 사려는 자 판매하려는 자에 의해 가격이 매겨져 있지만... 저는 그런 단순한 차원이 아니라 이더리움의 실수요와 그 가치에 대한 검증을 해보고 싶어요.
오후 4:20
이클
제가 보는 관점은 이더 역시 현재 마찬가지 입니다. 실수요는 없죠. 현재는. 개발중인 알트코인중에 대장인 거죠. 그 가치가 높게 판단이 되어 있든, 하향이 되어 있든. 현재 실물경제에서 사용 불가능한 ing중인 코인입니다. 그 가치를 매긴다고 하면, 그것 역시 어패가 있죠.
오후 4:21
이캐시
변동성이 많은 곳이니 미래에 대해 꼭 이렇게 될 거다라고 판단할 수도 없으니 지난 지식을 최대한 살려 분석해 볼 수 뿐이 없네요
오후 4:22
전송

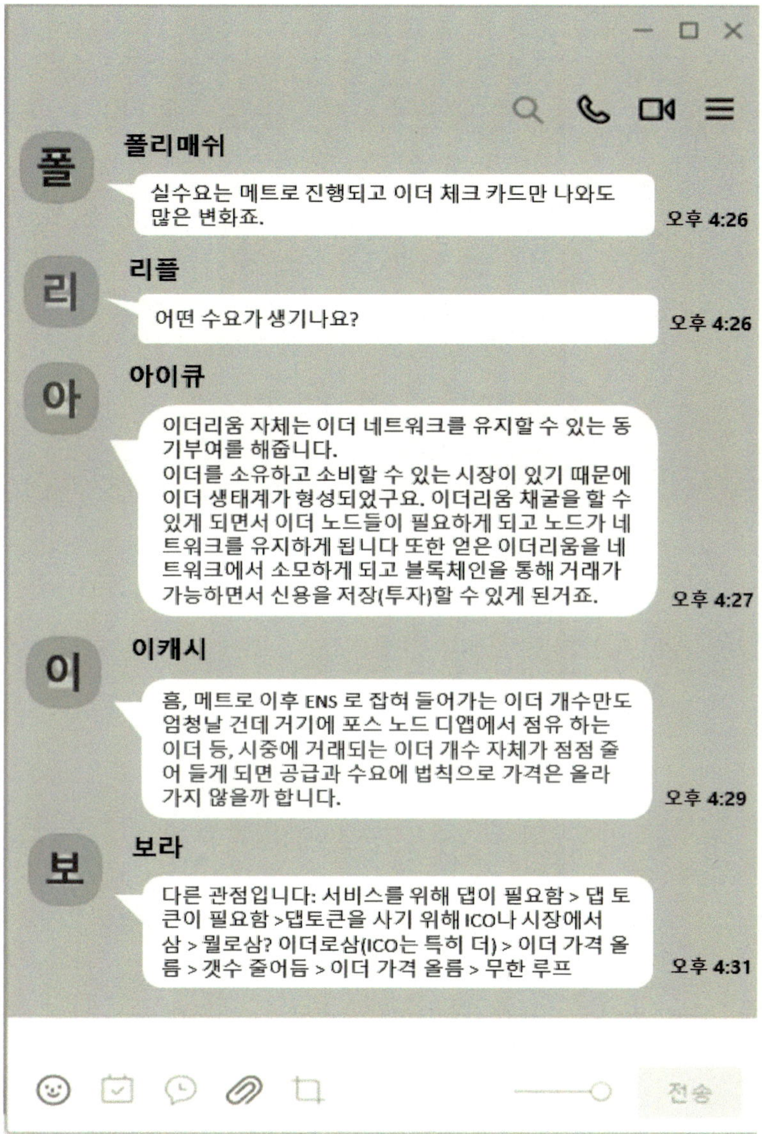
폴리매쉬
실수요는 메트로 진행되고 이더 체크 카드만 나와도 많은 변화죠.
오후 4:26
리플
어떤 수요가 생기나요?
오후 4:26
아이큐
이더리움 자체는 이더 네트워크를 유지할 수 있는 동기부여를 해줍니다.
이더를 소유하고 소비할 수 있는 시장이 있기 때문에 이더 생태계가 형성되었구요. 이더리움 채굴을 할 수 있게 되면서 이더 노드들이 필요하게 되고 노드가 네트워크를 유지하게 됩니다 또한 얻은 이더리움을 네트워크에서 소모하게 되고 블록체인을 통해 거래가 가능하면서 신용을 저장(투자)할 수 있게 된거죠.
오후 4:27
이캐시
흠, 메트로 이후 ENS 로 잡혀 들어가는 이더 개수만도 엄청날 건데 거기에 포스 노드 디앱에서 점유 하는 이더 등, 시중에 거래되는 이더 개수 자체가 점점 줄어 들게 되면 공급과 수요에 법칙으로 가격은 올라 가지 않을까 합니다.
오후 4:29
보라
다른 관점입니다: 서비스를 위해 댑이 필요함 > 댑 토큰이 필요함 >댑토큰을 사기 위해 ICO나 시장에서 삼 > 뭘로삼? 이더로삼(ICO는 특히 더) > 이더 가격 올름 > 갯수 줄어듬 > 이더 가격 올름 > 무한 루프
오후 4:31
전송

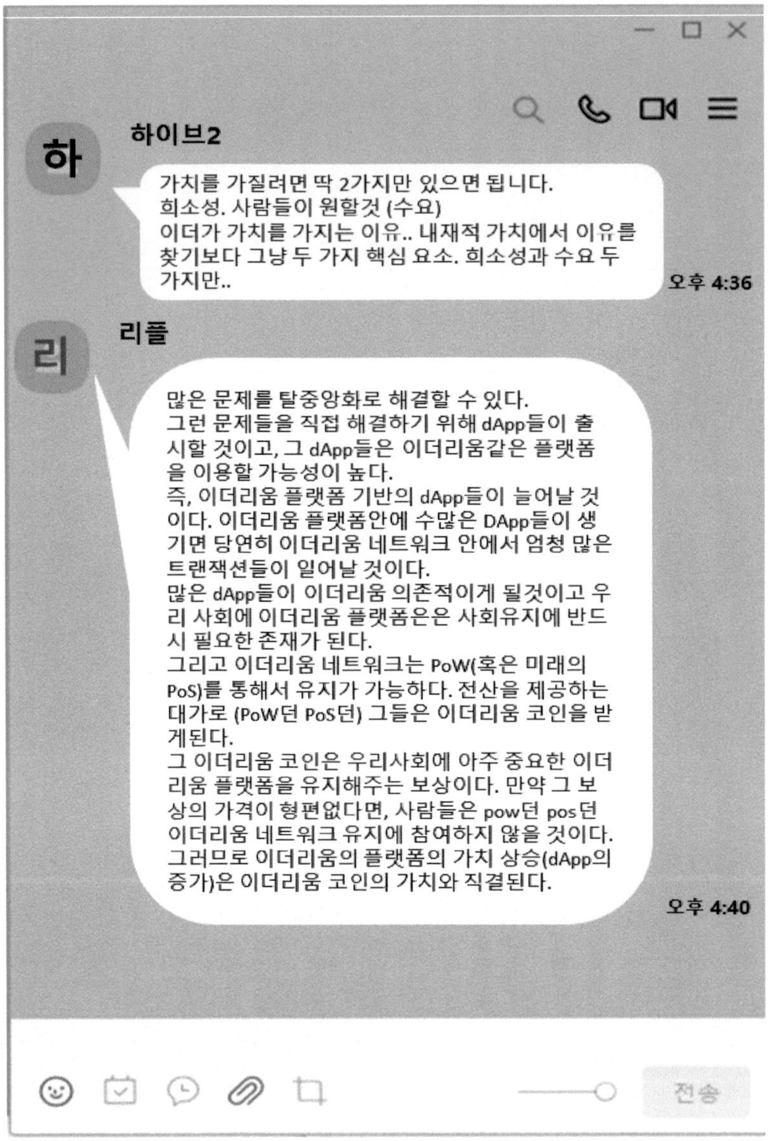
하이브2
가치를 가질려면 딱 2가지만 있으면 됩니다.
희소성. 사람들이 원할것 (수요)
이더가 가치를 가지는 이유.. 내재적 가치에서 이유를
찾기보다 그냥 두 가지 핵심 요소. 희소성과 수요 두
가지만..
오후 4:36
리플
많은 문제를 탈중앙화로 해결할 수 있다.
그런 문제들을 직접 해결하기 위해 dApp들이 출
시할 것이고, 그 dApp들은 이더리움같은 플랫폼
을 이용할 가능성이 높다.
즉, 이더리움 플랫폼 기반의 dApp들이 늘어날 것
이다. 이더리움 플랫폼안에 수많은 DApp들이 생
기면 당연히 이더리움 네트워크 안에서 엄청 많은
트랜잭션들이 일어날 것이다.
많은 dApp들이 이더리움 의존적이게 될것이고 우
리 사회에 이더리움 플랫폼은은 사회유지에 반드
시 필요한 존재가 된다.
그리고 이더리움 네트워크는 PoW(혹은 미래의
PoS)를 통해서 유지가 가능하다. 전산을 제공하는
대가로 (PoW던 PoS던) 그들은 이더리움 코인을 받
게된다.
그 이더리움 코인은 우리사회에 아주 중요한 이더
리움 플랫폼을 유지해주는 보상이다. 만약 그 보
상의 가격이 형편없다면, 사람들은 pow던 pos던
이더리움 네트워크 유지에 참여하지 않을 것이다.
그러므로 이더리움의 플랫폼의 가치 상승(dApp의
증가)은 이더리움 코인의 가치와 직결된다.
오후 4:40
전송

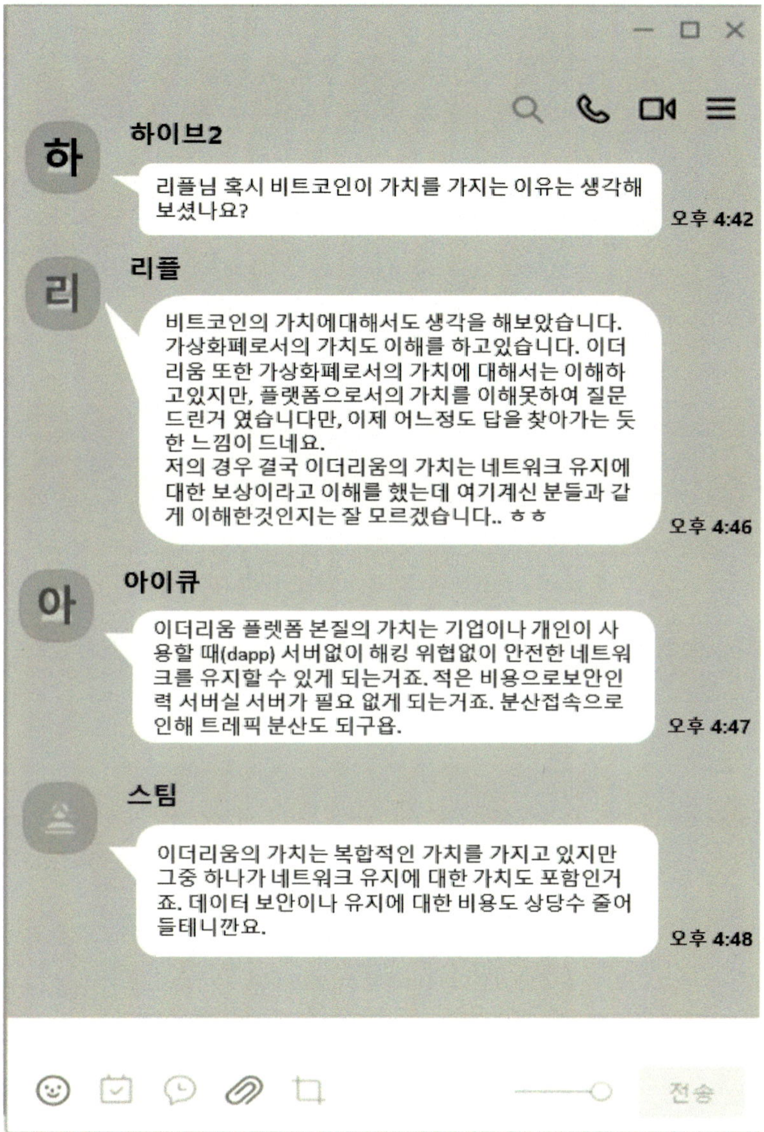
하이브2
리플님 혹시 비트코인이 가치를 가지는 이유는 생각해 보셨나요?
오후 4:42
리플
비트코인의 가치에대해서도 생각을 해보았습니다. 가상화폐로서의 가치도 이해를 하고있습니다. 이더리움 또한 가상화폐로서의 가치에 대해서는 이해하고있지만, 플랫폼으로서의 가치를 이해못하여 질문 드린거 였습니다만, 이제 어느정도 답을 찾아가는 듯 한 느낌이 드네요.
저의 경우 결국 이더리움의 가치는 네트워크 유지에 대한 보상이라고 이해를 했는데 여기계신 분들과 같게 이해한것인지는 잘 모르겠습니다.. ㅎㅎ
오후 4:46
아이큐
이더리움 플렛폼 본질의 가치는 기업이나 개인이 사용할 때(dapp) 서버없이 해킹 위협없이 안전한 네트워크를 유지할 수 있게 되는거죠. 적은 비용으로보안인력 서버실 서버가 필요 없게 되는거죠. 분산접속으로 인해 트레픽 분산도 되구욥.
오후 4:47
스팀
이더리움의 가치는 복합적인 가치를 가지고 있지만 그중 하나가 네트워크 유지에 대한 가치도 포함인거죠. 데이터 보안이나 유지에 대한 비용도 상당수 줄어들테니깐요.
오후 4:48
전송

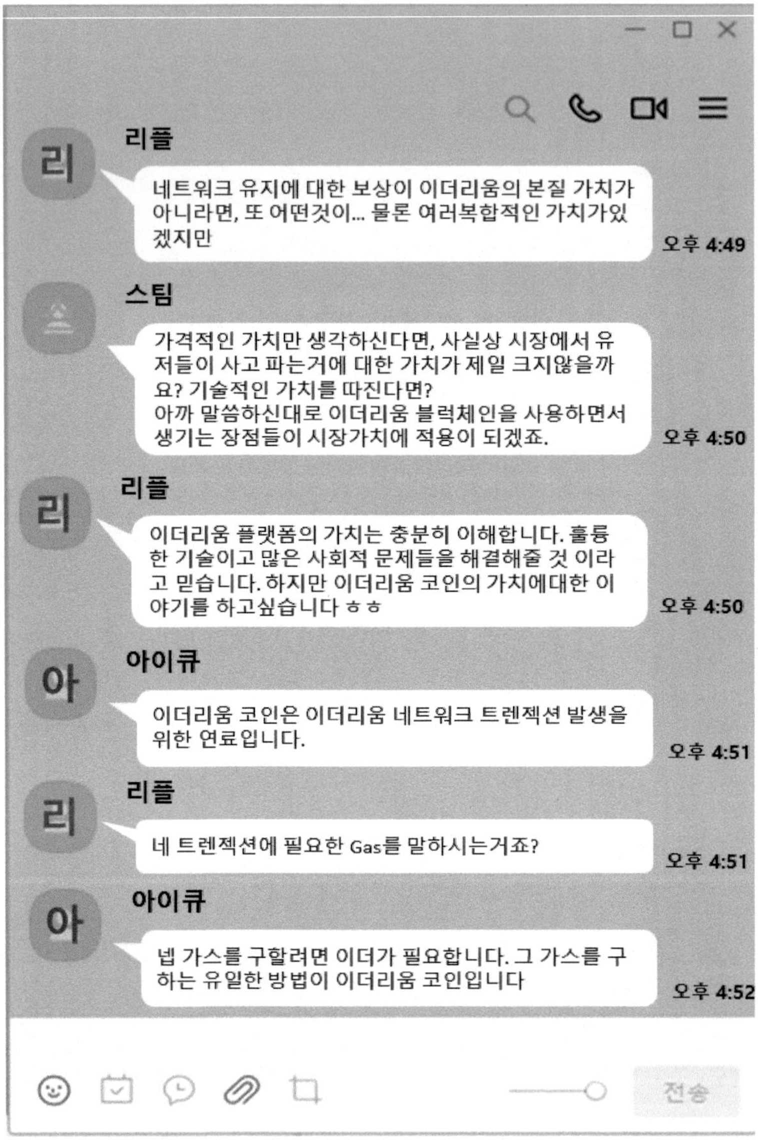
리플
네트워크 유지에 대한 보상이 이더리움의 본질 가치가 아니라면, 또 어떤것이... 물론 여러복합적인 가치가있겠지만
오후 4:49
스팀
가격적인 가치만 생각하신다면, 사실상 시장에서 유저들이 사고 파는거에 대한 가치가 제일 크지않을까요? 기술적인 가치를 따진다면?
아까 말씀하신대로 이더리움 블럭체인을 사용하면서 생기는 장점들이 시장가치에 적용이 되겠죠.
오후 4:50
리플
이더리움 플랫폼의 가치는 충분히 이해합니다. 훌륭한 기술이고 많은 사회적 문제들을 해결해줄 것 이라고 믿습니다. 하지만 이더리움 코인의 가치에대한 이야기를 하고싶습니다 ㅎㅎ
오후 4:50
아이큐
이더리움 코인은 이더리움 네트워크 트렌젝션 발생을 위한 연료입니다.
오후 4:51
리플
네 트렌젝션에 필요한 Gas를 말하시는거죠?
오후 4:51
아이큐
넵 가스를 구할려면 이더가 필요합니다. 그 가스를 구하는 유일한 방법이 이더리움 코인입니다
오후 4:52
전송

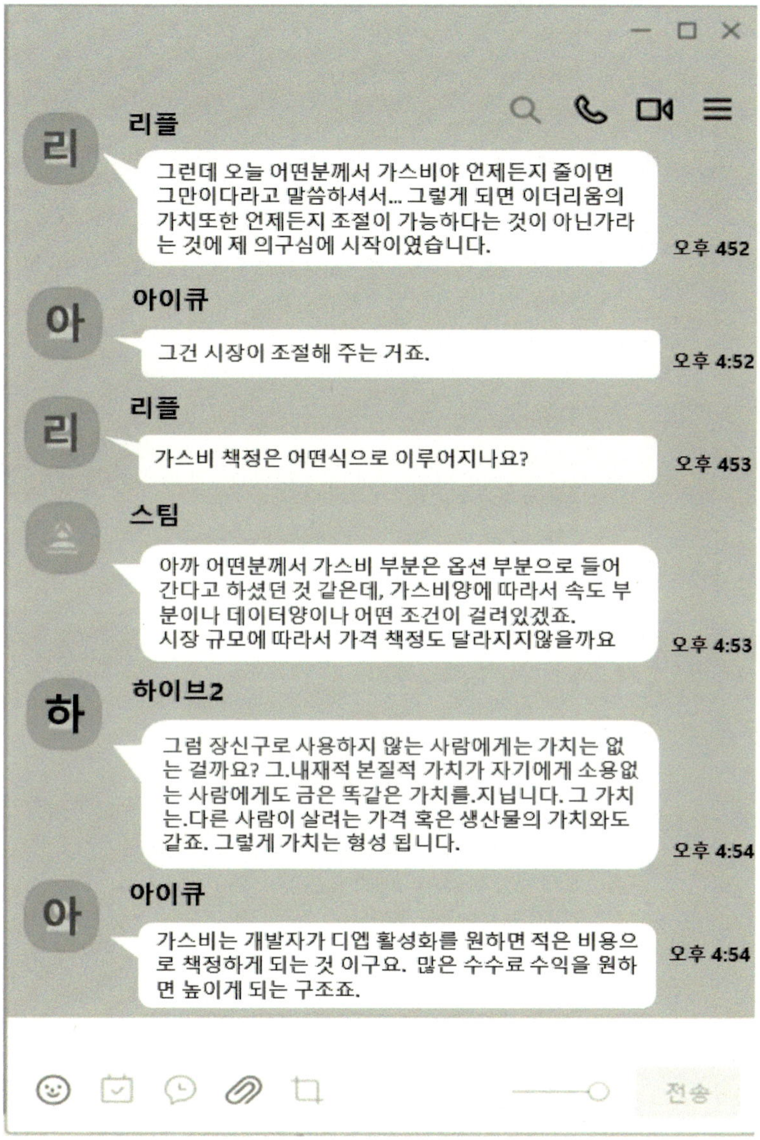
리플
그런데 오늘 어떤분께서 가스비야 언제든지 줄이면 그만이다라고 말씀하셔서... 그렇게 되면 이더리움의 가치또한 언제든지 조절이 가능하다는 것이 아닌가라는 것에 제 의구심에 시작이였습니다.
오후 452
아이큐
그건 시장이 조절해 주는 거죠.
오후 4:52
리플
가스비 책정은 어떤식으로 이루어지나요?
오후 453
스팀
아까 어떤분께서 가스비 부분은 옵션 부분으로 들어간다고 하셨던 것 같은데, 가스비양에 따라서 속도 부분이나 데이터양이나 어떤 조건이 걸려있겠죠.
시장 규모에 따라서 가격 책정도 달라지지않을까요
오후 4:53
하이브2
그럼 장신구로 사용하지 않는 사람에게는 가치는 없는 걸까요? 그.내재적 본질적 가치가 자기에게 소용없는 사람에게도 금은 똑같은 가치를.지닙니다. 그 가치는.다른 사람이 살려는 가격 혹은 생산물의 가치와도 같죠. 그렇게 가치는 형성 됩니다.
오후 4:54
아이큐
가스비는 개발자가 디엡 활성화를 원하면 적은 비용으로 책정하게 되는 것 이구요. 많은 수수료 수익을 원하면 높이게 되는 구조죠.
오후 4:54
전송

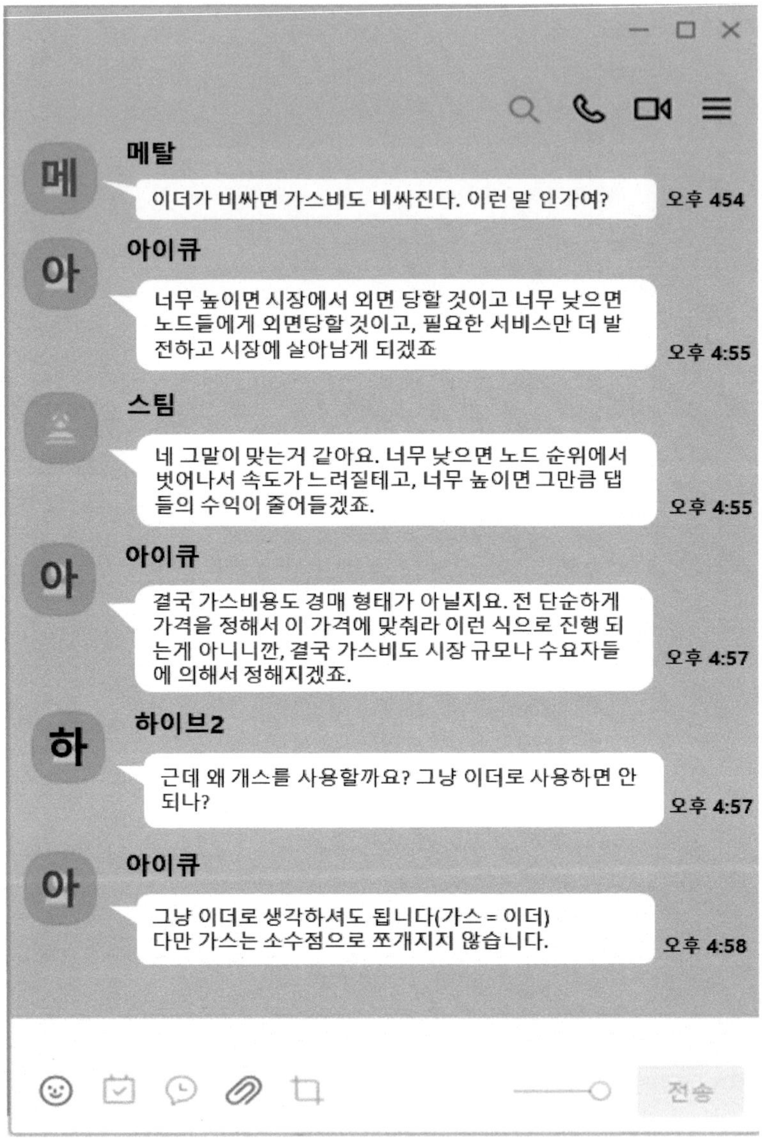
메탈
이더가 비싸면 가스비도 비싸진다. 이런 말 인가여?
오후 454
아이큐
너무 높이면 시장에서 외면 당할 것이고 너무 낮으면 노드들에게 외면당할 것이고, 필요한 서비스만 더 발전하고 시장에 살아남게 되겠죠
오후 4:55
스팀
네 그말이 맞는거 같아요. 너무 낮으면 노드 순위에서 벗어나서 속도가 느려질테고, 너무 높이면 그만큼 댑들의 수익이 줄어들겠죠.
오후 4:55
아이큐
결국 가스비용도 경매 형태가 아닐지요. 전 단순하게 가격을 정해서 이 가격에 맞춰라 이런 식으로 진행 되는게 아니니깐, 결국 가스비도 시장 규모나 수요자들에 의해서 정해지겠죠.
오후 4:57
하이브2
근데 왜 개스를 사용할까요? 그냥 이더로 사용하면 안되나?
오후 4:57
아이큐
그냥 이더로 생각하셔도 됩니다(가스 = 이더)
다만 가스는 소수점으로 쪼개지지 않습니다.
오후 4:58
전송

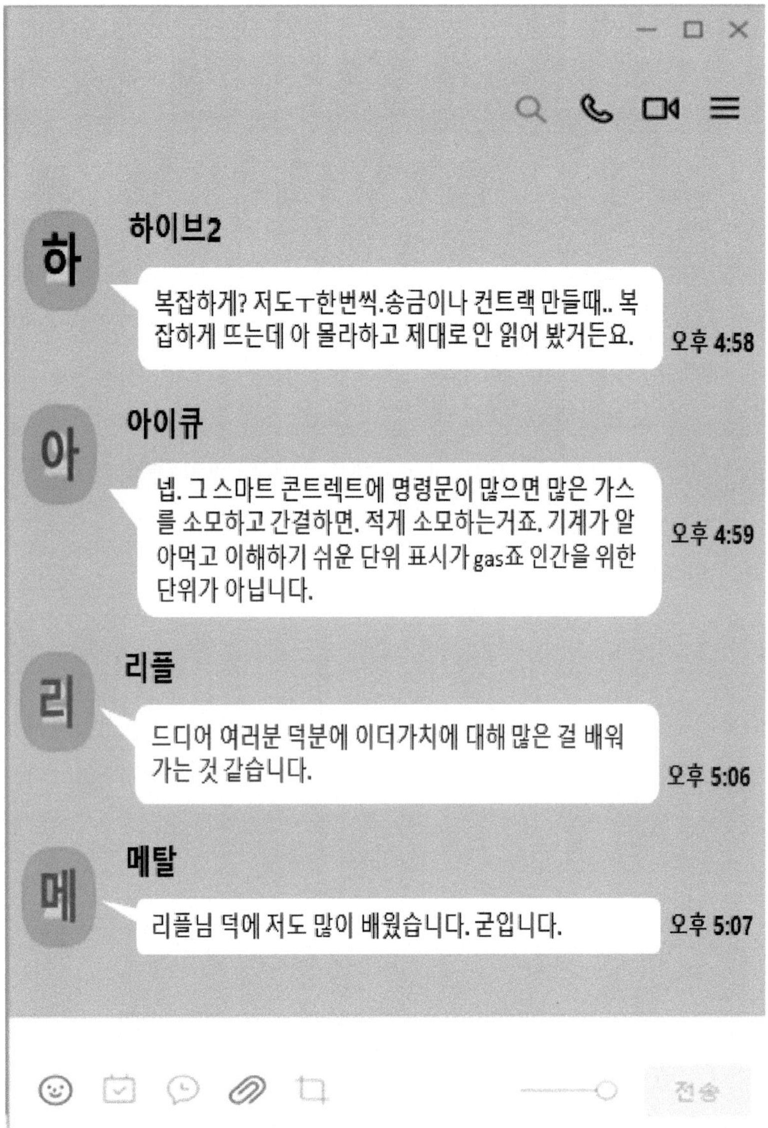
하이브2
복잡하게? 저도ㅜ한번씩.송금이나 컨트랙 만들때.. 복잡하게 뜨는데 아 몰라하고 제대로 안 읽어 봤거든요.
오후 4:58
아이큐
넵. 그 스마트 콘트렉트에 명령문이 많으면 많은 가스를 소모하고 간결하면. 적게 소모하는거죠. 기계가 알아먹고 이해하기 쉬운 단위 표시가 gas죠 인간을 위한 단위가 아닙니다.
오후 4:59
리플
드디어 여러분 덕분에 이더가치에 대해 많은 걸 배워가는 것 같습니다.
오후 5:06
메탈
리플님 덕에 저도 많이 배웠습니다. 굳입니다.
오후 5:07
전송

최근 암호화폐 시장(23년 1월 기준 비트코인 21,000달러 돌파)이 다시 활기를 되찾고 있기에 2017년의 '그때'를 후회하며, 새로운 기회를 찾기 위한 시점을 기다리고 있을 수 있다. 암호화폐 시장은 단기간에 급격한 부를 이룰 수 있는 매력적인 투자 시장임에는 틀림없다. 하지만 정확한 분석이나 투자전략 없이 시류를 믿고 투자를 하게 될 경우 높은 확률로 경제적 손실을 얻게 될 것이다.

해당 채팅방 대화는 국내에서 이더리움에 대한 관심이 급증하기 시작한 시점으로, 초기 대화 내용에서는 이더리움의 화폐 가치에 대한 이야기를 시작으로 이더리움 플랫폼의 미래전망에 대한 분석을 하고, 이더리움의 기술적 원리까지 대화가 이루어진다. 본문에서는 생략되었으나 이후 대화에서는 보다 전문적인 암호화폐 분석과 경제적인 흐름을 분석하는 등의 내용이 포함되어 있다. 만약, 암호화폐에 대한 투자를 생각한다면, 이 자료 통해 국내 암호화폐에 관심이 있는 사람들이 어떤 방식으로 투자에 접근하는지 살펴볼 수 있는 기회가 되기를 바란다.

* 상기 채팅 내용은 8월 4일자 대화내용 중 주요 대화를 시간대별로 편집하여 수록하였으며, 이후 주요 대화내용은 [부록II] : 8장 존버 가즈아~! SNS(2017) 이후 이야기에 수록하였다.

# 참고문헌


[1] [블록체인], 두산백과 두피디아, (https://www.doopedia.co.kr/doopedia/master/master.do?_method=view&MAS_IDX=180220001565418)

[2] 유거송, 김경훈, '기술동향브리프 2018-01호',한국과학기술기획평가원(KISTEP), 2018.

[3] 보험연구원 연구자료, '블록체인의 이해',보험연구원(KIRI), 2018.

[4] [블록체인 시리즈 1-블록체인의 개념, 역사, 작동원리], 해시넷블로그(https://blog.naver.com/hashnet), 2018.

[5] [블록체인 기술의 발전과 활용:Understood, Issued, BC], 네이버블로그(blog.naver.com), 2023.

[6] [분산원장기술의 적용사례와 보안표준화 전망], 이글루(www.igloo.co.kr), 2017.

[7] [분산 원장 기술 추천 처음 보는 정보들], 네이버블로그(blog.naver.com), 2023.

[8] [비대칭 키부터 블록첸니까지, 알수록 쓸모인는 '암호화'상식], ciokorea(www.ciokorea.com), 2021.

[9] [블록체인 기술 및 블록에 관한 정의], (https://steemit.com/kr/@yahweh87/3), 2017.

[10] [블록체인 구조와 블록체인 트랜잭션], 코드스테이츠 블록체인 부트캠프(https://www.codestates.com/blog), 2023.

[11] [블록체인], 해시넷위키(http://wiki.hash.kr/index.php/블록체인), 2017.

[12] [비트코인개발자 가이드], 위키독스(https://wikidocs.net/book/1699), 2018.

[13] [블록체인(Block Chain)-트랜잭션(Transaction)], 브이로그(https://velog.io/@devjeenie/블록체인Block-Chain-시리즈-3.-거래Transaction), 2022.

[14] [스마트 컨트랙트란 무엇인가?], 업비트 투자 보호센터(https://upbitcare.com/academy/education/blockchain/70), 2021.

[15] [5.블록체인의 특징-신뢰성, 안정성, 보안성, 익명성], 미디움닷컴(https://medium.com/@mkjyong/5-블록체인의-특징-신뢰성-안정성-보안성-익명성-6c2ecc9f0610), 2019.

[16] [블록체인의 장단점], GOPAX Academy(https://academy.gopax.co.kr), 2023.

[17] [금융회사는 블록체인을 어떻게 활용할 수 있을까?-투어컨설팅], 네이버포스트(https://post.

naver.com), 2019.
[18] 이관호, '블록체인 기술이 가져온 놀라운 삶의 변화', HISadantage(No.126)－IT insight, 2017.
[19] [비트코인의 개념과 동작원리, 진화과정], 네이버블로그(blog.naver.com), 2019.
[20] 김석원, 블록체인 펼쳐보기, 비제이퍼블릭 출판, 2017.
[21] M.Antonopoulos, Mastering Bitcoun, 2nd Edition, O'reilly Media, Inc. 2017.
[22] [블록체인의 정의와 기술], 미디움닷컴(https://medium.com), 2018.
[23] [비트코인], 나무위키(https://namu.wiki)
[24] 강서구 외3, '비트코인의 취약점 및 대응방안에 대한 연구', 한국컴퓨터정보학회(하계학술대회 논문집_제25권_2호), 2017.
[25] [암호화폐의 미래전망_이기영 교수], 미래경제뉴스(http://www.mirae.news), 2021.
[26] [비트코인과 이더리움, 닮은 듯 다른 코인], 헤이비트(https://www.heybit.io), 2023.
[27] [이더리움], 나무위키(https://namu.wiki)
[28] [이더리움의 장,단점], 티스토리(https://stormy83.tistory.com/15), 2023.
[29] [이더리움과 스마트 컨트랙트_문영훈], GitBook(https://younghoon_moon.gitbooks.io)
[30] [이더리움과 가상머신(EVM)란 무엇입니까?_W.Lynn], BTCC academy(https://www.btcc.com/ko－KR/academy), 2022.
[31] [이더리움－계정(Account),트랜잭션(Transaction), 메시지(Message)_brownbears], steemit(https://steemit.com/kr), 2018.
[32] [솔리디티], 위키백과(https://ko.wikipedia.org/wiki/솔리디티)
[33] [블록체인:이더리음 플랫폼 활용:개발된 다양한 DApp 종류, 사례], tistory(https://jjeongil.tistory.com/1741), 2022.
[34] [개인키와 공개키는 무엇인가요?], Ledger academy(https://www.ledger.com/ko/academy), 2022.
[35] [블록체인(Block Chain)－암호화폐 지갑(Wallet)이란?], 브이로그(https://velog.io), 2022.
[36] [이더리움 보안 및 사기 방지], 이더리움(https://ethereum.org/security)

# [부록 Ⅰ]

# 블록체인 기술용어

자료: tistory_'블록체인 기술 용어 정리', Dev

■ 노드(Node)

블록체인 분산원장 네트워크 노드이다. 블록체인은 중앙 집중형 서버에 거래 기록을 보관, 관리하지 않고 거래에 참여하는 개개인의 서버들이 모여 네트워크를 유지 및 관리하는데 이 개개인의 서버, 즉 참여자를 노드라고 한다. 비트코인은 채굴자부터 일반 사용자까지 모두 비트코인 네트워크 중 하나의 노드로 볼 수 있다. 다만 비트코인은 다중심화 특징을 갖고 있어 '비트코인 풀 노드'라는 중역할을 하는 노드가 필요하다. 네트워크의 데이터를 보관하며 생성된 거래마다 정보를 수신하는 노드는 거래에 대해 검증하고 다른 노드에 전송을 한다. 때문에 데이터가 한번 생성되면 이를 변조할 수 없고 노드의 수가 많을수록 블록체인 네트워크는 더 안전하다고 할 수 있다.

■ 풀 노드(Full Node)

풀 노드는 모든 블록체인 원장을 가진 노드로 블록체인 데이터를 동기화하기 위해 메모리를 사용한다. 모든 거래를 검증하고 실시간으로 데이터를 업데이트할 수 있으며 분산 원장 중 블록체인 거래를 전송 및 수신하고 확인하는 중요한 역할을 담당한다. 비트코인에서는 비트코인 클라이언트를 통해 완전한 블록체인 데이터를 다운로드하고 보존한다.

■ 소프트 포크(Soft Fork)

기존 블록체인의 일부 시스템 성능 개선을 위한 업그레이드를 의미한다. 기존의 체인을 떼어낸 뒤 수정 후 그대로 다시 체인에 덧붙이는 기술이며, 이전 노드들과 하위 호환이 가능하다. 일반적인 블록체인 업데이트들은 소프트 포크로 시행된다.

■ 하드 포크(Hard Fork)

기존 블록체인과 호환되지 않는 새로운 블록체인을 생성하여 나뉘는 것이다. 기존 블록체인의 기능 업데이트나 잘못된 거래가 기록될 때 이를 바로잡기 위해 진행되며 기존의 블록체인과는 호환되지 않는 새로운 방식으로 변경한다. 업데이트된 체인을 계속 사용하지만 이더리움클래식, 비트코인캐시와 같은 예외도 있다.

■ 하드 스푼(Hard Spoon)

기존 블록체인에서 새로운 체인이 생성되는 것은 하드 포크와 동일하지만 새로운 합의 알고리즘을 사용한다. 이미 존재하고 있는 기존 체인의 상태를 새로운 체인에 옮기는 것이며 기존의 체인과 경쟁함이 아닌 접근성을 높이기 위함이다. 개발 용도에 따라 새로운 토큰은 트랙잭션 수수료로 사용할 수도 있다.

■ 영지식 증명(Zero-Knowledge Proof)

영지식 증명 체계는 한 사람이 다른 사람에게 사실의 증명에 관한 어떠한 정보도 보이지 않고 사실의 증명을 알 수 있도록 만드는 방법이다. 정보를 전혀 주지 않고 상대방에게 정보를 알고 있음을 증명하는 방법이며 영지식 증명은 복잡한 과정을 거쳐야 하는 프로토콜 수행이다. 매 단계가 원래의 약속대로 잘 진행이 된다는 것을 확신하게 하는데 이용할 수 있으며 프로토콜의 건전성, 검증성, 신뢰성을 보장하기 위한 용도에 사용된다.

■ 세그윗(Segwit)

암호화폐의 거래가 급증하면서 블록의 생성 속도와 크기가 문제가 되었으며 거래 시 데이터 용량을 줄이기 위한 방법으로 데이터를 분리한 것이 세그윗이다. 세그윗은 블록체인의 외부에서 거래량의 일부를 처리하는 방법이며 비트코인에서 진행된 세그윗은 하드 포크가 아닌 소프트 포크로 소프트웨어의 업그레이드를 하지 않더라도 세그윗 이전과 세그윗 적용 버전을 모든 노드에서 사용할 수 있다.

■ 토큰 스왑(Token Swap)

토큰 형태의 암호화폐 프로젝트가 메인넷을 런칭하게 되면, 기존 플랫폼을 기반으로 제작되었던 토큰들은 독립된 블록체인의 자체 암호화폐(코인)로 변환되는 과정을 거친다(스왑이 이루어지는 방식은 토큰에 따라 다를 수 있다). 개인이 토큰 스왑 절차를 이행할 수 있는 방법은 개인지갑 활용과 거래소 활용의 두 가지 보편화된 방식이 있다. OKCOIN은 상장된 모든 토큰에 대해 메인넷 론칭 시 토큰스왑 지원을 원칙으로 한다. 단 메인넷 론칭에 따른 토큰 스왑을 지원하기 위해서는 해당 블록체인 자체 지갑의 안정성 확보가 필요하며 이에 대한 검증이 필요하다.

■ 비잔틴 장군 문제(Byzantine General's Problem)

고대 동로마 비잔틴 제국을 비유한 시스템 문제이다. 분산 컴퓨팅 분야에서 오랫동안 풀지 못했던 난제로 서로 신뢰할 수 없는 사람들이 참여하는 분산된 P2P 네트워크에서 어떻게 합의를 이뤄낼 것인가에 대한 문제이다. 비잔틴 장군 문제에 대한 사토시 나카모토의 해결책은 블록체인과 작업 증명이다. 그는 작업 증명에 의해 검증 및 시스템이 유지되는 블록체인을 통해 신뢰할 수 없는 사람들이 참여하는 분산된 네트워크에서 신뢰할 수 있는 합의 방식을 도출해냈다. 개인은 서로 믿을 수 없지만, 개인이 모여 참여하는 네트워크 자체를 신뢰할 수 있게 만든 것이 블록체인이다.

■ 이중 지불(Double Spending)

결제가 이중으로 발생할 경우 생기는 문제이다. 디지털 데이터의 경우 중앙제어 시스템이 있기 때문에 거래 요청이 발생한 순서대로 거래를 진행하면 이중 지불 문제가 발생할 수 없으며 무한대로 복제가 가능하고 원본과 복사본의 구별이 어렵다. 때문에 디지털 화폐는 이중 지불이란 문제를 내재적으로 안고 있다. 디지털 데이터가 검증받지 못한다면, 그 데이터를 복사해서 동시에 여러 곳에 사용할 수 있다. 블록체인은 작업 증명을 통해 제3자 없이 이중 지불을 검증한다. 기존의 금융 시스템에선 제3자가 거래를 검증해주는 방식으로 이중 지불 문제를 해결할 수 있다.

■ 아토믹스왑(Atomic swap)

분리된 블록체인상에서 운영되며 서로 다른 코인 간의 직접적인 거래를 의미한다. 거래에 필요한 중앙화된 거래소나 다른 제3자의 개입이 전혀 없으며, 아토믹스왑은 일반 거래자들이 암호화폐를 구매하는데 있어 복잡한 여러 절차를 거치지 않게 해준다.

■ BME(Burn and mint equilibrium)

토큰 모델 중 하나로, 재화나 서비스를 사용하기 위해 토큰이 사용되면 토큰이 소각(Burn)된다. 따라서 서비스가 많이 사용될수록 소각되는 토큰의 양이 늘어나게 되고 토큰

가치가 상승한다. 그러나 끝없이 소각만 진행되는 것을 막기 위해 발행(Mint)의 개념이 등장한다. Burn & Mint 모델은 토큰의 유통량을 조절하여 토큰가치에 영향을 미치게 된다.

- SPV(Simple Payment Verify)

비트코인을 받았다는 거래에 대해 모든 블록체인을 다운로드하지 않고 검증하는 간이 결제 확인 방법이다. 이는 비트코인 백서에서도 소개되고 있는 부분이다. 라이트 노드는 모든 블록 정보를 가지고 있지 않기 때문에 새로운 거래 정보를 수신받았을 경우 이 거래가 정상적인지 검증할 수 없다. 풀노드는 모든 데이터를 가지고 있기 때문에 로컬에 있는 블록 정보를 조회하여 검증을 할 수 있다. 라이트 노드에서 거래를 검증하기 위해 풀 노드에게 블록 정보를 요청하여 머클 트리를 통해 이 거래가 검증된 거래인지를 확인하는 방법이 SPV이다.

- 사이드 체인(Side Chains)

서로 다른 블록체인에 존재하는 자산 간의 상호 거래를 가능하도록 하는 기술이다. 예를 들어 이더리움 블록체인 위에서도 비트코인 거래가 가능하다. 비트코인이 가지고 있는 한계를 보완하면서 사용 범위를 확장할 수 있다.

- IPFS(InterPlanetary File System)

기존의 HTTP Web의 문제점을 해결하고 보완한 새로운 Web이다. 모든 컴퓨팅 장치를 동일한 파일 시스템으로 연결하려고 하는 P2P 분산 파일 시스템으로 데이터 탈중앙화를 위한 웹 프로토콜이다. 고용량의 파일을 빠르고 효율적이게 전달할 수 있으며 파일 중복을 알 수 있기 때문에 저장소 또한 효율적으로 사용할 수 있다.

- 솔리디티(Solidity)

스마트 컨트랙트(Smart contract) 작성 및 구현을 위해 사용되는 프로그래밍 언어이다. 이더리움 가상머신(EVM) 위에서 동작하고, 자바스크립트와 비슷한 문법을 가지며 개발자는 솔리디티를 통해 스스로 실행되는 비즈니스 로직을 스마트 컨트랙트에 담아 어플리케이션을 구현할 수 있다.

- 라이트닝 네트워크(Lightning Network)

암호화폐인 비트코인 기반 코드를 바꾸지 않고 네트워크에 추가로 층을 더하는 것이다. 비트코인 네트워크의 느린 거래 속도와 높은 전송 수수료를 해결하는 확장성 솔루션을 말한다. 복잡했던 거래 방식이 라이트닝 네트워크로 합의를 하고 보내는 사람이 서명만 하면 전송할 수 있다. 하지만 블록체인에 이 거래를 올리지 않으면 인정이 되지 않으므로 한번에 블록체인에 올릴 수 있다. 라이트닝 네트워크의 장점으로는 빠른 속도와 낮은 수수료가 대표적이다.

### ■ 레이든 네트워크(Raiden Network)

비트코인에서 사용하는 라이트닝 네트워크와 유사한 개념의 프로젝트이다. 결제 채널을 열고 닫는 과정 사이에 있는 중간 거래들을 블록체인에 기록하지 않는 오프체인(Off-chain) 방법을 통하여 블록체인 기록을 최소화하고, 수수료를 절약할 수 있는 기술이다.

### ■ 샤딩(Sharding)

단일의 데이터베이스나 웹 검색 엔진에서 대규모의 데이터를 효과적으로 처리하기 위해 수평으로 나누는 것을 말한다. 메인 체인이 처리해야 하는 블록을 일부 연결하여 각각의 샤딩에 분배하고 각 샤딩은 할당받은 블록의 유효성만을 검사한 뒤에 메인 체인에 전달한다. 하나의 블록이 전체 체인에 전달될 필요가 없어지기 때문에 거래 속도를 개선할 수 있다. 이더리움 개발진들은 현재 약 12개의 샤딩 노드를 시뮬레이션하고 있으며, 실제 가동되면 100개 이상이 운영될 것으로 예상하고 있다. 또한 이더리움의 비탈릭 부테린은 샤딩이 이더리움의 POS 캐스퍼에 병합될 예정이라고 밝혔다.

### ■ 플라즈마(Plasma)

레이든 네트워크가 결제 채널을 열고 닫는 과정을 통해 오프체인을 활용하는 기술이라면, 플라즈마는 하부 체인(Child-chain)을 별도로 생성하고 거래를 진행하여 주요 체인에는 하부 체인의 검증에 필요한 최소한의 데이터만 올리는 방법을 통해 데이터 기록을 최소화하는 기술이다. 이를 통해 이더리움 블록 사이즈와 수수료 소비를 줄일 수 있고, 더 빠른 속도로 DApp을 구동할 수 있게 된다.

# [부록 II]

# 8장 존버 가즈아~! SNS(2017) 이후 이야기

[2017년 8월 5일 토요일]

[스토리지1] [오전 12:06] 디지털 화폐의 이슈의 근원이 어디인가요?

[스토리지1] [오전 12:08] 조용했던 암호화 화폐를 지금 이렇게 달구고 있게 만든 곳 말입니다.

[스토리지1] [오전 12:10] 사실은 지금 미국의 채권을 중국이 제일 많이 가지고 있는데

[아이큐] [오전 12:11] 언제든 휴지가 될 수 있는 미 채권이네요.

[아이큐] [오전 12:11] 강대국의 힘의 균형이 비등해지면

[스토리지1] [오전 12:11] 그렇죠. 이 미국을 움직이는 힘의 1%가 그 악명 높은 유태인이죠.

[스토리지1] [오전 12:12] 이 미국은 유태인의 나라나 마찬가지입니다.

[스토리지1] [오전 12:13] 일년의 공식적인 공휴일의 많은 날들이 또한 유태인들과 관련있는 날이기도 하지요.

[스토리지1] [오전 12:13] 그런 유태인들이 머리는 정말 좋거든요.

[스토리지1] [오전 12:15] 그들이 미국채권으로 중국에서 흔들게 절대 두려 하지 않을 겁니다.

[아이큐] [오전 12:16] 러시아 중국이 암호화폐 지휘를 뭉개지 않는 이유 중 하나이기도 하죠.

[스토리지1] [오전 12:16] 달러가치의 하락을 예상했는데...

[스토리지1] [오전 12:17] 러시아와 중국이 엄청난 지휘선상에 나서려 하는 이유도 될 수 있지요.

[스토리지1] [오전 12:18] 아마도 보이지 않게 지금 혈투가 일어나고 있을 수도 있을 겁니다. 아마도 조만간 그 힘이 폭발할 거고요.

[이더리움] [오전 4:55] [뉴욕타임즈] 할아버지 세대는 펜션을 샀지만, 현 세대는 암호화폐를 삽니다.

[하이파이] [오전 6:14] 시대변화가 빠르네요.

[그로스톨] [오전 9:38] 이더리움과 유사하거나 중국판 이더라 불리는 코인들이 급증세이네요.

[그로스톨] [오전 9:39] 8월 메트로폴리스가 일정대로 진행된다면 로켓 기대합니다.

[아이큐] [오전 9:39] 로켓 연료주입중입니다.

[그로스톨] [오전 9:40] Bch를 보니까 물린 건 흐름만 타면

[그로스톨] [오전 9:40] 구조되는거 일도 아니네요.

[에이다] [오전 9:58] 이더 초봅니다. 최근 채굴기 5대 구입했는데... 모델은 rx580 3way인데 채굴량이 궁금하네요.

[아이큐] [오전 10:03] 대략 340Mhashrate겠네요. Cryptocompare.com나 다른 사이트에서 해쉬 입력하면 오늘 기준 채굴량을 계산해 보실 수 있습니다.

[에이다] [오전 10:26] 감사합니다. 데이 0.090정도면 괜찮은 거네요... ^^

[아크] [오후 12:28] 비트는 이 뉴스로 쏘는 건가요?
http://m.getnews.co.kr/view.php?ud=2017080421011949962ce57b4c6d6_16#04z5

[아이큐] [오후 12:30] 대박뉴스네요.

[아이큐] [오후 12:33] 선물이면 대박뉴스는 아니네요.

[아이큐] [오후 12:34] 현물거래인줄 알았었는데, 그냥 선물이네요. 현재도 전 세계적으로 비트코인 선물거래소는 20여 개 있는 듯합니다.

[엘프] [오후 12:36] 비트 선물거래소가 이미 있어요?

[아이큐] [오후 12:37] 웨일클럽 옥코 선물 비트멕스 기타 등등등

[아이큐] [오후 12:37] 현물없이 지수 가지고 하이로우만 맞춰서 돈 넣고, 돈 먹기죠.

[어거] [오후 1:12] 美 시카고옵션거래소, 비트코인 선물상품 출시... 마침내 '제도권으로'
http://me2.do/5hxT16o3

[어거] [오후 1:12] 출시가 됐네요.

[어거] [오후 1:12] 출시 예정일 땐 이더리움도 추가할 꺼라고 했는데...

[보라] [오후 1:15] 일단 제도권 거래소에서 선물 etf를 만들면 관련해서 만들 수 있는 게 꽤 많아져서요.

[보라] [오후 1:41] 40만원대에 구매해서 존버중인데요. 언제쯤 회복될런지 ㅠ

[어거] [오후 2:24] 부동산정책을 묶으면 코인쪽으로 좀 유입이 되지 않을까 기대해 봅니다.

[아이큐] [오후 2:41] 암튼 부동산 갭투자하셨던 분들은 빨리 이더 사서 복구되시길 바래봅니다

[솔라] [오후 2:43] 죄송한데... 부동산이랑 코인관계가 어떻게 있는 건지

[아이큐] [오후 2:43] 돈들이 갈 곳 없으면 새로운 투자처를 찾는 이치죠.

[솔라] [오후 2:43] 그러기에는 아직 시장이 너무 안 알려져서요. ㅠ

[솔라] [오후 2:44] 한국은 그나마 나은데

[솔라] [오후 2:44] 호주는 정말 대부분이 몰라요.

[리플1] [오후 3:13] Coinone 기준

BTC: 3,507,500 −8,500 ( ↓ )

ETH: 256,600 +200 ( ↑ )

ETC: 17,100 −30 ( ↓ )

XRP: 197

[김치 프리미엄]

BTC: −0%

ETH: −0%

ETC: −0%

XRP: − −2%

[아이큐] [오후 7:07] 채굴기는 비쌀 때 정리했습니다. 그래픽 카드 신형 기다리고 있습니다. Amd 신형 해쉬 70−100 나온다는 루머를 봐서 매우 기대중입니다.

[솔라] [오후 7:12] 상승장에 $5000 이상 수익이라 오늘 고기 먹고 왔어요. ^^

[아이큐] [오후 7:36] 우지한의 기세가 없는 거 보니 결국 비트메인과 비아BTC의 쿠데타는 실패로 끝나는 것인지 아님 BCC 대량매집 후 이클처럼 펌핑할 건지 궁금해지기는 합니다.

[밀크] [오후 7:40] 한번만 외치겠습니다. 이더리움 가즈아!!!

[하이브2] [오후 7:41] 이더가 오르는 걸 보고 팔도 비빔면 대신 오뚜기 함흥 비빔냉면으로 변경했습니다. 역시 부자가 된다는 건 신나는 일입니다.

[베이직어텐션] [오후 7:54] 아이큐님 포스 전까지 이더가 얼마 정도까지 갈 거라구 보고 계시나요?

[아이큐] [오후 7:57] 가격은 말 안할려구욥... 포스가 되면 지금보다 몇 배 더 갈 것으로 기대하고 있습니다. 포스 직전까지는 저도 정확히 판단 못합니다.

[베이직어텐션] [오후 7:58] 물린 사람들이 원금 회복까지만 되었으면 하는 바람이 있어서요...

[아이큐] [오후 7:58] 그건 당연히 될 겁니다.

[알고랜드] [오후 7:59] 근데 그때도 물린 사람은 존재하겠죠. ㅎ

[아이큐] [오후 7:59] 네. 상승장에도 잃는 분은 잃습니다.

[알고랜드] [오후 8:00] 타이밍 잘 맞추어서 타는 수밖에~ ^^

[베이직어텐션] [오후 8:01] 저는 30 전까지는 계속 매집하려고요.

[아이큐] [오후 8:01] 그래서 어설픈 타짜보다 장투가 답인 이유죠.

[제로엑스] [오후 8:03] 저도 1이더도 팔지 않은 장투족인데... 13만원대는 정말 지갑 노드싱크하게 만들더라구요. ㅜ 이더지갑이 좋은게 충동 매도를 막을 수 있다는... ㅋ 싱크가 오래 걸려 생각 고쳐먹었습니다. ㅜㅜ 다행히

[아이큐] [오후 8:04] 14만원 진입할 때 신났습니다. 물량을 늘릴 기회를 주길래...

[아이큐] [오후 8:04] 14만원 최저점에 많은 분들이 손털고 시장을 떠나셨습니다.

[제로엑스] [오후 8:16] ㅋ 나쁘다고만은 할 수 없는데... 그냥 아깝네요. 세금만 몇 억 될 수도... 캐나다 시민권 포기하고 한국 국적 회복할까 했는데.. 캐나다 완전 웃긴 것이... 출국세 있습니다. 시민권포기하고 출국할 때 전 세계에 있는 자산 매각한 것으로 간주... 양도소득세 부과 ㅋㅋ

[스토리지1] [오후 8:33] 이더 관련 비즈니스하고 싶은데 어떤 것들이 있을까요?

[제로엑스] [오후 8:35] 이더는 거래소는 넘~ 큰 비즈니스고... 포스 이후 댑들이 활성화되는 단계가 와야 하지 않을까요?

[제로엑스] [오후 8:35] 아니면 댑을 직접 개발하시는...

[스토리지1] [오후 8:37] Dapp을 만드는 것 말고는 지금 당장은 없나보네요.

[제로엑스] [오후 8:38] 댑은 정말 몇 가지만이라도 시장에 빨리 알려지면 좋겠네요. 지금으로서는 사실 암호화폐 모르는 다른 사람들이 보면 딴 세상이야기라...

[이캐시] [오후 8:40] 댑을 통한 핀테크 사업쪽을 알아보셔야 할 건데, 역시 ico 등을 통한 자금 마련은 협업기업후광이나 유명 개발자가 있어야 성공확률이 높을 겁니다. 아님 ens쪽에 투자해 보시는 것도 유명 도메인 선점 효과, Ico알트 토큰 트레이딩

[제로엑스] [오후 8:41] 한국은 암호화폐하면 투기로 알려진 부분이 많아서... 매스컴도 그 부분만 부곽시키는 면이... ㅜ

[스토리지1] [오후 8:44] Ens가 투자가치가 있을까요?

[이캐시] [오후 8:45] 댑들 성공이 점점 많아지면 투자할 만한데 아직 킬러디앱

[이캐시] [오후 8:46] 거진 없다보니 지금은 잠시 주춤한 듯합니다. Ico도 그렇고

[스토리지1] [오후 8:46] 지금 당장보다는 가까운 미래를 봅니다, 앞으로 5년에서 10년 정도

[이캐시] [오후 8:52] 이더 디앱개발 사업이 멋진데, Ico 할려면 협업 업체 빵좀 있어주고 유명 개발진이나 서포터 끼고 투자 받아야 요즘은 ico 성공할 겁니다.

[이캐시] [오후 8:53] 하이 리스크 하이 리턴을 바라는거니 ㅜㅜ 전 많이 까먹어서 ㅎㅎ

[제로엑스] [오후 8:53] ico를 보면 정말 초반에만 핫하고 차츰 식어가는 것들도 많죠. 멜론, 위트러스트도 초반에는 많이 핫했는데 요즘은...

[이캐시] [오후 8:56] 우량 ERC20 토큰은 이더 pos 이후 점점 사업 수익도 좋아질 거라 봅니다.

[밀크] [오후 9:18] "4월까지 집 팔아라"…8·2 대책 내주 첫 고비

출처 : TV조선 | 네이버 뉴스

[밀크] [오후 9:18] 내년 4월까지 코인으로 자금유입이 많이 되겠네요. ㅎㅎ

[아이큐] [오후 9:38] 그만큼 최근 10년간 발행된 통화량이 엄청납니다. 10전 발행된 것에 비해 리먼사태 이후 현저히 많은 양이 발행되었습니다.

[보라] [오후 9:41] 지배계층의 지배전략 아닐까 싶습니다. 예전 숫자들을 들이 밀며 완전 달라진 상황을 생각 못하게 만듭니다.

[아이큐] [오후 9:42] 넵 맞습니다. 먹고 살기 힘들어야 정치에 신경 못 쓰니까요.

[아이큐] [오후 9:55] 통화가 매년 증가한다가 정답일 겁니다. 그래서 돈 가치가 스스로 떨어진다.

[아이큐] [오후 9:56] 돈 가치가 떨어지는데 우리 인건비도 같이 끌고 내려가는거죠.

[아이큐] [오후 9:56] 하지만 뉴스나 경제학자는 이러한 이유를 설명 안하고 물가만 오른다는 소리만 해대죠.

[아이큐] [오후 9:58] 제가 코인에 투자하는 가장 큰 이유가 바로 통화팽창입니다.

[밀크] [오후 9:59] 삼성이 손꼽은 '5대 미래 먹거리' 출처 : 매일경제 | 네이버 뉴스

[밀크] [오후 10:00] 실리콘밸리에 위치한 삼성전략혁신센터(SSIC)가 선정한 5대 핵심 기술 분야는 △사물인터넷(IoT) △클라우드·데이터 스토리지 △개인정보 보호·보안 △스마트머신 △스마트헬스케어다

[밀크] [오후 10:00] 5대 사업 어떻게 보면 모두 블록체인과 연관있는 사업이군요.

[아이큐] [오후 10:01] 넵 블럭체인은 4차 산업혁명의 근간입니다.

[파워렛저] [오후 10:30] 시빅이 생체인증 개발일 거에요.

### [2017년 8월 6일 일요일]

[아이오타] [오전 5:57] 우리... 이더 28.5까지 가다 지금 28 왔다가다 하네요! 올해 내로 메트로폴리스등 호재로 500$ 이상 보는데요... 어떠신지요!?

[골렘] [오전 6:10] 아이오타님~ 혹시 방금 올려주신 이미지 어떤 어플인지 소개 좀 받을수 있을까요? 차트 보는 어플인 것 같은데.... 아직 초보라 여러 가지 부족한 게 많습니다. ^^

[아이오타] [오전 6:15] http://www.goingcoin.com/
https://cryptowat.ch/bitfinex/btcusd

[아이오타] [오전 6:20] https://www.worldcoinindex.com/

[아이오타] [오전 6:22] 이 3가지면..차트나 프리미움 등 서베이 끝

[아이오타] [오전 6:30] 이상한 어플 깔지 마시라고 한아이큐 리더님이 말씀하셨습니다.~ ^^. Link는 문제 안 될 것 같은디..?

[아이오타] [오전 7:28] 독일에 Sap 매니저로 있는 후배와 술 한잔 했는데요! 비트코인은 SAP 입장에서는 쓰레기 코인이라... 차라리 라이트 기능적인 송금 기능만 보면 비트보다 훌륭합니다. 라고 합니다. 저는 비트가 리플보다 못하는구나... 피아트머니로보는 제 생각은, 비트코인은 리플(XRP)보다 못한... 너무 엉망입니다.
세상은, 장기적으로 기술이 WIN입니다.

[아이큐] [오전 9:15] 장기적으로 기술 그리고 커뮤니티 지지가 단단해야 시장에서 성공을 한다고 봅니다. 블럭체인의 경우 개개인의 참여가 네트워크를 구성하는 중요자원이어서죠. 비트코인의 경우 가장 강력한 커뮤니티의 지지가 있죠. ^^

[플레이댑] [오전 10:29] 튤립버블에 대해서 공부 좀 하려 했는데 그래서 ㅋㅋㅋ

[하이브2] [오전 10:29] 제 예상에는 개당 10억까지 갔다가 버블 터지고 한 5천까지 갔다 추후 1억에서 안정화되지ㅜ 않을까. 그때 모두 전세기 하나 내서

[하이브2] [오전 10:31] 와인 한잔씩 하면서 맨햇은 시어스. 타워에서 파티하죠.

[그로스톨] [오전 10:48] 김프 지금 4.5%입니까?

[어거] [오전 10:49] 해외도 계속 오르네요.

[플레이댑] [오전 10:55] 제가 잘 모르는데 프리미엄이 어떤 의미인가요~??

[어거] [오전 10:56] 해외가격 대비 한국가격이요, 해외가 만약 환율 고려해서 25만원인데 한국이 26만원을 달린다면, 1만원의 프리미엄이 붙어있는 거라

[아이큐] [오전 10:58] 폴로 콜드월렛 3백6십만 개 보유중이네요 이더

[아이큐] [오전 10:58] https://etherscan.io/accounts

[그로스톨] [오전 11:00] 콜드월렛이 어떤 의미인가요? 처음 들어보네요.

[하이브2] [오전 11:00] 폴로나 크라켄 같이 부가 설명 안 붙여놓고 그냥 일반 주소로ㅜ사용하는 듯하더라고요. 참고로 예전 코인원에서 받은 주소 검색하니 이더 1만 개 정도 분산 보관하

는 듯
[그로스톨] [오전 11:00] 오프라인지갑인가?
[하이브2] [오전 11:00] 네 오프지갑
[아이큐] [오전 11:00] 그런 개념과 비슷하죠.
[하이브2] [오전 11:00] 콜드스토리지라고 부르더라고요.
[아이큐] [오전 11:01] 여러분이 코인원에 이더를 보내시면 다 콜드월렛에 모아 보관하게 됩니다.
[하이브2] [오전 11:01] 폴로닉스는 위험하게 한곳에 다 보관해둔 듯
[아이큐] [오전 11:01] 입금전용계좌들은 스마트계약에 의해 전송받은 이더를 콜드월렛계좌로 다 넘겨버립니다.
[아이큐] [오전 11:02] 아이러니하게도 폴로가 웹사이트 보안레벨이 최상급입니다.
[하이브2] [오전 11:02] 음 자신 있다는 거군요.
[아이큐] [오전 11:02] 예전에 폴로도 해킹당한 적 있는데... 대표가 사비로 다 매꿔준 전력이 있죠.
[아이큐] [오전 11:14] 0xC257274276a4E539741Ca11b590B9447B26A8051
[아이큐] [오전 11:14] 빗썸 콜드월렛 계좌네요.
[아이큐] [오전 11:15] 1백만 개 보유중이네요.
https://etherscan.io/address/0xc257274276a4e539741ca11b590b9447b26a8051
[플레이댑] [오전 11:21] 채굴을 하면 일반 거래와 같은 행위인 건가요?
[플레이댑] [오전 11:22] 채굴이 수학식을 푸는 거라고만 알고 있어서...
[아이큐] [오전 11:23] 채굴 : 블럭검증에 참여하고 코인을 검증참여 보상으로 받는 행위
[누사이퍼1] [오후 1:41] 금리문제가 좀 걸리긴 하지만 결국 외국인자금도 수익을 내기 위해 들어오는데요. 우리나라는 아직도 코스피지수가 저평가 상태라는 의견이 지배적이기 때문에요.
[누사이퍼1] [오후 1:42] 재작년이나 작년 초엔 미국에서 금리 올린다고 했을 때 외국인자금 빠져나간다고 우려에 코스피가 폭락했던 경험이 있는데 작년부터 금리를 올렸지만 지금 코스피는 거의 8개월째 조정도 별로 없이 사상최고치를 갱신하고 있어요
[칠리즈] [오후 4:48] 필리핀 사는 어떤 분인데 빗썸 가상계좌에 돈을 보내 줄테니 비트코인 계좌로 수수료 일부 떼고 보내줄 수 있냐고 하는데 괜찮을까요? 빗썸 가상계좌인데?
[아르고] [오후 4:51] 님아이디로요?
[아르고] [오후 4:51] 그거 입금자명 다르면
[아르고] [오후 4:51] 인증하고 복잡해요.
[하이브2] [오후 5:25] 가족이 아니면 인증하고 복잡하다고 안하시는 게?

[플레이댑] [오후 9:46] 이 세계가 아직은 언론플레이를 너무 심하게 하는 것 같아서...

[아크] [오후 9:47] 음, 그러게요. 괜히 그런 걱정도 드네요. 초창기라 선동당하기도 쉬울 테니까요.

[헤데라] [오후 10:38] 네 혹시 궁금하신 분들은 유튜브는 번거로우실테니

[헤데라] [오후 10:38] https://steemit.com/kr/@theblockchainers/iota-faqs

[헤데라] [오후 10:38] 저 분들이 공유하는 글 몇 개만 읽어보셔도 얕은 지식을 가진 분들은 아니란 걸 알 수 있을 거 같아요.

[베이직어텐션] [오후 11:17] 8/9 비트코인 세그윗이 되면 이더리움에게 호재인가요? 세그윗도 실패할 수 있는 건가요?

[아이큐] [오후 11:22] 제 예상으론 BCC가 예방주사가 되어버려서 세그윗 X2를 위한 하드포크 때 큰 혼란이 없을 것으로 보여집니다.

[아이큐] [오후 11:23] BCC가 휴지가 되면 될수록 위험성은 더 줄게 됩니다.

[아이큐] [오후 11:39] SEC가 비트코인의 ETF심의를 위한 재심사를 시작했다는 내용이네요. 그리고 아마도 승인을 위한 움직임이 아닌가 하는 내용입니다. 또한 BTC도 되면 당연 이더리움 ETF도 심사계류중이기 때문에 같이 될 수 있다는 내용이 핵심이네요.

[아이큐] [오후 11:42] 네 ETF 승인되면 개인들이 더 부담없이 투자할 수 있게 되죠.

[아이큐] [오후 11:43] 어느 정도 안정성이 뒷받침되야 ETF거래승인이 나기 때문에 투자가치가 있는 상품으로 인정된다는 의미가 크죠.

[아이큐] [오후 11:52] 넵 ETF 승인되면 일반 보험회사와 은행에서 펀드를 취급할 수 있게 되니까요. 엄청난 자금이 밀려들어올 겁니다. 세계 금융 중심지에서 인정받는 상징성도 꽤 크구욥.

[2017년 8월 7일 월요일]

[크로노스] [오전 12:20] No.1 Ethereum 파워 링크 : http://no1eth.com

[크로노스] [오전 12:21] 링크를 모아봤습니다. 조언 바래요.

[아이오타] [오전 5:48] 거래소별 코인별 실시간 시세확인 URL입니다.~ ^^

참고하세요.~ ^^

http://www.goingcoin.com/

https://cryptowat.ch/

https://www.worldcoinindex.com/

http://cointalk.co.kr/

http://scolkg.com

[이클] [오전 9:51] 아이큐님 하나 여쭤봐도 될까요? 이더리움 개발 진행 과정중 궁금한 것이 있어서요.

[이클] [오전 9:55] 1. 3단계 비잔티움, 콘스탄티노플 단계에서 제가 알고 있는 정보로는 POW－>POS 전환을 위한 일부 테스트 적용을 시행하고, 4단계 세레니티 단계에서 CASPER라는 완전한 POS 전환을 예정하고 있다는 게 맞는 것인지?

2. 이더리움이 3.0 단계 메폴 단계에서 하드포크가 예정되어 있는데, 이번 비트코인 또는 기존의 DAO 사건처럼 ETH, ETC와 갈라진 것처럼, POS일부 전환에 반대하는 사람들이 해시파워를 높여서 강제로 하드포킹을 통한 코인 분리를 시행할 것인지? 아니면 코드에 내장된 난이도 폭탄(타임밤)으로 하드포킹시 BCC사태 같은 분리된 코인은 아예 발생할 가능성이 없는지요?

[이클] [오전 9:55] 일부 찾아본 정보로는 51% 공격이라는 즉, 해쉬파워 증가를 통해 강제 하드포킹할 수 있다는 가능성도 있다고 보고 있던데요.

[아이큐] [오전 10:00] 이론적으로 가능하지만 물리적으로 불가능에 가깝고요. 실익을 얻기가 매우 힘들죠.

[솔라] [오전 11:04] 경제의 본질은 신용을 어떻게 생산할 것인가 입니다. 그 신용이라는 본질 아래 원시적인 물물거래부터 현대의 시장경제까지 이어져 와 있습니다. 소유주의와 금권주의에 가까운 시장경제가 저물어 가는 게 눈에 보이는 지금엔 어떻게 신용을 구축할 것인가를 생각해보면 답은 거의 나와 있습니다. 단지 합의를 끌어내는 시스템의 구현만 남았을 뿐입니다. 기존의 중앙 집권적 거버넌스 체제나 금융 거래 형태로는 어렵다고 판단되어서 나온 것이 정보권력 분산 체제인 블록체인이라는 개념입니다.

[솔라] [오후 12:03] 시장경제, 시장경제라... 뭐 우리들이 당연히 여기는 경제 시스템일 것입니다. 물론 "시대정신" 영상에선 어느 정도 비판이 가해졌지만 말입니다. 최근에 와선 비트코인과 기가팩토리에 의해서 금융과 산업이 변한다고 하지만 근본적으로 이런 변화가 어떻게 지금의 현상으로 까지 올라오는 데의 과정을 체계적이게 이해하려면 과연 지금 현재를 지배하고 있고, 또한 기득권세력이 그렇게 "자유시장경제"라는 단어를 붙여가면서까지 강조하는 "시장경제체제"를 이해할 필요가 있습니다. 그래야 그들이 말하는 질서를 무너뜨릴 수 있기에... 일단 기본

[솔라] [오후 12:04] 좀 긴 글이지만 암호화폐 투자를 하시는 데 큰 도움이 될 글입니다. 암호화

폐는 절대 투기가 아닙니다.

[아크] [오후 12:21] https://coinkorea.info/community/6839

[아크] [오후 12:21] 스탠포드대학의 블록체인 메인 교과서랍니다.

[왁스1] [오후 12:36] 아이큐님 pos단계에서 디앱실행시 사용되는 이더는 소모되서 사라지는 건가요? 디앱개발자에게 가나요? Pos노드참여자에게 가는 건가요?

[아이큐] [오후 12:36] 포스노드 참여자에게 가죠.

[왁스1] [오후 12:37] 디앱개발자에게는 안 가는 거군요.

[아이큐] [오후 12:37] 디엡개발자는 별도의 수수료를 먹는 거구요.

[왁스1] [오후 12:38] 포스노드참여자가 받는 이자가 다 거기서 나오는 건가요?

[아이큐] [오후 12:38] 그렇죠. 블럭보상도 나오고요.

[쎄타퓨엘] [오후 12:39] 20년 노하우를... 전수하겠다며 대놓고 사기치고 있어요. 밴드 댓글에 조금이라도 반박하는 글 올리면 예의 없다며 강퇴! ㅎㅎ

[왁스1] [오후 12:40] 네 감사합니다. 이더발행량을 1억 개로 묶는다는데 포스노드 참여자가 받는 보상이 어디서 나오는지 궁금했습니다.

[아이큐] [오후 12:41] 이더발행량을 1억 개로 묶는 게 아닌 이더유통량을 1억 개로 유지하게 됩니다.

[아이큐] [오후 12:42] 자연감소분(사망,계좌분실)을 적용해 추가발행하는 거죠.

[아이큐] [오후 12:42] 그래서 계속 신규참여자가 생기고 시장의 활력을 잃지 않게

[아이큐] [오후 12:43] 서기 5000년 되면 유통량이 1억 500만 개 정도로 머물 것이라고 비탈릭이 계산해놓은 게 있습니다.

[왁스1] [오후 12:43] 그러니까 자연감소분추가발행+디앱수수료가 pos참여보상이란 거죠?

[아이큐] [오후 12:44] 네 그렇죠.

[왁스1] [오후 12:46] 이더가치가 오를수록 자연감소분은 점점 줄어들 꺼라고 생각되는데... 수수료만으로도 노드참여자보상이 될까요?

[어거] [오후 12:46] 출금수수료가 있을 거에요.

[하이브] [오후 12:46] 예를 들어 코인원에서 20개를 보내려면 20.1개를 보내야 합니다.

[에스티피] [오후 12:46] 빗썸에서 수수료포함 1.01 보냈습니다.

[에스티피] [오후 12:46] 그럼 1개가 와야 되는데

[아이큐] [오후 12:46] 네 됩니다.

[아이큐] [오후 12:47] 충분히 트렌젝션 전송 수수료만으로도 수익이 될 겁니다.

[아이큐] [오후 12:47] 장투하실 분들은 현재가격이 크게 중요하지 않아요.

[아이큐] [오후 12:48] 존버가 답입니다. 돈이나 코인을 잃으면 안됩니다.

메트로폴리스 9월쯤에 하는 게 단계별로 1단계만이라고 들었는데, 어떤 내용인지 알려주실 수 있나요?

https://github.com/ethereum/cpp−ethereum/milestone/10?closed=1&page=1

http://m.news.naver.com/read.nhn?mode=LSD&mid=sec&sid1=101&oid=076&aid=0003133013

[온톨로지] [오후 6:26] 포스 적용받는 이더 개수기준이 어떻게 되는지 아시나요?

[아이큐] [오후 6:26] 미정입니다.

[XEC] [오후 7:35] 계좌가 이더스캔에 공개가 되니 진위여부 판단도 빠르네요. 블록체인의 장점이네요.

[아르고] [오후 7:35] ㅋㅋㅋ그러게요. 대박이다.

[아르고] [오후 7:36] 전 저 모니터찍은 네모난 픽셀은

[아르고] [오후 7:36] 포샵 안되는 줄 알았어요

[XEC] [오후 7:36] 저도 거기까지는 안되는 줄 알았는데 픽셀까지 감쪽 같네요.

[쎄타퓨엘] [오후 7:39] 확대해서 잘라내면 가능하구요. 숫자는 동일한 숫자 복사하면 쉽게 된답니다.

[아이큐] [오후 7:48] 연내 비트코인의 가격이 5000달러(약 563만 원)까지 상승할 것이라고 주장했던 로니 모아스(Ronnie Moas) 스탠드포인트리서치 애널리스트가 이더리움의 가격이 연중 현재 가격의 2배에 이를 것이라고 전망했다.

[출처] http://www.etoday.co.kr/news/section/newsview.php?idxno=1524066#csidxf215629e73e88a58457a7274f2dd0de

[클레이튼1] [오후 8:23] 오피셜한 건 아니고 개인적인 정보기록인데 참고하셨음 하네요.

비트코인 캐시(BCH)에 대해 영문 3자 약어는 첨에 viabtc가 BCC라고 햇지만, 비트커넥트라는 코인이 BCC를 쓰고 있어 국내 거래소에선 BCH를 선택하게 됨.

−이 문제로 거래소 내부에서도 고민이 많다고 함.

비트코인 캐시는 채굴자들에 반대한 유저+개발자(비트코인 언리미티드)+소수 채굴자가 비트코인을 혁신하기 위해 만들었다고 많이 알려졌지만, 거래소 기술자 말로는 사실상 기술은 업글 이전 비트코인이나 다들 바 없다고 함. 그냥 우지한이란 채굴자가 마이닝풀+거래소 키우기 위해 만든 코인이란 얘기도 나오고 있음.

BCH 지급 기준이 빗썸이 오전, 코빗이 오후였는데 코빗은 블록 분할시점을 기준으로 했지

만, 빗썸은 오전기준으로 한 이유가 명확치 않음.

어찌됐건 두 거래소간 지급기준시점이 달라 오전에 빗썸 BCH 지급 조건을 만족하고 바로 판후 오후까지 코빗에서 구매를 했다면 2배의 BCH를 가질 수 있는 황당한 일이 벌어졌었음.

코인원은 혼자서 상장 여부에 대해 결정하지 못하는 것은 멀티시그 시스템 때문이라고 함. BCH를 받기 위해선 멀티시그에 있는 소유권 사용자에 있어 코인원이 BCH를 지급할 수 없는 구조. 게다가 코인원이 안정성을 위해 쓰는 빗고라는 서비스가 공식적으로 BCH를 지원하지 않을 것이라고 선언했음. 따라서 코인원은 이후에도 BCH를 지급하기 힘들 것으로 예상됨.

이런 문제들이 쌓여 코인원이 BCH를 꿀꺽한 것이 아니냐는 의혹도 나오는 상황.

[엘프] [오후 8:30] bcc는 용량이 더 커서 비트보다 기수적으로 낫다고 들었는데 정확한 부분은 잘 모르겠습니다.

[TOT] [오후 10:11] 돈은 빚이다. 라는 EBS다큐에서 말하던 게 대출을 할수록 통화량은 증가하더라구요.. 이번 카톡뱅크 때문에라도 통화량이 제법 증가할 걸로 보여요.. 그러면 돈의 가치는 더 떨어지고요.

[이더리움] [오후 10:11] 케이뱅크, 카카오뱅크 때문에 통화량 엄청 늘었을 겁니다. 그 대출이 어디로 가느냐, 부동산, 주식 등으로 가고, 암호화폐로도 오죠.

[TOT] [오후 10:12] 부동산은 분위기가 심상찮으니 주식으로 많이들 가겠죠. 일부는 분명 암호화폐로 오구요. ㅋ

[아이큐] [오후 10:17] 달러도 막 찍고 자기자본비율도 제일 낮고

[TOT] [오후 10:17] 8프로가 목표(규정)이라고 들었는데. 국내 은행 평균 지급준비율이 3.5프로라더군요.

[TOT] [오후 10:18] 1억 대출하면 100억 이상이 시장에 풀린다던가 했던 거 같아요. 다큐에서

[아이큐] [오후 10:18] 네 그렇게 전자적으로 돈이 돌아다니는 거죠.

[엘프] [오후 10:18] 러쉬님 왜 그런가요? 이해가 잘 안갑니다.

[아이큐] [오후 10:18] 자기자본비율과 지급준비율만 갖춰놓으면 되니까

[아이큐] [오후 10:19] 현금사용이 점점 줄면서 지급준비율은 더 낮아도 될 겁니다.

[TOT] [오후 10:19] 네...

[TOT] [오후 10:19] 서민들만 더 더욱 힘든 사회가. ㅜㅜ

[아이큐] [오후 10:20] 네. 그러니 최소 인간적인 삶을 유지할 수 있도록 제도적으로 지원해야죠.

[아이오타] [오후 10:21] 비트코인 투자하시는 분들 BCC 3배씩 받으셨나요?

1 BTC = 1 BTC + 3 BCC

BCC 스냅샷(잔고증명) 일정이 거래소마다 달라서 이를 이용했으면 많은 돈을 벌 기회가 있었습니다.~ ^^

먼저 빗썸은 8월 1일 오전 9시~11시 사이에 스냅샷(잔고증명)이 있었습니다.

이 시간에 BTC를 갖고 있는 수량만큼 8월 3일에 동일 수량의 BCC가 지급이 되는 겁니다.

8월 1일 11시 이후에 갖고 있던 BTC를 모두 다 팔아서 이더리움으로 바꿔...

8월 1일 저녁 9시 스냅샷이 예정되어있는 Bittrex에 이더를 모두 다 보내서 BTC를 사는 것입니다.(BTC 전송이 안되므로)

예정대로 Bittrex에서 밤 9시에 스냅샷이 진행이 되었고 다음날 2일에 BTC와 동일수량의 BCC를 또 받습니다.~ ^^ 같은 방법으로... 야피존으로 옮기는 것입니다.

야피존이 8월 2일 오전 10시에 스냅샷이 있었지요. 여기서도 동일한 수량의 BCC를 지급 받습니다~ ^^ 2일 사이에 엄청난 수익이 나는 것이지요.~ ^^

또다시 포크 일어나길 간절히 바랍니다. BCC -> BCD -> BCE -> BCF -> BCG -> BCH -> 나왔으면 좋겠네요.

다음 기회(11월)에 위 방법대로 해보시기 바랍니다.~ ^^

참고로 BTC 전송이 안되어서 알트 코인으로 바꿀 때 거래량이 많은 코인을 하시는 게 좋습니다.~ ^^

[TOT] [오후 10:21] 네... 이 시스템이 뭔가 변화해야 할 시점이 진짜 다가왔다고 생각하네요... 그래서 저는 더욱 암호화폐가 성공할 거라고 봅니다.

[아이큐] [오후 10:22] 성공할 수밖에 없습니다... 다음세대의 자본그릇이 바로 암호화폐입니다... 실제적으로 달러는 미국만 좋아합니다..

[스토리지1] [오후 10:24] 점점 시간이 다가오고 있음으로 감지하게 되네요. 마치 큰 쓰나미가 밀려오듯이...

[TOT] [오후 10:25] 저는 암호화폐 시작하고 이더를 알았을 때 마치 이번 겨울 촛불 같다는 생각이 들었어요. ㅎ

[아이큐] [오후 10:25] 일본에서 잘 정착되면 미국도 적극적으로 도입하지 않을까 판단해봅니다.

[아이큐] [오후 10:34] 비트 400 찍으면 이더 35만 갈려나

[스택스] [오후 10:43] 코인 아무것도 모르고 돈된다고 입문해서 맘 고생 많았네요.

[스토리지1] [오후 10:44] 마라톤을 할 때 선두에 선 선수는 힘든 걸 느끼는 정도가 두 번째 가는 선수보다 심리적으로 4.5배의 중압감이 있답니다. 지금 이 그 상황과 틀리지 않을 것 같아

요. 결정적인 순간에 비트는 헌신짝 버리듯 내팽개쳐질 겁니다. ㅋㅋ

[아이큐] [오후 10:44] 일단 지금보다 100배 더 성장이 필요합니다. 월가에 성공한 투자자가 5년 내 50배 성장한다고 했으니 믿어보세요.

[TOT] [오후 10:46] 지금 시총이 120조인데요. 최소 1000조 넘어야 할 거고. 거기에 메이저 코인들이 대부분 더 많이 오를 거라 봅니다

[이더리움] [오후 10:48] 비탈릭도 비트코인은 크게 인정하죠. 암호화폐의 아버지라고요.

[아이큐] [오후 10:48] 1주일 내로 BCC가 펌핑 못하면 사실상 비트코인의 하드포크는 더 이상 악재가 아닌 항상 호재로 작동할 겁니다.

[엘프] [오후 10:49] 1주일 내로 bcc가 펌핑하면요? 그럼 이더리움 최대 채굴회사나 대표적인 인물도 있나요?

[어거] [오후 10:58] 오미세고 에어드랍. 1이더당 0.07477오미세고

[플레이댑] [오후 11:05] 월가 전문가 말대로라면 보수적으로 봐도 5년내 600백입니다.

저도 긍정적으로 보는 쪽입니다만, 이렇게 좋은 게 확실한데 다른 분들은 안하는 걸까요?

[아이큐] [오후 11:43] 올해 안에 비트코인을 따라잡을 이더리움. 차세대 비트코인이라 불리는 이더리움은 암호화폐에 대한 사람들의 생각을 변화시키고 있다.

비탈릭 부테린(Vitalik Buterin)은 차세대 비트코인이라 불리는 이더리움(Ethereum) 뒤에 숨어 있는 두뇌이다.

비트코인은 모든 암호화폐의 어머니이며 암호화폐 중 가장 유명하다. 비트코인은 2008년 나카모토 사토시라는 이름으로 위장한 정체불명의 컴퓨터 프로그래머가 창안하였으며 비트코인의 핵심은 정부나 중앙은행, 금융회사 등 어떤 중앙집중적 중개자의 개입 없이도 자산을 다른 당사자에게

[2017년 8월 24일 목요일]

[아이큐] [오전 12:00] 싱크 전까진 발란스가 0일 겁니다.

[아이큐] [오전 12:00] 네 알겠습니다.

[아크] [오전 12:00] 단풍님. 저도 이전에 해서 기억이 가물한데. 싱크 '완료'라고 떴던가요?

[하이브2] [오전 7:13] 그리고 싱크 완료 하루 안에 안되면 다 지우고 또 새로 설치했습니다. 확인 안해봤지만 Ssd 기준 12시간 안에 정상적 상황하에 싱크 완료되더군요. 안될 때는 3일을

켜놔도 안됨.

[넴11] [오전 9:03] 저도 개인 생각을 이야기 드리자면... 이더 기반 토큰이야 이더리움이라는 플랫폼에서 영위하는 것이라... 사실 Dapp들이 잘 되야 이더가 가치가 높아지겠죠. / 그러나 현재 워낙 많은 코인들이 있어 다른 코인들이 하나씩 회자되다보면 방주제와도 벗어나고 불편해하시는 분들이 계실 거 같습니다. 사실 하나하나 코인들 너무 많고 전문적인 내용은 직접 찾아보시면 좋겠죠. / 아이큐님도 다른 코인들 질문이 들어오면 곤란해 하실테구요. 예전에 보면 방송에서도 "스x라가 이더 잡나요?" "Eㅎs가 이더 경쟁인가요?" 등등 물어보시던데.. 지금은 또 마켓캡도 밀려나고 다시 또 다른 코인이 회자되는 분위기네여 :) 암튼 마켓캡2위를 굳건히 지키며 메폴을 바라보는 이더! Moon^^ 말이 길었네요. 죄송합니다. 좋은 일 생기는 하루 되세요~

[이더리움] [오전 9:16] 이더에 적용하는 라이덴 네트워크가 비트, 라코 라이트닝 네트워크와 같은 기술인데

[하이브2] [오전 9:16] 저희 방에서 코인을 잘 안다. 대우 받는다 = 법 지식. IT 기본 , 보안 등등 지식을 바탕으로 지식 베이스를 잘 전달해주신다.

다른 방에서는 주로 차트로 가격 점 잘 치는 분이 코인을 잘 안다라고 생각하시더군요.

[러쉬] [오전 10:27] 근데 여기서 스켈핑하고 단타해서 코인 늘리는 얘기는 해도 되는 건지요?

[아이큐] [오전 10:40] 이방 주제는 이더리움과 비트 비케 이더리움 기반 토큰들 지캐쉬 등으로 주제를 한정하겠습니다. 많은 다양한 주제의 단톡방들이 있습니다.

모든 코인에 대해 얘기하기엔 너무 범위가 넓다고 생각합니다. 그리고 이더생태계가 아닌 다른 코인들은 다른 단톡방을 통해서 배우셔도 될 것이라고 판단됩니다.

비트와 비캐쉬를 이방에서 논의대상에 포함하는 이유는 시장영향력이 크다고 판단하기 때문이구요. Zcash를 논의대상에 포함한 이유는 메트로폴리스때 zcash를 활용한 익명화 솔루션이 포함되기 때문입니다. 그 외 이더리움 체인 위에서 발행되는 수십 가지의 토큰들 특히 dapp형태로 돌아갈 많은 토큰들을 논의대상에 포함하겠습니다. 그리고 가격전망은 하지 않도록 하겠습니다. 하이 로우는 도박이라고 생각합니다.

다만 이더리움이나 기타 토큰들의 수요증가의 원인분석이나 기타 기술적 분석은 필요하다고 봅니다. 따라서 ico(이더토큰) 등에 대한 논의는 자유롭게 하셔도 됩니다. 또한 비슷한 종류의 ico도 쏟아지고 있습니다. 옥석을 가리는 눈이 필요해지는 시점이라고 봅니다.

그러나 불행하게도 이방은 참여자분의 모든 욕구는 채울 수는 없다고 봅니다. 참여자분들께서 얻을 수 있는 건 얻으시고 부족한 부분은 다른 곳에서 찾으시길 바랍니다.

가격질문 노골적으로 하시면 강제추방을 해드리겠습니다. 다만 시장이 크게 위축되거나 크게 오를 때 원인과 이유가 궁금하신 것에는 적극적으로 답을 드리겠습니다.

[스토리지1] [오전 10:40] 그 정도면 이더가 일으킬 인류의 역사에서 보면 잠깐이지요.

[폴리매쉬] [오전 11:01] 스트롱님 채팅창 위에 가이드라인을 적어주심 어떨까요?

[아이큐] [오전 11:02] 앗 어떻게 하죠? 공지사항 다는 거 찾아봐도 못찾아서 ㅎㅎ

[HEAVEN] [오전 11:03] 메세지 길게 누르시구 공지를 누르시면 공지로 등록됩니다.

[스토리지1] [오전 11:08] https://www.nbcnews.com/business/economy/middle-america-crazy-love-bitcoin-n789011

[테조스11] [오전 11:08] (이모티콘)채팅창에서 이미 전송한 게시글 꾹 누르면 타인 것이라도 공지를 띄울 수 있습니다 다만 공지 등록자는 달라질 수 있습니다.

[스토리지1] [오전 11:12] 미중부는 여기서 County Boy라고 하지요.

[썬더코어1] [오전 11:14] 이더리움은 최소 일봉차트로 보셔야 됩니다~

[이더리움] [오전 11:25] 치킨코인 난이도 감소. 빗코의 경우 870g로 감소하였고 현재 bch의 가득률은 80프로로 20프로 손해입니다. 12시간 동안 6블럭 안 캐기로 바로 난도 떨어뜨리네요. 단합이 잘되면 추가하락도 가능한데 일단 난도감소 이후 바로 블럭이 확 캐지는 중입니다.

[XEC] [오전 11:26] 잘 이해가 안되는데 bch 난이도 감소하면 가격에 어떤 영향이 있을까요?

[아이큐] [오전 11:26] 더 많이 채굴되고 시장에 바로 풀리죠

[이더리움] [오전 11:27] 채굴자들이 btc를 안 캐고 bch를 캐게 됩니다.

[XEC] [오전 11:27] 아 그러면 가격하락이 일어나겠군요. 정보 감사드립니다.

[밀크] [오전 11:29] 돈도 많이 찍어내면 가치가 하락하지요.

[이더리움] [오전 11:35] BTC와 BCH 난이도 싸움. BCH 가격이 올라 채산성이 높아짐

-> BCH 채굴 참여자 증가 = BTC 채굴 참여자 감소

-> BCH 난이도 증가 = BTC 난이도 하락

-> BCH 채굴량 감소 = BTC 채굴량 증가

-> BCH 채산성 하락 = BTC 채산성 상승

-> BCH 채굴 참여자 감소 = BTC 채굴 참여자 증가

-> BCH 난이도 하락 = BTC 난이도 증가

-> 다시 처음으로 반복...

[HIBS] [오전 11:38] 누가 이길까요?

[엘프] [오전 11:38] 채굴자가 늘어나는 것은 장기적으로는 가격 상승으로 가지 않나요?

[마이스A] [오전 11:39] 그래도 비트가 만들어 놓은 세상이 있는데 비트가 질 수는 없을 거 같고... 어느 정도 타협?

[이더리움] [오전 11:39]  이클처럼 되리라고 봅니다.

[엘프] [오전 11:40] 이더리움님 왜 그렇게 보시는지요?

[이더리움] [오전 11:41] btc 진영에 개발자들이 있고, bcc엔 그 무리들이 없습니다.

[이더리움] [오전 11:41] 이더 재단이 eth개발에만 신경쓰는 것처럼요.

[이더리움] [오전 11:42] btc는 라이트닝네트워크 탑재도 계획되어 있습니다.

[HIBS] [오전 11:43] 우지한은 비시시를 왜 밀죠?

[이더리움] [오전 11:44] asic장비를 활용한 부스트 기능이

[마이스A] [오전 11:44] 세그윗되면서 asic boost를 사용 못하게 되서 채산성이 떨어진다고 들었구요.

[이더리움] [오전 11:44] bcc에만 됩니다.

[이더리움] [오전 11:44] btc만 있으면 본인들 채굴영향력이 떨어지죠.

[이더리움] [오전 11:44] 그러니까 bcc를 만들어서 자기들이 가지고 있던 채굴 권력을 놓지 않으려는 것입니다.

[엔진코인] [오전 11:44] 펴왔습니다

[엔진코인] [오전 11:44] https://m.clien.net/service/board/cm_vcoin/11004063?po=0&od=T31&sk=&sv=&category=&groupCd=

[솔라] [오후 12:05] http://m.news.naver.com/read.nhn?mode=LSD&sid1=001&oid=011&aid=0003097399

[엘프] [오후 12:33] 랜토님 클리앙 글은 틀린 글인 것 같아요.

[엘프] [오후 12:33] 만약에 우지한 패들이 bcc쪽으로 돌아서 버리면 어떻게 되나요?

[메탈] [오후 12:36] 개발자가 없는 코인은 앙꼬없는 아더빵 아닐까여 ?

[엔진코인] [오후 12:36] 결국 세력을 형성하여 이득이 되는 쪽으로 움직이겠지요. 누구든

[메탈] [오후 12:37] 지금 시장은 투기에 가까우니 미는 코인이 이길 듯하나 후에는 개발자가 남는 코인이 남겠죠.

[메탈] [오후 12:37] 이더와 이클처럼

[엘프] [오후 12:38] 비트캐시는 개발자가 없어서 더 이상 발전할 수가 없다는 게 팩트면 비캐쉬는 진짜 가망이 없네요.

[엘프] [오후 12:39] 비트 개발자들이 비캐쉬를 선택할 일은 없겠죠?

[엘프] [오후 12:40] 비캐쉬의 우지한이랑 비트랑 또 싸우는데 속사정도 모르고 비트는 잘만 크

네요. ㅜ

[엘프] [오후 12:41] 비트 채굴을 중국이 점령하고 있는 한은, 이더가 결국은 치고 나가게 되겠네요.

[엔진코인] [오후 12:41] 여튼 비캐는 이클처럼 투기용이라고 개인적으로 생각합니다

[ISDT] [오후 12:42] 비캐나 이클은 투기용도로만 봐야지...

[ISDT] [오후 12:42] 블록체인의 궁극적인 가치와 정반대의 길을 가는 암적인 존재이기에

[ISDT] [오후 12:42] 장기적으로 봤을 때 망해야 한다고 봅니다.

[ISDT] [오후 12:43] 비트는 블록체인의 큰 형님이기에 블록체인의 가치와 비례해서 크겠죠. ㅎㅎ

[John son 준수] [오후 12:57] 똑똑들 하시네요. ㅎㅎ

[리움] [오후 12:58] 투기코인 무시 못합니다.

[리움] [오후 12:58] ㅋㅋ

[썬더코어1] [오후 1:01] 이더리움 투자 천기누설(일급기밀)－필승전략!

[썬더코어1] [오후 1:18] 비트코인 목을 따고 성공해도 찌그러져야 함~ 소수에 의해서 좌지우지 되는 블럭체인은~ 그 자체로 생명력 소실~ 아무도 거들떠 보지 않음~

[썬더코어1] [오후 1:19] 블럭체인이 채굴자들 주머니 채워줄려고 탄생한 게 아니기 때메~

[썬더코어1] [오후 1:19] 채굴이라는 고상한 취미활동하시는 오타쿠들 되버리시면 됨~

[썬더코어1] [오후 1:21] 돈 들여서~ 장비사고 전기소모하면서~ 어려운 암호 풀어서~ 사이버머니 모으는~ 고상한 취미생활 하신분들 되면 됨~

[비트토렌토] [오후 1:23] http://m.news.naver.com/read.nhn?mode=LSD&sid1=100&sid2=268&oid=021&aid=0002325189

[이더리움] [오후 2:04] 산업은행에서 비트코인 세그윗에 대한 자세한 보고서를 만들었네요.

[아이큐] [오후 2:04] 재밌네요. 산업은행이 보고서도 내고

[이더리움] [오후 2:05] 그러게요. 금융권에서 암호화폐를 주시하고 있다는 게 드러났네요.

[아이큐] [오후 2:06] 수익률이 어마하니 관심을 안 가질 수 없을 겁니다.

[이더리움] [오후 2:07] 은행쪽에서도 헷지용으로 암호화폐 투자중인 거 같습니다.

[아이큐] [오후 2:09] 음 일단 간부급들은 보고서 받고 일부 각자 담궈놓고 있겠죠.

[이더리움] [오후 2:10] 흠잡을 거 없이 쉽게 잘 쓴 보고서네요.

[이더리움] [오후 2:10] 완벽하게 이해하고 있는 사람이 썼네요.

[이더리움] [오후 2:10] 저 보고서 쓴 사람도 비트 투자한 사람 같습니다.

[아이큐] [오후 2:11] 작년에 bc카드사에서 이더리움 분석 보고서를 냈었죠.

[엔진코인] [오후 2:13] 정부기관도 정기적으로 블록체인 보고서를 내고 있습니다

[아이큐] [오후 2:14] 이젠 블럭체인을 무시하는 사람은 포탈 댓글러뿐이네요. ㅎㅎ

[이더리움] [오후 2:20] 똑똑한 사람들은 이미 가치를 알고 투자를 해놨죠. ㅎㅎ

[아이큐] [오후 2:20] 네. 그렇죠.

[엔진코인] [오후 2:21] 뭐 소문이라고 말씀드릴 수밖에 없지만 부동산 등기가 블록체인에 올려질 날이 머지 않았습니다. ㅎㅎ

[엔진코인] [오후 2:21] 뭐 자세한 내용 알고 싶으시면 국토부 자료 좀 찾아보시면 될 거에요.

[아이큐] [오후 2:21] ^^ 자본 속성을 봤을 때 더군다나 이더의 본질을 볼 때 금방 갑니다.

[아이큐] [오후 2:22] 온두라스에선 이미 시행한다고 발표했죠.

[아이큐] [오후 2:22] 지방토호들과 공무원이 짜고 서류를 조작해 개인들 땅을 뺏는 일이 비일비재해서.

[아이큐] [오후 2:23] 부동산등기를 국가에서 블럭체인에 담는다고 했었죠.

[엔진코인] [오후 2:24] 맞아요 결국 정부도 거스를 수는 없을 거예요. 개인적으로 에스토니아처럼 우리나라가 발전했으면 합니다. ㅎ

[하이브2] [오후 3:19] 블록체인 1차 물결

[하이브2] [오후 3:19] 증명이 필요한 모든 분야죠.

[하이브2] [오후 3:20] 2차 물결... 분산 데이터 베이스

[하이브2] [오후 3:20] 3차. 월드 컴퓨팅??

[하이브2] [오후 6:21] 이더 체인에 있던 토큰을 어떻게 다시 가져가서 독자 체인에 흐르게 할까요?

[엔진코인] [오후 6:21] 그리고 개인적으로 대표 체인, 예를 들면 비트나 이더처럼 유명한 체인만 생태계에서 살아남고 나머지는 자연 도태될 것으로 예상했는데 지금은 생각이 바뀌었습니다. 모든 코인이 저마다 가치를 가질 것입니다. 쉽게 말해 넥슨 캐쉬가 신세계 포인트가 되고 그것이 다시 프랑으로 변환이 가능한 범지구적인 화폐가 되는 것이죠. 물론 교환비율은 가치에 따라 다르겠지만요.

[엔진코인] [오후 6:22] 지금의 사이버머니는 종속된 회사의 자금의 흐름을 위한 것이고 사용이 매우 제한적이었다면 코인은 언락버전이라고 보시면 이해가 쉽습니다.

[아이큐] [오후 6:23] 아 체인이 만들어지면 지정된 이더 계좌로 토큰을 전송하면 소각시키고. 동일한 양의 큐텀이나 EOS를 전송해 주는 방식이죠.

[엔진코인] [오후 6:23] 토큰 발행시 burn 기능이 있으면 가능하구요. ㅎ

[하이브2] [오후 6:23] 아...

[하이브2] [오후 6:24] 그렇게 pos 환경을 만들어 바로 포스로 체인을 돌리기 시작한다.

[엔진코인] [오후 6:25] 포스가 성공하면 가능한 얘기죠. 제가 알기론 이더 포스 테스트가 12월에도 있는 걸로 알고 있어요.

[엔진코인] [오후 6:25] 금방은 안될 겁니다.

[하이브2] [오후 6:26] 저는 큐, 에오스, 네어 등이 먼가 더 나은 백서를 만들었다 하더라도 이더도 플라즈마 같이 새로운 기술을 도입하는데 적극적이라. "우리 백서에 적힌대로만 따라갈꺼야!" 하는 고집 불통들이 아니라

[하이브2] [오후 6:27] 그리 쉽게 기술적 우위를 가져가지 못할 거라 생각합니다.

[아이큐] [오후 6:27] 네. 그겁니다. 이더는 코인을 품은 채로 언제든

하드포크를 통해 더 나은 블럭체인으로 진화 가능합니다.

[아이큐] [오후 6:28] 그래서 더 좋은게 나오더라도 전혀 걱정할 필요가 없다고 봅니다.

[1inch] [오후 7:00] http://v.media.daum.net/v/20170824161153391?f=m

[1inch] [오후 7:00] 에스토니아가 비탈릭의 도움으로 국가지정 전자화폐를 만든답니다.

[1inch] [오후 7:01] 국가단위에서 보면 역시 믿을게 이더리움인 듯합니다. ㅎ

[정지환] [오후 7:12] http://m.news.naver.com/read.nhn?mode=LSD&mid=sec&sid1=105&oid=011&aid=0003098216

[엘프] [오후 7:13] 에스토니아는 정치인들이 아주 훌륭한 것 같습니다.

[아이큐] [오후 7:25] 드디어 대기업 진출이네요.

[아이큐] [오후 7:26] 6월에 소문을 들었었는데. 카톡 코인거래소가 생기네요.

[아이큐] [오후 7:27] 이제 남녀노소 누구나 부담없이 사기란 말을 못하고 거래하겠네요.

[테조스11] [오후 7:28] 와.... 카카오스탁이라니 멋지네요.

[밀크] [오후 8:10] 카카오가 네이버 추월할 겁니다.

[밀크] [오후 8:10] 다음카카오 주식도 사야겠네요.

[아이큐] [오후 8:11] 일단 암호화폐 가격이 더 가파르게 오를 겁니다.

[TOT] [오후 8:12] 카카오 거래소가 나오면 좀 크게 상승하겠네요.

[밀크] [오후 8:12] 일단 김프 한번 크게 올 겁니다. 우린 그걸 대비하고 있음 되고요.

[아이큐] [오후 8:12] 대기업 거래소니까요. 안전자산으로 인정받는 부분이구요.

[썬더코어1] [오후 8:12] 카카오도 이더리움 같은... 블럭체인이 되고 싶어하는 건 인지상정... 당연한 걸텐데... 지금이야 비트체인, 이더체인 빌려서 쓴다지만... 야심 속엔 당연히 카카오도 독자적인 블럭체인 플랫폼을 갖고 싶을텐데~ 이렇게 카카오페이, 뱅크를 쓰게 해서 인지도와 대중화를 시켜논 다음에 일대일로 교환되는 카카오블럭체인토큰을 탄생시키는 전략을 쓸지

도 모를 일~ 리플처럼 회사집중식이나 대시처럼 POS방식이든 IOTA나, POI~ NEM 방식으로 전환해버리면서 스텝바이스텝으로 블럭체인판을 먹어나가는 전략을 쓸 수 있는 가능성에 대해서 어찌~ 생각하십니까?

[아이큐] [오후 8:13] 국제적으로 카카오가 만든 게 인정받기는 힘들 겁니다.

[밀크] [오후 8:14] 삼성전자가 안드로이드가 계륵이라 바다OS 독자개발하려다 망한 판국에 다음카카오가 뭘하겠습니까? ㅎ

[TOT] [오후 8:14] 분산화가 기본이라. 아무리 큰 기업이 단독으로 만든다고 하더라도. 활성화 여부는 좀 낮지 않을까요?

[썬더코어1] [오후 8:14] 리플랩스처럼... 카카오랩스~ 블럭체인은 집중식이라서 실패할 수 있고, 일개회사이므로~ 카이버토큰마냥~ 카카오토큰을 만드는 경우~

[아이큐] [오후 8:15] 생태계를 만들어낸다는게 쉬운 일이 아닐 겁니다.

[밀크] [오후 8:15] 카카오는 대기업 최초로 거래소에 뛰어들어서 시장선점효과를 톡톡히 볼 뿐 그 이상은 못갑니다.

[썬더코어1] [오후 8:16] 대기업... 중앙화...를 내려 놓지 않는 이상~~

[밀크] [오후 8:16] 카카오뱅크로 가상계좌발급 문제도 없군요. 큰 그림 잘 그렸네요. ^^

[썬더코어1] [오후 8:17] 참... ㅋㅋ 아이러니하네요.~ 비탈릭처럼 모든 걸 내려놓으니까... 모든 걸 얻고~

[아이큐] [오후 8:17] 그저 카카오는 개인들에게 부담없는 암호화폐 투자 기회를 만들어주는 역할로 충분하다고 봅니다.

[폴리매쉬] [오후 8:17] 이더로 담보대출 해줬으면 좋겠네요. 또 이더 사게

[TOT] [오후 8:18] 대기업 이름으로 거래소가 개설되면 암호화폐를 법적으로 인정해야 하는 기류에 속도가 붙겠네요. 그리고 더 많은 자금들이 들어올 거고

[아이큐] [오후 8:18] 더 많은 자금이 부담없이 들어오죠.

[아이오타] [오후 10:24] 이더 체인을 선택한다 해도 파생적 효과는 그리 크지 않을 듯한데 어떻게 생각하나라고?

후배의 답...

엣찌카지노니 다오카지노니 포르노토큰 등 ICO 코인들 아무리 익명성은 있지만 이더리움의 건실한 이미지 측면에서 전 세계 기업에 회계의 투명성인 우리 SAP ERP가 이더 체인으로 가면 이더의 이미지 바꾸어 건전하게 킬링어플이 될 수 있다라는 것입니다.

독일에 SAP에 근무하는 후배가 있어 가끔 가서 만나기도 하고 통화도 하는데요.

참고로, 이 친구는 엔터프라이즈급 ERP가 아닌 중견기업 ERP 매니저입니다.

그런데 이 친구 말을 인용하면 이 친구 의견일 뿐입니다만, 비트는 독일 브레인들은 구세대 정크체인이라고 합니다. 라이트가 비트보다는 100배 기술적으로 훌륭하다라고 합니다.

저는 질문을 했지요.

그럼 차세대 미래 4차 산업의 리딩체인은 뭐라 생각하냐?

답... 아직은 4차 산업을 리딩할 수 있는 체인은 없다.

하지만 이더리움 체인은 커뮤니티나 개발자들의 브레인 측이다.

# 찾아보기

**[ㅅ]**



**[ㅇ]**

[저자 약력]

**김 민 상**

현) 한영대학교 석유화학공정과 조교수
한영대학교 취창업혁신센터장
전) 호서대학교 정보통신공학 박사
해양IT기술융합기술연구소 연구교수

〈관심분야〉 ICT, Smart Factory, OSHW(Open−Source Hardware), Blockchain
mskim@hanyeong.ac.kr

**이 승 석**

현) 전남대학교 디지털미래융합서비스협동과정 박사과정
BK21 빼기플랫폼 교육연구단 연구원
전) 중앙대학교 융합보안학과 석사

〈관심분야〉 Blockchain, Cryptocurrency, NFT, Smart Contract, Web3
sslee4023@jnu.ac.kr

**블록체인과 미래사회**

초판발행 2023년 1월 31일

지은이 김민상 · 이승석
펴낸이 김중용

편 집 심성보 · 김인숙

펴낸곳 도서출판 **정독**
경기도 고양시 일산서구 하이파크로 113, 102-204
등록 제406-2014-000093호
전 화 031)924-7203 팩 스 02)718-8554
홈페이지 www.jeongdok.co.kr 이메일 admin@jeongdok.co.kr
ISBN 979-11-6858-176-0 93320



정 가 25,000원